U0583630

集人文社科之思 刊专业学术之声

集 刊 名：华侨华人文献学刊

主办单位：华侨大学华侨华人文献中心

俄亥俄大学邵友保博士海外华人文献研究中心

Journal of World Confederation of Institutes and
Libraries for Chinese Overseas Studies(No.9)

编辑委员会

学术顾问： 王赓武　滨下武志　包乐史　黄重言　李华伟　王灵智

名誉主编： 陈志明　郑力人　张秀明　张应龙

主　　编： 张禹东　庄国土　游国龙

副 主 编： ［美］Jeff Ferrier

编辑部主任： 游国龙　　**编辑部顾问：** 陈文寿　王冠玺

编辑部副主任： 贾永会

编辑委员会成员（按拼音排序）：

安焕然 // 马来西亚南方大学学院 //	金文坚 // 汕头大学 //
蔡静芬 // 马来西亚砂拉越大学 //	黎道纲 // 泰国泰中学会 //
蔡增聪 // 马来西亚砂拉越华族文化协会 //	李孟峰 // 台湾大学 //
陈琼渊 // 淡江大学 //	李榭熙 // 美国佩斯大学 //
陈景熙 // 汕头大学 //	廖赤阳 // 日本武藏野美术大学 //
陈来幸 // 日本兵库大学 //	廖文辉 // 马来西亚新纪元大学学院 //
陈益源 // 金门大学 //	沈俊平 // 新加坡国立大学 //
陈睿腾 // 闽南师范大学 //	宋燕鹏 // 中国社会科学出版社 //
丁克顺 // 越南汉喃研究院 //	宋怡明 // 美国哈佛大学 //
杜容玥 // 政治大学 //	王　华 // 暨南大学 //
段　颖 // 中山大学 //	徐　辉 // 温州大学 //
范若兰 // 中山大学 //	张　行 // 华侨大学 //
高　柏 // 荷兰莱顿大学 //	张晶盈 // 华侨大学 //
黄汉坤 // 泰国法政大学 //	张长虹 // 厦门大学 //
Jeff Ferrier// 美国俄亥俄大学 //	郑炜明 // 香港大学 //
江柏炜 // 台湾师范大学 //	志贺市子 // 日本茨城基督教大学 //
姜抮亚 // 韩国汉阳大学 //	钟大荣 // 华侨大学 //
路　阳 // 华侨大学 //	周　敏 // 美国加州大学 //

本辑责任编辑： 李萍茹　刘雪莲

华侨华人文献学刊（第九辑）

集刊序列号：PIJ-2015-153

中国集刊网：www.jikan.com.cn

集刊投约稿平台：www.iedol.cn

JOURNAL OF WORLD CONFEDERATION OF INSTITUTES
AND LIBRARIES FOR CHINESE OVERSEAS STUDIES (No.9)

世界海外华人研究与文献收藏机构联合会会刊

华 侨 大 学 华 侨 华 人 文 献 中 心
俄亥俄大学邵友保博士海外华人文献研究中心　　联合主办

華僑華人文獻學刊

杉杜貽題

第九辑

张禹东　　庄国土　　游国龙　　主　编

〔美〕Jeff Ferrier　　副主编

社会科学文献出版社
SOCIAL SCIENCES ACADEMIC PRESS (CHINA)

CONTENTS 目录

华侨人物

宗教信仰

评　论

附　录

CONTENTS

Special Topics: Francis L. K. Hsu and Overseas Chinese Studies

Overseas Chinese Businessmen

Chinese Language and Culture

Overseas Chinese

Religious Belief

Review

Appendices

特别专题：许烺光与华侨华人研究

编者按

　　中华文明历史悠久，是世界上少数能够传承几千年的文明之一。文化的传承依靠人作为载体，从世界史来看，传承中华文明数千年的主体是中华民族，而在海外传承中华文明的是华人族群。华人族群数百年前为了生存开始从中国沿海地区移居到与中国邻近的国家，现在世界上许多国家都能见得到这个族群的身影。从民族国家理论来看，一个民族应该形成共同的语言与文化，但华人族群在历史上并没有形成共同的语言，移居海外的华人甚至使用不同的方言。那么，经历过数百年，这些移居在海外不同国家和地区的华人后代，认为自己是"华人"区别于其他民族的因素究竟是什么呢？或者说，我们还能不能找到居住在世界各国的华人共同特点，即所谓的华人性（Chineseness）？心理学的"认同"被引进华侨华人问题的研究后，许多学者指出华人具有"文化认同""民族认同""祖籍地认同"等特点，但这个答案只是说明华人的心理与中国相关联的事务具有同一性，并不能让人满意。美国华裔人类学家许烺光（Francis L. K. Hsu）在20世纪60年代提出一个假说，认为华人性是"连续性""包容性""权威性""非性欲性"。这是"许氏优势亲属关系假说"（以下简称"许氏假说"）提出的华人属性。这个假说提出后，在国际人类学界引起了轰动。20世纪七八十年代国际学术界就这个假说进行了专门的讨论，世界各国知名人类学家、社会学家，如美国的帕森斯、日本的祖父江孝男等都卷入了这个假说的探讨，许多学者还以各自国家的华人族群案例进行了假说的验证。最后，国际学术界对许氏假说的研究成果结集出版了两本书。一本是对全世界不同民族的亲属关系进行验证的《亲属与文化：许氏优势亲属关系假说的研讨会成果》（*Kinship and Culture*：*Results of a Symposium on Hsu's Dominant Dyad Hypothesis*，1971），另一本是对全世界不同国家的华人族群进行验证的《世界各国的华人族群》（*The Overseas Chinese*：*Ethnicity in National Context*，1998）。

从这两本书来看，许氏假说以亲属体系形成差异解释各种文明社会的发展还存在着争议，但解释华人族群的特性获得了共识。因此，本集刊特别策划"许烺光与华侨华人研究"专题，挑选一系列与此相关的论文进行翻译介绍。

第一篇文章《优势亲属关系对亲属及非亲属行为之影响：一个假说》是许烺光在美国权威刊物提出许氏假说的正式论文，从这篇论文可以了解许氏假说的基本内容。文末还附上安德鲁·斯特拉森（Andrew Strathern）和玛丽琳·斯特拉森（Malilyn Strathern）的评论，即《优势亲属关系和优势观念的评论》。这是当时尚属年轻的两位学者对许氏假说的质疑。许烺光特意写了《亲属结构研究和心理人类学之间的联结》进行了回应。

第二篇文章《世界各国的华人族群研究导论》是享德里克·塞里和许烺光为全世界不同国家的人类学者以世界各地华人族群验证许氏假说所写的导论。1985 年《家庭比较研究期刊》（*Journal of Comparative Family Studies*）曾做过一个专刊《华人的家庭、亲属关系和族群认同》专门讨论许氏假说。这就是专刊的第一篇文章，从这篇文章可以了解世界各地华人族群的概况。

第三篇《夏威夷华人：在美国文化中的角色》是许烺光 1949 年受维京基金会资助调查夏威夷华人的研究成果。当年华人族群占夏威夷全部人口的 6%，移居夏威夷已有七八十年的历史，华人与当地居民通婚，过美国式的生活。许烺光研究夏威夷华人与美国人的差异，并揭示华人成功适应当地生活的原因。

第四篇文章《给美国的汉语与中华文化教师的忠告》是 1976 年许烺光当选美国人类学会会长后，受邀跟华人社团分享经验的演讲稿。许烺光告诫从事汉语教学与传播中华文化的教师应该对自己讲授的课程内容有自信，投入感情做好本职工作，华人积累的文化经验将有助于美国学生用来解决生活上遭遇的难题。

从这几篇文章的讨论中，读者将能了解许氏假说的发展脉络以及世界各地华人族群融入当地社会的生存情况，从而对中华文化本身有更深入的了解。编辑部希望通过这样的专题策划推进国内华侨华人研究的进步。

《华侨华人文献学刊》共同主编游国龙，2021 年 8 月

优势亲属关系对亲属及非亲属行为之
影响：一个假说[*]

〔美〕许烺光[**]/文　许木柱[***]/译

摘　要　本文提出一个假说以解释不同社会文化体系的运作原理及其差异形成的原因。作者认为亲属关系的影响力不仅是一种亲属关系影响另一种亲属关系，还会扩展到其他各种亲属关系，然后塑造整个亲属体系的特色，进而形成一种互动模式影响与亲属体系外成员之间的交往，最终成为一种社会文化体系运作的特点。首先以父子关系、夫妻关系、母子关系、兄弟关系为例定义了这四种基本亲属关系的属性。其次检视同一个亲属体系中，优势关系对其他亲属关系的影响。最后检视优势关系对非亲属关系的影响。该假说的前提是人格动力即个人婴幼儿时期与核心家庭成员相处的经验，对于塑造个人与世界的关系特别重要，但它修正了弗洛伊德和帕森斯的学说。在作者以及学界同行前期的研究中已经发现了若干支持这个假说的证据。

关键词　亲属体系　优势关系　优势亲属关系属性

---

[*]　原文见 Francis L. K. Hsu, " The Effect of Dominant Kinship Relationships on Kin and Non-Kin Behavior: A Hypothesis," *American Anthropologist*, Vol. 67, No. 3, 1965, pp. 638 – 661。本文的发表得益于以下几位学者有价值的批评建议：Ronald Cohen, James Fernandez, Raoul Naroll, Robert B. Textor 和 Anthony F. C. Wallace。原译文收录在〔美〕许烺光《彻底的个人主义：心理人类学论文集》，许木柱译，南天书局，2002。编辑部根据两岸汉语使用习惯差异，进行了人名、专业名词、个别字词的调整。另外，感谢南天书局魏志宾先生的授权刊登。本文摘要和关键词由本书共同主编游国龙提供。

[**]　许烺光（Francis L. K. Hsu, 1909—1999 年），美国西北大学人类学系荣誉教授、第 62 届美国人类学会会长、第 12 届中研院院士，主要从事中国、美国、印度、日本四个大规模文明社会的比较研究，在美国创建了心理人类学这一人类学分支学科。

[***]　许木柱，美国加州大学伯克利分校人类学博士，现为慈济大学人类发展与心理学系教授、慈济大学副校长，曾任中研院研究员、民族学研究所副所长。

拉德克利夫 - 布朗（Radcliffe-Brown）是第一个解释亲属延伸（kinship extension）概念的学者。他在非洲南部的班图（Bantu）部落和那马部族的霍屯督人（Nama Hottentots）中观察到一种倾向，据此发展出一套有关母方兄弟与父方姊妹的亲属模式。他认为，在某种程度上可将母亲的兄弟视为某种男性母亲，而父亲的姊妹则可视为一种延伸的女性父亲。[1] 他的结论如下："在原始社会中，有一种明显将个人整合到他所属群体的趋势。这种趋势对亲属关系所造成的结果，是将某种行为模式扩展到整个群体成员，而这种行为模式是源于此群体中与某个特定成员的关系。"[2]

拉德克利夫 - 布朗没有必要使用"原始的"（primitive）这样的术语。他所提到的行为模式并不能科学地将人类区分为"原始"与"文明"，而实际上这种"原始"与"文明"二分法的适用性也受到质疑。[3] 不过拉德克利夫 - 布朗注意到，一种亲属关系相对于另一种亲属关系，在行为特征的模式上具有延伸性，这个观念曾经是许多有价值的田野研究的基础。尤其是艾根（Fred Eggan）的研究，显示出霍皮族印第安人（Hopi）不但将母亲的母亲以及母亲的兄弟都归为"手足"（sibling），而且还将"手足"的范围扩大到宗族中的所有成员、联族中大约属于同辈或者同龄的成员、父方[4]的宗族与联族中所有男人的小孩。[5]

然而，所有这些作品，包括那些提供清晰模型作为辅助说明的作品，例如列维 - 斯特劳斯[6]和怀特[7]等人的作品，它们所处理的问题只是利用一

---

[1]　A. R. Radcliffe-Brown, "The Mother's Brother in South Africa," *South African Journal of Science*, Vol. 21, No. 11, 1924, pp. 542 – 555. 后载入 *Structure and Function in Primitive Society*, Glencoe：The Free Press, 1952。

[2]　A. R. Radcliffe-Brown, "The Mother's Brother in South Africa," *Structure and Function in Primitive Society*, Glencoe：The Free Press, 1952.

[3]　Francis L. K. Hsu, "Rethinking the Concept 'Primitive'," *Current Anthropology*, Vol. 5, No. 3, 1964, pp. 169 – 178.

[4]　包括"祭仪之父"（ceremonial father）与"医父"（doctor father）在内。

[5]　Fred Eggan, *Social Organization of the Western Pueblos*, Chicago：University of Chicago Press, 1950.

[6]　C. Levi-Strauss, *Les Structures Elementaires De La Parente*, Paris：Presses Universitaires de France, 1949.

[7]　Harrison C. White, *An Anatomy of Kinship：Mathematical Models for Structures of Cumulated Roles*, New York：Prentice-Hall, 1963.

种亲属关系来修正另外一种亲属关系。例如，亲属关系的范畴应用于非亲属关系的适用程度，或者对这些亲属范畴内的现象或有关行为的接受程度，例如回避亲密关系却又十分特别的伴侣选择方式等。在研究哪些人际关系是在亲属范畴内进行，哪些是在亲属范围之外进行，以及有关的行为内涵等问题时，过去曾有两种显著的研究取向。其一是文化与人格方面的研究，学者们企图探讨某些与亲属模式毫不相关或相关性极低的儿童养育方式与人格或社会文化的关系，其中儿童养育方式例如襁褓、放任态度、手足冲突、哺乳期的长度、孩童成长至某个年龄起，父母宣称或实际改变养育态度。其二是社会结构方面的研究，学者们有的根本忽略有关亲属方面的问题，有的则在解释社会发展时，完全不考虑社会与亲属体系之间的关联性。①

我们目前的假说是为以下几件事情设计的。第一，希望能超越拉德克利夫－布朗以及其他学者的研究成果，并且说明亲属关系的影响力不仅是一种亲属关系影响另一种亲属关系的普通现象而已，这些影响力还会从一种关系发展起来，并进一步扩展到其他关系，以至于形塑整个亲属体系。第二，当这些影响力以此种方式运作之后，那些受影响的亲属关系（effector relationships）并不会如拉德克利夫－布朗及其他学者到目前为止的观察，单纯地变成影响关系（effector relationship）的翻版，我们所探讨的亲属体系也不符合这类改变形态的假说。相反的，通常的状况是受影响关系的互动模式与特质，与影响关系的特征非常相似，因此，在一个亲属体系中"夫妻"关系或"父子"关系的特性，与另一个亲属体系完全不同。第三，我们希望指出，在同一个社会中那些没有亲属关系和扮演非亲属角色的成员，其行为模式与特质也受到同样的影响。换句话说，我们希望能更扎实地将亲属体系中的互动模式与较大社会的行为模式连接起来。一方面，我们希望说服心理人类学家，并非只有某些特定的儿童养育方式对于人类的发展具有决定性的影响力，学者应该从更广阔的角度来看待核心家庭中人与人之间的互动模式。另一方面，研究社会结构的学者也不应忽视心理人类学的研究成果。第四，为了完成这些任务，我们必须仔细审视亲属关系的各

---

① C. Levi-Strauss, "Social Structure," in A. L. Kroeber（ed.）, *Anthropology Today*, Chicago：University of Chicago Press, 1953, pp. 534－535；Francis L. K. Hsu, "Structure, Function, Content and Process," *American Anthropologist*, Vol. 61, No. 7, 1959, pp. 792－793.

项属性，我们通过它不仅可以探究亲属关系的影响力，了解人类如何通过亲属称谓或相关的亲属范畴结构性地连接在一起，而且还能辨识整个社会中除亲属组织之外，超越亲属界线的各种分支团体。

一　优势关系与优势属性

在进入本研究的假说之前，有必要先定义四个基本名词：关系（relationship）与属性（attribute），优势关系（dominant relationship）与优势属性（dominant attribute）。

我在一篇名为《结构、功能、内涵与过程》（"Structure, Function, Content and Process"）的论文中，第一次讨论到区分社会组织的结构与内涵的重要性。① 在本研究中，我们必须分辨关系与属性，并且将结构视为各种关系的组合，而将内涵视为各种属性的组合。关系是两个或两个以上的人连接的最小单位。核心家庭中有八种最基本的关系：父子、母子、父女、母女、夫妻、兄弟、姊妹、兄妹（姐弟）。属性是指内含于每一种基本关系的逻辑（logical）或典型（typical）的行为模式与态度。逻辑、典型与内含这三个词是这个定义的关键所在。我所说的每一种关系的属性，也就是史奈德（David Schneider）所说的"常数"（constants），② 因为它们是普遍存在于那个关系中潜在而固有的特质。

劳资关系也许是一个可以用来说明属性的最简单例子。举例而言，劳资关系的内含属性有功能性的考虑、权利义务的计算、在职期间的特殊记录等。一个人进入这种关系，通常是由于他有想要完成的工作或者他渴望获得薪水或设备。此外，劳资双方会了解这种关系持续时间的长短，也可以事先特别约定。在不同社会中，尽管劳资关系的细节内容有所不同，但

---

① Francis L. K. Hsu, "Structure, Function, Content and Process," *American Anthropologist*, Vol. 61, No. 7, 1959, pp. 790 – 805；同一主题的修正和扩充观点参见 Francis L. K. Hsu, "Kinship and Ways of Life: An Exploration," in Francis L. K. Hsu (ed.), *Psychological Anthropology: Approaches to Culture and Personality*, Homewood: Dorsey Press, 1961；以及 Francis L. K. Hsu, *Clan, Caste and Club*, Princeton: Van Nostrand Co., 1963。

② David Schneider, "Introduction: The Distinctive Features of Matrilineal Descent Groups," in David M. Schneider and Kathleen Gough (eds.), *Matrilineal Kinship*, Berkeley and Los Angeles: University of California Press, 1961, p. 5.

这种关系的内含属性可以在任何一个劳资关系中发现。然而，劳资关系这些内含属性不会在恋人关系中出现。内含属性是每一种关系的基本成分，并且是这个关系内双方互动模式的决定因素。

没有一个核心家庭能给予八种基本关系同等的地位。在不同类型的核心家庭中，某一种关系（或多一些）会比其余的关系更占优势地位。当一种关系的地位高过其余关系时，它倾向于调整、扩大、降低甚至排除亲属团体中的其他关系。在我们的研究假说中，将这种关系称为"优势关系"（dominant relationship），而将其余的关系称为"非优势关系"（non-dominant relationships）。例如，若一个核心家庭中的优势关系为父子关系，那么父子关系在社会上的重要性将会被提高，而以牺牲其他关系（例如夫妻关系）为代价，因而父母亲对未来儿媳妇的意见将比儿子本人还重要。纳罗（R. Naroll）的研究指出，一个社会如果强调父子关系，则会倾向于将亲属团体或亲属称谓的定义超出核心家庭中的父母及未婚子女的范围，也就是将其他血亲以及他们的妻儿都包括在亲属范畴内。[1] 相反的，若夫妻关系处于优势地位，则亲子关系只是一种暂时性的配置。一旦子女长大后，亲子关系不是消失，就是被其他关系取代。在此种情况下，亲属团体随时与核心家庭保持一种对应关系，因为子女结婚之后，（新产生的核心家庭）会将原有的血亲排除在外。

本研究的假说将优势亲属关系的内含属性称为优势属性（dominant attribute），而将体系内非优势关系的属性称为非优势属性[2]（non-dominant attribute）。在所有形式的核心家庭中，非优势属性通常会受到优势属性的影响，并且会朝着优势属性的方向聚集。

一个社会中的优势属性会形塑所有非优势属性。一个亲属体系中，朝优势属性方向聚集所有属性的总和，就是我所谓的内涵，而在一个或多个优势关系影响下所有关系的总和，即为这个体系的结构。它们相互的内在关系大致可以用图 1 表示。

---

① R. Naroll, "Social Development Index," *American Anthropologist*, Vol. 58, No. 4, 1956, pp. 696 – 698.

② 我们使用"属性"（attribute）这个字，在物理学中通常用"特性"（property），在原来的论文中我使用"隐性的"（recessive）这个词，指非优势属性。

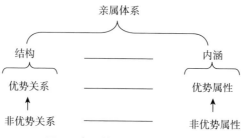

图 1　亲属体系的结构和内涵

二　假说

定义了这些名词以后，我提出以下假说：在一个亲属体系中，优势关系的优势属性倾向于决定在此体系中，个人对体系内与体系外其他关系所发展出来的属性和行动模式。

我将分三部分来解释这个假说：第一部分检视四种基本亲属关系及其属性；第二部分检视同一个亲属体系中，优势关系对其他亲属关系的影响；第三部分检视优势关系对非亲属关系的影响。

首先需厘清以下六点：第一，不同关系的属性会有某些范围相互重叠。例如，夫妻、母子、兄弟关系都有不连续性，它是多种属性的特殊组合，而非单一属性，这种不连续性可以区分两个不同的关系。第二，不同属性之间很少有绝对的区别，它们只是作为比较之用；例如连续性相对于不连续性、排他性相对于包容性。在几何学中，线是点的集合，连续性是由一群不连续性构成。第三，列在甲关系下面而非乙关系下面的某个属性，不表示它完全不存在于乙关系中。母子关系中并非完全缺乏权威性，只是这个属性容易被一个或多个其他属性所掩盖，或者被包含在内，不成为一个单独的属性。第四，某些属性互相排斥，例如权威性和性欲性；有些属性则密切相关，例如权威性和依赖性。第五，每一种关系下所列出的属性并不就此穷尽，进一步分析也许可导出新的属性。第六，在此处和稍后的分析中，读者应该谨记帕森斯《家庭结构与儿童的社会化》① 一文的贡献。我

---

① Talcott Parsons, "Family Structure and the Socialization of the Child," in Talcott Parsons, Robert F. Bales (eds.), *Family*, *Socialization*, *and Interaction Process*, Glencoe: The Free Press, 1955, pp. 35 – 131.

们在此所谈的某些属性与帕森斯所谈的核心家庭"角色结构"（role structure）及其分化有些类似，但在某些面向上不完全一样。下文将会进一步说明。我们的分析与帕森斯更明显的差异，本文稍后将加以说明。

表 1　四种关系及其属性

关系	属性	属性的定义
夫妻	1. 不连续性（discontinuity）	无法形成一个序列，或不与他人结合的状态，或不愿这样做的态度
	2. 排他性（exclusiveness）	排除他人的行为，或不愿与他人分享
	3. 性欲性（sexuality）	受性的吸引
	4. 自愿性（volition）	能依照自己的心意
父子	1. 连续性（continuity）	形成一个连续序列，或与他人结合的状态，或想要这样做的态度
	2. 包容性（inclusiveness）	联合的行为，或想要联合的态度
	3. 权威性（authority）	命令和强迫服从个人力量，或者让人臣服于力量的状况
	4. 非性欲性（asexuality）	与性没有关联
母子	1. 不连续性（discontinuity）	定义同前
	2. 包容性（inclusiveness）	定义同前
	3. 依赖性（dependence）	依赖他人的状态，或想要依赖他人的态度
	4. 扩散性（diffuseness）	向各方面扩散的倾向
	5. 原欲性（libidinality）	扩散或潜在的性欲
兄弟	1. 不连续性（discontinuity）	定义同前
	2. 包容性（inclusiveness）	定义同前
	3. 平等性（equality）	同他人具有相同地位和重要性的状态，或想要与别人相同的态度
	4. 竞争性（rivalry）	为了平等或超越他人所产生的对抗行为，或者想要对抗的态度

让我们检视一下这些关系与其属性间的关联。夫妻关系的属性具有不连续性①、排他性和性欲性。概括而言，夫妻关系具有不连续性，是因为丈

---

① 本文中使用不连续性这个词时，不同于帕森斯分析社会化过程时所提出的观点，他把不连续性视为弗洛伊德的基本发现之一，本文的不连续性不是指儿童社会化过程完全中断，而是整个生命中人际关系品质的比较性用语。这种关系有时会长到数十年，甚至继续延伸，有时则短到只有几个月或几年，而且关系逐渐疏远。但是社会化过程的断裂，比较可能发生在以不连续性为优势属性之一的社会体系中，而比较不会发生在其他体系中。Talcott Parsons, "Family Structure and the Socialization of the Child," in Talcott Parsons, Robert F. Bales (eds.), *Family*, *Socialization*, *and Interaction Process*, Glencoe：The Free Press, 1955, p. 40.

夫永远不可能成为妻子，妻子也永远不可能成为丈夫。夫妻关系本身组成一个单位，独立于其他关系。任何夫妻关系在结构上都不需要与其他夫妻关系产生关联。它具有排他性是因为不论婚姻形式为何，如果结婚属于社会的公共事务而非夫妻个人的事情，每一对夫妻必须独自完成配偶关系中必要的行动。众所周知，在非洲大多数一夫多妻制社会中，每一个妻子会有她自己的茅屋，里面住着她的孩子，同时是丈夫来探访的场所。同样的，世界上已知的少数一妻多夫制社会中，妻子会分别接受她的丈夫们，而每一个丈夫会与特定的孩子建立起独特的仪式关系。

在这些排他性行为中，性欲性居于明显的中心位置，这是夫妻关系的第三项属性。不需太费心就可以了解性欲性和夫妻关系间的关联。在所有八种基本关系中，夫妻关系的性欲性是唯一普遍地具有内隐与外显的属性。

自愿性这个属性与排他性、性欲性两种属性相称。在核心家庭所有八种关系中，夫妻关系是唯一在性方面需要涉及个人意愿的关系，这种意愿不一定会为别人所知或所求。即使在个人的选择权受到种姓（caste）或其他习俗规范排除在外的社会中，个人偏好仍然会影响关系的建立、持续和中止。有时自愿性是由父母或家长行使，而不是由进入或形成这个关系的男女所行使。虽说这是选择的自由，但其他关系没有这种选择权。但是对男人而言，不论他生活在哪一种亲属体系，通常都有个人可以支配的空间。

父子关系的内含属性具有连续性、包容性和权威性。它具有连续性，因为每一个父亲都曾经是他父母的儿子，而每一个儿子在一般情况下也都可能成为父亲，每一个父子关系都只是父子关系链中持续存在的一环。它具有包容性，因为每一个儿子只有一个父亲，但是每一个父亲实际上可能有许多个儿子。因此，父子关系先天上就比较能包容、与别人分享（sharing with others）。权威性这个属性则源于这样的事实：每一个父亲都比他的儿子年长很多，并且先天上就具有支配年轻人的权力。

更进一步检视，将发现这两种关系的许多内含属性彼此相称。首先从父子关系的属性来看。

连续性表示这种关系存在的时间较长。在正常生育与婚姻的情况下，维系时间较长表示有更多机会让其他先前不存在的人加入这个关系。两个单身男人会发展出朋友关系。但经过数年后，他们各自都有机会和女人结婚。假如他们的友谊在结婚前就结束了，他们和后来的这两个女人就没有包容性的问题。但是假如结婚后他们的友谊仍然持续，我们可以合理地预期这两个新妻子将会加入他们原有的关系中。假如他们的友谊持续得更久，各自有了子女以后，这些子女也可能会以某种方式加入这两个男人的友谊关系中。

然而，友谊关系持续扩大而且包含更多人，这种现象并不限于生育和婚姻。一群朋友中，某个人也许会因为事业或其他因素，搬到另一个地方并遇见新的人，产生新的友谊。如果他中断了和老朋友的友谊，那么他的友谊圈就不会比以前还具有包容性。但是如果他想要继续旧的友谊，那么这个友谊圈无可避免地会扩大。所以我们可以推衍出以下这个附带假说：一个关系越具有连续性，持续越久，它将包含更多其他原本不在这个关系中的人进来。

权威一般而言可以通过三种方式来行使：第一，占优势的上位者对处于劣势的低位者施展残酷的权力；第二，通过韦伯（Max Weber）所谓的"领袖魅力"（charisma），或者如美国众所周知的上司性吸引力案例；第三，明定上位者对下位者的权力、责任或特权，依此行使上位者权威。前两种行使权威的方法显然没有第三种那样持久。在第一种方式中，受权威压迫的人会产生憎恨，因此一有机会便会反抗或躲避权威。在第二种方式中，权威会随上位者领袖魅力的消退而中止，或者随着上司年迈力衰而减弱。总之，他的权威地位会随着死亡立即而永远地中止。但在第三种方式中，由于下位者对上位者权威角色的尊崇，他们很少会反抗。

这三种权威行使方式间的区别是相对的，但是第三种方式最能点出父子关系的权威属性，特别是连续性这个属性会使儿子与其配合，因为他们期望将来自己做父亲时，也可以用同样的方式行使权威。在这种情况下，权威观念会充斥在父子关系中，它不是基于偶发性的残酷权力或个人的特质。在此情境下，权威不会随着死亡而消失，它倾向于以死亡祭典①，或先人祭祀，或社会一般传统的形式，在人死后持续下去。进而言之，以前面曾经提到的连续性和包容性的关系为基础，我们可以说一个亲属群的祖先崇拜或一个社会的传统越具有连续性，其权威性越会扩展得更广泛。

基于同样的道理，我们就可以了解夫妻关系的属性。不连续性对于排他性来说比包容性更为相称。以前面讨论过的友谊为例，友谊维系得越短暂，原本不在这个关系内的人加入的机会显然就越少。至于性欲性和排他

---

① 亲属范围内。

性有关，是因为不论一个人的性吸引力范围有多广，性欲性的核心要素①普遍存在于两个人之间。虽然有些自我情欲的形式②可以独自一个人进行，也有一些性行为可以涉及两个人以上，但是一个男人和一个女人之间的性行为无疑是最普遍的常态。

一个人即使在性驱力旺盛阶段，性这种生理现象也会有盛衰强弱。人老了，性驱力会减少或降低。我们知道男人和女人在这方面有所不同，个人也有所差异，但是随着年岁渐增，性欲无疑会降低然后消失，死亡则会进一步将它结束。权威则不是如此，它在人死了几个世纪后还可能继续发挥作用。因此，和权威性相比，性欲性与不连续性更为相称。

现在转到母子关系，我们发现它具有五个可以分辨的属性：不连续性、包容性、依赖性、扩散性和原欲性。和夫妻关系相同的是不连续性，因为母亲不会是儿子，儿子也永远不会成为母亲。但是接下来的依赖性和扩散性这两项属性就比较特殊，它们是基于两项密切相关的事实：第一，因为母亲最早进入新生儿的生活中，她在新生儿最无助的时候满足其需要。对婴儿来说，母亲是一切需求的基本供应者，她是万事通。第二，母亲和婴儿的关系比父亲和婴儿的关系涉及更多非结构性、先天性的互动，正如某些心理分析学家所说的，"母亲一般都会在充满原欲的过程（libidinally charged processes）中达到对其婴儿的认同，这种过程使她在与小孩相处的时候再度变成小孩……这种对婴儿的认同使她享受'回归'（regression），③并再次满足她自己勇于求新与依赖的需求"④。

因此，虽然其他亲属关系不会完全缺乏依赖性，它却是母子关系最显著的特性⑤。父子关系显然也有依赖性，但是成长的事实大大改变了它。通常在儿子出生后数个月或数年间，当他比较没有像当初从母亲那里开始他的生命时那样无力与无助，父子之间会有密切的互动，用帕森斯的话来讲，

---

① 即性行为。

② 例如自慰。

③ Regression 一词亦可译为"退化"，为避免负面印象，此处特译为"回归"。——译者注

④ F. Alexander, "Development of the Fundamental Concepts of Psychoanalysis," in F. Alexander, H. Ross（eds.）, *Dynamic Psychiatry*, Chicago：University of Chicago Press, 1952, pp. 104, 106；我们在本文中将特别借助一些关于亲子关系的心理分析观察，但是我们不会依循任何有关性格发展的特殊心理分析理论。

⑤ 母女关系也同样具有。

"父子关系是继母子关系分化后的第二步发展"①。这不仅意味着较少依赖，而且依赖的性质也改变了，从缺乏理解和表达能力的依赖转变到需要规范、引导、明智经验的传递或惩罚的依赖。用帕森斯的话来说，这是"工具性"（instrumentality）多于"表达性"（expressiveness）。②

母子关系中的依赖是初始的形式，而父子关系中的依赖则比较适合称之为权威③。权威这项属性包含某种程度的依赖性，但是有较高的"工具性"和"权力"。相反的，虽然母子关系并不完全缺乏"权力"和一些"工具性"，但这些特性④倾向于为其他更显著的属性所掩盖。这一点使我们了解，为何扩散性是母子关系而非其他关系的属性。扩散性和缺乏分化⑤有关。在核心家庭的八种基本关系中，母子关系和母女关系最少结构化和角色分化，因为这些关系中的年幼者是从完全无助与依赖中开始成长。

母子关系的最后一个属性称为原欲性（libidinality），每当关系中的双方不是同一性别时就会出现这种属性，但是它在母子关系中，好像比在父女或兄妹关系中还要强。因为当儿子在社会体系中的位置还未分化的时候，母子就有较多的肢体亲热。我们用的原欲性一词一般而言与帕森斯所用的"表达性"概念有关。因为后者包含了性的成分，但是他的概念似乎包括了我们所说的依赖性⑥和扩散性⑦。

虽然我们从弗洛伊德学派的术语转借使用原欲（libido）这个词，但是其含义并不相同。弗洛伊德学派的原欲认为性欲的原始物质是所有精神动力的源头，它通过像压抑或升华之类的社会化机制，成为被塑模、扭曲、转移的意识或意识层面的性欲。它其实就是人格的原动力。我们所谓的原欲性，在个人身上也许会受到压抑或升华，但是在社会中它是人际互动的

---

① Talcott Parsons, "Family Structure and the Socialization of the Child," in Talcott Parsons, Robert F. Bales (eds.), *Family, Socialization, and Interaction Process*, Glencoe：The Free Press, 1955, pp. 47–55.

② Talcott Parsons, "Family Structure and the Socialization of the Child," in Talcott Parsons, Robert F. Bales (eds.), *Family, Socialization, and Interaction Process*, Glencoe：The Free Press, 1955, p. 45.

③ 即帕森斯所说的权力。

④ 尤其是"工具性"。

⑤ 从而缺乏特殊性。

⑥ 部分。

⑦ 全部。

一般模式，以各种方式通过文化表现出来，保持原始的状态而没有受到明显的修饰，或者至少带着仍可察见到的性成分。

另外，原欲性这项属性与性欲性十分不同，它并不包含在夫妻关系中。性欲性涉及一种特殊而可以辨认的冲动和感情，具有较清楚的特定满足对象。原欲性则较含糊且未分化，经常缺乏清楚特定的性欲满足对象。两个恋人之间的吸引力具有性欲的特性，但是在某些类型的艺人和群众之间、在神殿的灵根①和崇拜者之间，甚至在艺术品和观赏者之间，也包含了我们所谓的原欲性。

兄弟关系含有不连续性，因为兄弟之间的凝聚力只是这一代的标志，与上一代或下一代迥然有别。每一组兄弟与上一代或下一代的兄弟都没有结构性的关联。兄弟关系中有包容性的原因和父子关系及母子关系一样，因为可能会有两个以上的兄弟。兄弟关系并不是一种无法容纳他人的关系。

平等性和竞争性是兄弟关系两种特别的属性。在核心家庭的所有关系中，兄弟有比较接近的心智年龄，在社会体系中的地位也较接近。夫妻可能比某些兄弟年龄要接近，但是他们似乎普遍具有互补和分工的功能。兄弟则比核心家庭中的其他人具有更大的平等性。较多的竞争机会伴随着较大的平等而来，每当人们认为他们至少应该受到和别人一样的待遇时，竞争就可能发生。但是在对等的人之间，由于结构性的配置，他们相互间的平等性比这个结构中的其他人更大，于是竞争变得更为激烈。

兄弟关系中平等性与竞争性的关联，看似告诉我们，兄弟关系中的所有内含属性都彼此相容。但是情况并非如此。父子关系中的属性互相支持，夫妻关系中的属性也相互支持，但是母子关系和兄弟关系中的属性并非都是和谐的。在母子关系中，依赖性与扩散性和原欲性相称。但依赖性并不总是支持包容性，因为依赖者可能会对要包容其他人而感到嫉妒。这种不相容也许会因为下述事实而减缓：通常是被依赖者而非依赖者提供初始环境，依赖者必须受制于被依赖者所决定的预设条件，而且无法像独立的个人那样轻易加以拒绝。但是依赖性与不连续性则十分不相称，因为根据所有的心理学证据，一个依赖者通常会及时寻求关系的持续而非中断。断奶和初次离开父母的困扰只是两个最普通的例子。最后，不连续性也与包容

---

① 灵根（Lingam），男性性器官崇拜形象。

性不相称，因为二者互相冲突。整体而言，母子关系的五项属性中，只有不连续性特别不协调，而过度依赖必然造成严重的问题。

在兄弟关系中，平等性增强了包容性。全球性宗教或政治哲学经常基于"四海之内皆兄弟"或"人生而平等"这类理想。同样的，竞争性增强了不连续性，竞争的本质表现在超越别人的努力，或甚至毁灭别人的欲望，无论理性化如何减弱它，结果都会变成分离主义。地位或成就的一个最普遍的特征就是要不同于他人。然而密切关联的不连续性和竞争性，以及包容性和平等性，这两组属性却互相对立，因为前者具有离心的倾向，后者则有向心倾向。不连续性和包容性不相容，竞争性和平等性也经常互相抵触，因为如前面所提到的，更多平等性会提高竞争性。

三 优势亲属关系对其他亲属关系的影响

我们接下来将检视亲属体系中的优势关系影响其他亲属关系的方式。由于不可能在一篇文章中分析每一种优势关系对所有其他亲属关系造成的复杂影响，我们在阐明观点时，将只针对各种实例，讨论其中的优势关系对一种非优势关系的影响。我们从父子关系占优势的体系着手。之前提过，在这种体系中，双亲对未来儿媳妇的意见将比儿子本人还重要。父子关系和夫妻关系各有一组内含属性，而夫妻关系中的排他性会因父子关系的包容性特质做很大的修正。在此体系中，即使是已婚的伴侣也可能尽量疏远，因为他们常将对于父母亲的责任和义务摆在对彼此的责任义务之前。习俗上会强烈反对配偶间公开亲热的表现，代之而起的是要他们展现出侍奉长者①的热心。在婆媳不和的情况下，丈夫必须站在母亲这边来反对妻子，尤其是在公开场合。为了获得男性继承人以延续父子链，一夫多妻制成了必要的结构。

尽管如此，在父子优势关系体系中，婚姻仍倾向于持续下去。离婚固然可能，但极为罕见。连续性和权威性阻止了婚姻关系的瓦解。连续性表示包括婚姻在内的所有关系一旦形成，就可能长久持续。权威性意指注重传统和在上位者，因此夫妻是否要继续生活在一起，重要的是父母或长辈亲属是否满意，至于他们夫妻是否快乐并不重要。

---

① 尤其是男方。

这种形态的亲属关系可能会伴随形成祖先崇拜仪式，[1] 以及宗族高度发展的倾向。

在夫妻关系占优势的社会，我们预期父子关系将是暂时性的关系。在年轻人结婚以后，父子关系很可能倾向于结束或者近乎结束。之后父亲对儿子不再有那么强的权威。夫妻间的聚合比所有其他关系优先，配偶的选择至少在理论上完全由即将结婚的年轻人自己把握。不仅父亲或母亲没有权力为子女提出离婚，若儿子不顾妻子的抗议，和父母有任何过度的亲密举动，都可能引发严重的婚姻失和。在这种情形下，一夫一妻制是唯一可能满足夫妻关系中独占属性的婚姻形式。不连续性普遍缺乏对于老人、传统以及过去的尊重，因此不同世代间会有鸿沟，而且没有真正的祖先祭典。

性欲性和排他性不仅使公然展现甜蜜[2]容易出现，而且几乎是必要的。因为在强烈的排他性情感中，他们不会注意外面的世界。虽然如此，婚姻关系却相当脆弱，离婚似乎比父子优势关系体系普遍。不连续性和性欲性两者都会导致这种结果。不连续性表示他们很少关心过去的事情，因此包括婚姻在内的所有关系都不持久。性欲性则增加了这种暂时性，因为性欲在人生任何一个时期中都会有起有落，而强调性更显示婚姻的不稳定。因此在父子优势关系体系中，长期分离并不会使婚姻关系产生危机；但在夫妻优势关系体系中，即使分离时间不算太久，也会对婚姻造成相当的危机。

夫妻优势关系除了使父子关系成为暂时性之外，还有其他的影响。在夫妻优势关系体系中，父子关系会受到性欲性和排他性的感染，父母会坚持对孩子的排他性控制，尤其对监护权格外敏感，而且讨厌来自祖父母和其他亲戚的任何建议[3]。父母会进而彼此竞争对子女的影响，再加上性欲性这个属性，便产生了最扰人心灵的俄狄浦斯情结（Oedipus complex）。由于俄狄浦斯情结的解决涉及压抑或升华的心理机制，我认为当前对父母亲强

---

[1] 在世界各地可以发现许多种祖先祭仪。到目前为止，人类学文献中所谓"祖先祭仪"（ancestral cult）或"祖先崇拜"（ancestor worship）所对应的事实并不精确。美国西北大学有一个研究计划，企图从比较严谨的角度检讨包含这个主题的现有民族志文献。Francis L. K. Hsu and Terrence Tatje, "Variations in Ancestor Worship Beliefs and Their Relation to Kinship," *Southwestern Journal of Anthropology*, Vol. 25, No. 2, 1969, pp. 153–172.

[2] 例如亲昵的称呼和亲吻。

[3] 父母和子女的关系中，基本的包容性丧失了。

调性教育的建议并不是好事，相反它是被压抑或升华的性欲①—一种迂回的表现。相对的，在父子优势关系体系中，在父母和子女之间，性的主题即使连无意中的触及都不允许。

在母子优势关系体系中，父子关系倾向于表现出不连续性。父子的联结并不是永久的，因此祭祖仪式即便存在，也有趋于简化的倾向。父亲的权威性将大幅缩减，因此父亲比较不是一个强力规范、引导和惩罚的人物，而是一个鼓励、支持和提供援助的人。由于父亲的形象模糊，儿子便倾向于寻求其他"父亲"式人物。这并非要取代真正的父亲，而是要确定他自己能够得到适当的鼓舞、支持和提供援助的来源。事实上，区别父亲和母亲形象的界限经常模糊不清。

母子优势关系体系中的包容性，类似父子优势关系体系中的包容性，并不会与一夫多妻制不相称，因为其中的婚姻关系并不需要独占。但是因为缺乏连续性，其习俗基本上并没有像在父子优势关系体系中那样，具有维持父系继承的目的，而似乎与原欲性或扩散的性欲性有较强的关联。因此，母子优势关系体系就可能产生一夫多妻制。如果排他性和性欲性相称于一夫一妻制，而包容性和连续性合于一夫多妻制，那么包容性和原欲性或扩散的性欲性，一般而言便倾向于具有多个配偶，包括一夫多妻制和一妻多夫制，以及其他例如情夫制（Cicisbeism）的行为，普林斯·彼得（Prince Peter）将之定义为："一种两性间的安排，一位或多位男性伴侣和他们的女人之间没有婚姻关系"②；或者联合婚制（conjoint-marriage），其中一夫多妻制和一妻多夫制被结合起来，使几个男人（通常是亲戚）能够同时和几个女人结婚；或者一个女人基于若干理由和一个以上的男人有露水情缘，包括没有小孩的女人在丈夫同意下由别的男人授孕。

在兄弟优势关系体系中，父亲和儿子间的关系较为紧张。兄弟间的竞争会波及父子关系，平等性则会影响年长者对年轻人的权威。事实上，这些属性助长了父亲和儿子间的性竞争。无论如何，这类竞争真的可能会制造许多形态的敌意，例如彼此猜忌或巫术指控。因此祖先祭典不是不存在就是简化了，即使有一些祖先祭典的形式，主要还是为了防止亡灵的惩罚

---

① 基于夫妻优势关系体系。

② Prince Peter, *A Study of Polyandry*, The Hague：Mouton and Co. , 1963, p. 22.

或愤怒，而非表达对于祖先的告慰和尊敬。

夫妻关系的锱铢必较凌驾于所有其他问题之上。竞争和平等的诉求减弱了某个性别被另一个性别保护的需要。事实上，它们使"弱势"对"强势"的性别二分法变成多余。两性间的互补成分被大幅降低，以至于婚姻伴侣间的奉献、忠贞和感情问题不是变得不重要，就是附属于诸如吃亏或占便宜的考虑。夫妻关系也许会表现为权力、经济或其他东西的竞争，而不是感情的深度。像在父子优势关系体系中那样，一夫多妻制不是延续家系的合理化说辞，而是表明男人地位或财富的行为。从女性角度而言，一妻多夫制则是女性能力和影响力的象征，而不是像男人的兄弟会那样着眼于经济的观点。这是唯一一种真正具有纳男妾的亲属体系，几乎要被迫称之为女性的多偶制①（polygyny）。此外，婚前和婚外关系在理论和实际上都很普遍。一个没有小孩的女人由丈夫的兄弟或其他人来授孕，这种代理父亲的习俗因而可能不会少见。性也容易被用来作为对抗手段或其他目的，而不是感情、道德或社会承诺的表现，因此婚姻关系趋于脆弱，尤其在缺乏某种形式的多配偶或多情人的制度以缓和竞争的社会，我们可以预期离婚很普遍。

上文提到拉德克利夫－布朗的观察，在非洲南部的班图部落和那马部族的霍屯督人，母亲的兄弟被视为男性母亲，而父亲的姊妹被视为女性父亲。在了解了各种体系中优势关系对该体系中若干其他关系的影响以后，我们可以用较佳的判别方式说：父子优势关系社会中的丈夫，像是年轻的父亲；夫妻优势关系社会中的母亲像是年长的妻子；母子优势关系社会中的父亲像是儿子的母亲；而兄弟优势关系社会中的妻子，则是某种延伸的女性兄弟。然而，这类观察忽略并模糊了每一种优势关系对非优势关系真正重要的影响。实际上就一个亲属体系，或者就个人内心所关心的事情来说，处于父子优势关系影响下的夫妻关系，并不是被改变成父子关系。真正的情况是，夫妻关系的内含属性大大受到父子关系的内含属性所影响，以至于这个体系中夫妻关系的特殊性质和互动模式，就夫妻关系来说，十分不同于其他不以父子关系为优势的体系。进一步来说，如果我们的假说正确，那么只要知道优势关系是什么，就可以预测任何亲属体系中的夫妻关系或任何其他基本关系的人格品质和互动模式；反过来说，如果知道一个亲属体系中的夫妻关系或任何其他基本关系的

---

① 以别于通常所讲的一妻多夫制（polyandry）。

某些特殊性质和互动模式，我们将可以推论出它的优势关系或若干关系。①

　　同样的，对于夫妻优势关系体系的人而言，父子优势关系社会中的男人似乎太缺乏野心；对于父子优势关系社会的人而言，夫妻优势关系体系中的男人和女人似乎太过于性感；对于这两种体系中的那些人来说，母子优势关系社会中的男人对于他的性别认同似乎不太确定；而对于以上三种体系的那些人来说，兄弟优势关系社会的男人和女人，对于性的依恋似乎过于冷酷或计较，而且欠缺对忠贞的关心，性似乎变成一种通过几乎是商业化的手段来满足或征服的商品。但是这些圈外人，是在以其他关系为优势的亲属体系中养育成长，他们眼中的这些"问题"在那些展示特殊行为的人心中也许一点也不是问题。② 除非我们察知各种体系的优势亲属关系，

---

① 我在较早的著作中区分了亲属内涵和亲属结构，根据默多克的研究，我接受这个事实：因纽特人和新英格兰美国人（Yankees）有类似的亲属结构。我在那篇文章中企图澄清的是，这两个亲属体系的内涵使他们的行为模式非常不同。从我们目前分析的观点看，因纽特人和新英格兰美国人甚至没有共同的亲属结构，这一点应该很明显。事实上因纽特人的亲属模式并不属于本文所分析的四种形式中的任何一种。是否必须借助此处所定义的优势亲属关系和属性的概念或者其他的因素才能解释因纽特人的行为，这个问题要靠日后更深入的田野研究来处理。Francis L. K. Hsu, "Structure, Function, Content and Process," *American Anthropologist*, Vol. 61, No. 7, 1959, pp. 790–805.; G. P. Murdock, *Social Structure*, New York: Macmillan Company, 1949, pp. 226–228.

② 根据怀亭（John W. M. Whiting）的说法："一个性别认同有严重冲突的社会，即男孩早期与母亲分开睡或基本的单位是随夫居且由男人主控的社会，将会有青春期的成年礼，其功能是解决这种认同冲突"。信奉印度教的印度人（Hindu India）有这种严重冲突的情形，但尽管能够如此确认，除在青春期或青春期之前佩戴圣丝以外，却没有成年礼存在。在怀亭的研究中，成年礼具有突出的特色，包括凌辱、伤害生殖器、与女人隔离，以及耐力测验。印度却没有任何这类事情和青春期有关。圣丝仪式没有丝毫明显的性象征，而且基本上只限于印度教的婆罗门（Brahmins）种姓，偶尔才为了提升阶层的目的而延伸到较低的种姓，例如 Pancha Brahma of Shamirpet, Hyderabad, Kayastha of Bengal, 或（修正形式的）Lingayat of Deccan，然而已有的资料显示，印度男人的性别认同似乎不确定。假如怀亭的假设是对的，我们的推论是，这种可能的不确定性比较是客观观察者的问题，而非印度人的问题。大多数印度男人没有经历过成年礼，而注重它的人主要是为了种姓地位，这些事实是支持我们论点的重要证据。怀亭关于成年礼的假设最近受到 Cohen 的挑战。他的挑战所根据的基础，排除了在许多社会中成年礼也许至少有一部分和性别认同的问题相关的可能。参见 Yehudi Cohen, "The Establishment of Identity in a Social Nexus: The Special Case of Initiation Ceremonies and Their Relation to Value and Legal Systems," *American Anthropologist*, Vol. 66, No. 3, 1964。另一方面，印度的佩戴圣丝仪式明显符合 Cohen 的观念：社会需要展示"儿童与他的核心家庭及亲属团体关联的范围，以灌输他社会情感的认同，以及符合这个社会关键原理的价值"。如同我们的假设所说明的，在印度的例子里，其范围是种姓（caste）而非亲属团体，而它的原则是阶层（hierarchy）。

在该体系中塑造其他关系时所发挥的作用，否则我们对于人类行为的了解很难跨越文化的差异。

四 优势亲属关系对非亲属行为的影响

如果篇幅允许，我们还能讨论每一种优势关系对其他关系同样有力的影响，然而我们必须着手下一步工作。在考虑优势亲属关系对非亲属行为的影响时，我们将暂时只评论一组现象：权威的问题。

回顾前面提过的四种亲属体系，我们应该可以预期权威性在父子优势关系和母子优势关系的亲属体系中比较不会有问题，在夫妻优势关系和兄弟优势关系的亲属体系中则较有问题。权威性是父子关系的主要属性，通过这项属性的培育，父亲和儿子双方都被调整以符合需要。上位者不必隐藏他的权力，因为他知道这是他应得的；下位者不需要掩饰他的敬意，因为不必因此感到羞愧。权威和顺从权威的行为因此可被公开地、竭力地施行，双方都不会感到不安。如果上位者变得太有压迫性，也许会产生困扰，但是对于压迫的疏解，在于指认出威胁的个人，而非挑战那产生压迫的整个社会结构。在父子关系占优势的体系中培养出来的个人，将不会对仁慈的权威感到厌恨，事实上，他们还会拥戴它。

在母子关系占优势的体系中，权威是依赖性的一个主要成分，因此，双方对它的运用和对它的顺从也毫不隐藏。然而，在父子关系占优势的体系中的小孩，一旦被规划了人生，他就已经具备了良好的自立条件，所以他能够独立地去开展他的人生。而母子关系占优势的体系的小孩，倾向于保持较多未分化的前途，因而需要持续的规范、监督和限制，以便依照权威者所划定的蓝图来实现自我。在母子关系占优势的社会中，权威必须更加竭力地去履行，而深深依赖那有时是负面的限制，才能使这种形态变得可行。其中可能会出现对于权威的挑战，但是这种挑战将没有什么效果，而且对社会和文化很少有真正的影响。对于领导者而言，核心的问题不仅是鼓动追随者，还要令他们更加努力于特定而正面的目标，不要用各种不相关的问题来搪塞。

在夫妻关系占优势和兄弟关系占优势的亲属体系中，权威的问题最尖锐。这两种体系都不是以权威为优势属性，也不是以权威为优势属性的主要成分。在这类体系中养成的个人，倾向于厌恶权威或者视其为应以一切手段加以克服的障碍。然而就这一点而言，这两种类型的社会之间差异相当大。在夫妻关系占优势的体系中，性、怀孕、照顾小孩等天性的互补提供了两种相关的发展。一方面是来自原始的过去所存在的男性对女性若干无法避免的权威，而且我们预期它将可能永远持续下去。女性在自愿性的合作中，为了满足自身的需求，必须顺从这种权威。另一方面是源自骑士精神或贵族恩德保护弱者和无助者的观念，因为尽管权威的基础有所消长，只要上位者或领导者与下位者或追随者之间，存在着功能性的内在依赖心理，权威就能够被施行并持续下去。然而，在施行或维持权威的时候，上位者或领导者必须掩饰他们的地位、在与下位者或追随者互动时减少外显的权威标志、运用公众的意见来支持他们自己的决定，或者借助其他方式，使他们的出现像是权威的传译者而非权威的始作俑者。由于骑士精神明显与妇女和小孩相联结，成年男子喜欢居于保护弱者的地位，而讨厌成为被保护者。

在兄弟关系占优势的社会中，权威并非任何属性的成分。年长的哥哥的确能够以武力制约弟弟，但是弟弟并不需要与有权威倾向的哥哥合作才能自我满足，结果权威的行使和维持倾向于变成暴力①，而且容易形成竞争和对抗②。于是二者彼此区隔的倾向特别明显。上位者或领导者常常害怕来自追随者或下位者的伤害、暗杀或者更晦暗的巫术。这些社会中的承袭问题将难以解决，因为除非运用武力，对手的叫嚣不会沉寂。和夫妻优势关系社会比较起来，兄弟优势关系社会的上位者或领导者，不需要掩饰他们的权力或原来的决定，因为依赖或受保护是一种有利的事，而不像在其他体系中那样，是承认自己的软弱。

对于四种体系中权威性的分析，使我们得以质疑社会学关于"责任"（task）和"情感"（emotional）功能不相容的论点在跨文化研究中的有效性。有一些社会学者曾经处理过这个问题。③ 贝尔斯（Robert F. Bales）从小

---

① 因为缺乏鼓励拯救和保护弱者的骑士精神。

② 因为权力的欲望横流。

③ P. M. Marcus, "Expressive and Instrumental Groups: Toward a Theory of Group Structure," *American Journal of Sociology*, Vol. 66, No. 1, 1960, pp. 54 – 59; R. L. Kahn, D. Katz, "Leadership Practices in Relation to Productivity and Morale," in D. Cartwright and A. Zander（eds.）, *Group Dynamics*, Evanston, Illinois: Row Peterson, 1960; P. M. Blau, W. R. Scott, *Formal Organizations*, San Francisco: Chandler, 1962.

群体的实验提出证据支持下述立场：责任①和情感功能的分化有助于群体的稳定。以五人群体为对象，贝尔斯给予他们需要合作才能解决问题的任务，研究者在单面镜后进行观察，并记录他们的互动情形，② 其中的一些发现如下：（1）责任型领袖③最不受其他成员喜爱，而情感型领袖则最受喜爱；（2）情感型领袖最不可能成为责任型领袖；（3）通过一系列问题的解决过程，情感型领袖较不可能被选为责任型领袖④，与此相对，责任型领袖在成功尝试之后，也较不可能被选为情感型领袖。⑤ 前面的分析使我们有理由质疑：这些发现可能只是夫妻优势关系社会的特性，在这个社会里权威被厌恶，这个社会的独占属性更增加了角色明确分化和区隔的需要，如同其他所有事物一样；但是父子优势关系、母子优势关系、兄弟优势关系的社会则非如此。在父子优势关系和母子优势关系的社会中，对权威的顺从和依赖并不会被厌恶，于是上位者和下位者之间的情感关系不会出现冲突。进而言之，这两种社会和兄弟优势关系社会中的包容属性，将使角色区隔很少发生。

我们的假说中关于优势亲属关系对非亲属行为的影响，同样能够应用到其他各种事实，从友谊、性欲和结盟的性质到经济和社会发展的模式等，不过这些只能在日后的文章中再加以讨论。

五　人格动力的问题

我们的假说所立基的前提是个人早年的经验，尤其是与核心家庭成员相处的经验，对于形塑个人与世界的关系特别重要。这是一种弗洛伊德理论的取向。无疑地，就我们目前关于人格动力的知识而言，每一个人在他的生命中，都要借助过去的经验来处理目前和未来所面临的问题。因为他所成长的核心家庭提供了社会行动的初步结构与内涵，他早年的经验便成为更广泛人类行为的基础。

---

① 我们所说的权威属性。

② 方法论参见 Robert F. Bales, *Interaction Process Analysis: A Method for the Study of Small Groups*, Cambridge, Mass.: Addison-Wesley Press, 1950.

③ 有最佳观念的人和规范者。

④ 过程之后。

⑤ Robert F. Bales, "The Equilibrium Problem in Small Groups," in Talcott Parsons, Robert F. Bales, and E. A. Shils, *Working Papers*, Glencoe: The Free Press, 1953, pp. 111–161.

但就人格动力部分，我们的假说和弗洛伊德心理学开始分道扬镳。弗洛伊德心理学只强调双亲与孩子的三角关系；我们的假说则强调这样的事实：依社会体系的不同，具有核心重要性的关系可能不是这个三角关系，而是其中一个。进一步而言，核心家庭中的优势关系，正如我们的分析所显示，不论是父子关系或兄弟关系，都会影响这三角关系中的各种性质，因此并不存在弗洛伊德及其门徒假定为普遍的俄狄浦斯情境。排他性和性欲性是导致俄狄浦斯困扰时不可少的属性。这样的组合只有在夫妻关系中出现。父子关系和兄弟关系都没有这些属性，而母子关系中具有扩散的性欲性，却没有排他性。在兄弟优势关系体系中，父子之间经常而明显的竞争，甚至扩及性的方面，将会出现许多情绪和表征，对观察者而言类似弗洛伊德理论所说的情形，也类似在夫妻优势关系社会中培养出来的情形，很容易就被当作俄狄浦斯情境。根据我们的假说，另外一个可能是，我们对兄弟优势关系这种类型观察的结果，在仔细的检验下将被证实是一种广泛的特征。兄弟优势关系社会中父子间的性竞争，可能是在儿子成年以后才发生，如果会消失，也不可能像弗洛伊德学派所说的那样消失，而且它只是一个以竞争为优势属性的社会体系中诸多竞争形式的一种而已。

我们的假说和弗洛伊德学派的立场还有其他不同之处。特别是关于不同社会体系中的个人，倾向于如何运用他们的早年经验这个问题。在夫妻优势关系社会中，个人经由反抗、禁制、压抑来运用这些经验，因为他的亲属体系的指示是，鼓励他尽快尽可能离开他的父母，并且一旦他长大了就要反抗他们的权威。如果他选择一位妻子是因为他需要母爱，或者他无法忍受他的老板是因为后者使他想起权威的父亲，这时他确实受到早年经验的影响。但是这些早年经验的运用，不论他想要寻回它们或想要远离它们，都可能被否定，因为它们是被厌恶或压抑成为潜意识的一部分。

在父子优势关系社会中，个人经过深思熟虑，运用或延伸来运用他早年的经验，因为其亲属体系的重要特色是鼓励他谨记并照顾他的根源：他的父母和祖先。如果他和生意上的伙伴结拜为兄弟，或者将老师奉为父亲，也是受到早年经验的影响。但是这些早年经验的运用可以被公开宣扬，因为它们值得追求并且成为意识层面的认知。

在另外一个面向上，我们的假说也不同于比较正统以及经过修正的弗洛伊德学派的立场。比较正统的弗洛伊德学派将注意力集中在情欲对人所产生的影响上，而其余学者基本上是处理与依赖和进取有关的人格发展的问题。① 我们的假说虽然并非不关心性欲、依赖和进取，却与人格动力或其起源的问题有一段距离，它被定位在社会和文化生活那复杂而又广泛的范围中，其中不同的个人彼此相遇和互动，而这些互动的模式至少在分析以及讨论其起源的时候，可以就所涉及的行为者个别地仔细观察。② 这样做并不是否认无意识动力存在于任何体系中的个人身上。

行文至此，读者大概可以了解，我们的假说和帕森斯的也很不一样。③ 我们的假说和帕森斯的假说都从核心家庭的基本要素着手，我们已经提及我们讨论的某些属性和帕森斯所说的分化角色相似或有关。但是当我们超出核心家庭的基本要素来考虑，并且了解到在各种环境下，相同的基本要素会引起不同的亲属内或亲属外的互动模式时，我们的假说变得和帕森斯的十分不同。举例来说，帕森斯观察到，虽然权力④是父子关系和母子关系中的基本要素，但之后，当"工具性 - 情感性的区别从权力轴中被分化出来"时，儿童在人格组织的演化过程中，发生了"剧烈的改变"。⑤ 我们的假说认为，在不同的亲属体系间，父母角色分化的程度可能会根据各个社会优势关系和属性的不同而形成很大的差异。父子优势关系的社会可能会在所有的人格发展阶段中，极力强调父亲的权力或权威角色。他的权威角色被强调不只是因为他想要施展权力，也因为他的儿子倾向于自动地服从他。此外，帕森斯认为，在"第二次分裂"（second fission）阶段中，母亲

---

① E. H. Erikson, *Childhood and Society*, New York: Norton, 1950; John W. M. Whiting, I. L. Child, *Child Training and Personality*, New Haven: Yale University Press, 1953; John W. M. Whiting, Richard Kluckhohn, Albert Anthony, "The Function of Male Initiation Ceremonies at Puberty," in E. Maccoby, T. M. Newcomb and E. L. Hartley (eds.), *Readings in Social Psychology*, New York: Holt, Rinehart and Winston, 1958.

② E. D. Chapple, C. M. Arensberg, "Measuring Human Relations: An Introduction to the Study of the Interaction of Individuals," *Genetic Psychology Monograph*, No. 22, 1940, pp. 3 - 47.

③ Talcott Parsons, "Family Structure and the Socialization of the Child," in Talcott Parsons, Robert F. Bales (eds.), *Family, Socialization, and Interaction Process*, Glencoe: The Free Press, 1955; Talcott Parsons, "The Organization of Personality as a System of Action", in Talcott Parsons, Robert F. Bales (eds.), *Family, Socialization, and Interaction Process*, Glencoe: The Free Press, 1955.

④ 我们说的权威属性。

⑤ Talcott Parsons, "The Organization of Personality as a System of Action", in Talcott Parsons, Robert F. Bales (eds.), *Family, Socialization, and Interaction Process*, Glencoe: The Free Press, 1955, p. 135.

角色将从权力或权威中分离出来；① 我们的假说则认为，在父子优势关系社会中，母亲角色不太可能轻易地从权力或权威的要素中分离出来。事实上，随着年龄增长，她获得更多权力或权威。因此，帕森斯所主张的那种发生在父亲角色和母亲角色间的分化，从而形成工具性和表达性分野的二元分化（binary differentiation），其实并不是那么清楚，而且也不是最后的状况。在这样的社会中，父亲和母亲都比较倾向于"工具性"而非"情感性"。同样的道理，我们的假说使我们相信，在一个以依赖和原欲而非权威为优势属性的母子优势关系社会中，父亲和母亲都比较容易趋向于"情感性"而非"工具性"；而在兄弟优势关系社会中，由于手足关系的影响较大，父母亲趋向于"工具性"和"情感性"的程度都比在父子优势关系或母子优势关系的社会来得低。根据我们的假说，帕森斯的分析适合夫妻优势关系的社会，其中父母角色的分化最为明显。

六　非亲属因素的角色

这个假说并不企图讨论地理的因素②、历史接触所造成的文化传播、人口规模、政治或军事征服、人为或自然灾难，或者人类文化的传承③的角色。它的目标是对人类彼此形塑的角色进行基本探测，其中亲属关系最为重要。

我们的假说当然也不是说，在某些亲属关系占优势的情况下，任何婚姻或性的联结必然会发生。真正的意思是：某些优势关系与某些婚姻或性别角色的形式相容，而且，如果这样的婚姻或性别角色形式已经存在于一个区域中，并具有某种特定的优势关系，它将会有更好的机会持续下去。

七　假说的初步证据

从质性的观点支持这个假说的主要数据，可以在《宗族、种姓与社团》

---

① Talcott Parsons, "The Organization of Personality as a System of Action", in Talcott Parsons, Robert F. Bales (eds.), *Family*, *Socialization*, *and Interaction Process*, Glencoe: The Free Press, 1955, p. 135.

② 即孤立地区或地形。

③ 对人类行为。

（*Clan*，*Caste and Club*）这本比较中国人、印度人和美国人生活方式的书中找到。① 在该书里，我主要是说明亲属组织的力量，以及在大型社会中亲属组织之外的"次级群体"的发展，还有二者之间的关系。我们的假说指出，优势关系和优势属性对亲属组织发挥影响力的基本原理。这个假说使我们能够预测这些力量以各种方式影响亲属组织内外的行为模式，包括次级群体的发展。如果我们假设美国是以夫妻关系为优势，中国是以父子关系为优势，而印度是以母子关系为优势，那么美国、中国和印度的亲属体系十分符合这幅图像。

关于兄弟关系的推论，其初步证据可以在《亲属和生活方式：一项探讨》（"Kinship and Ways of Life：An Exploration"）一文中的非洲部分找到。② 同样可以在梅尔维·赫斯科维茨和弗兰斯·赫斯科维茨（Melville and Frances Herskovits）一篇非常有趣、题目为《手足之争、俄狄浦斯情结和神话》（"Sibling Rivalry, the Oedipus Complex, and Myth"）的文章中找到。③ 如果我们假设许多从夫居形态的非洲社会是以兄弟关系为优势，我们将发现非洲人生活中的许多核心特征变得很容易理解。

此外，最近由普林斯·彼得所写的一本关于希腊和丹麦的书，题目为《一妻多夫制研究》（*A Study of Polyandry*），也可以发现支持我们假说中关于母子优势关系社会的数据。④ 根据我们的假说，母子优势关系的亲属体系，在结构上偏好不同组合的多数配偶，相较之下，父子优势关系的亲属体系在结构上偏好一夫多妻制，而夫妻优势关系的亲属体系在结构上倾向于一夫一妻制。我们的假说也使我们相信，兄弟优势关系的亲属体系在这一方面⑤，会与母子优势关系社会相似，但是没有那么普遍。

根据普林斯·彼得的调查，18 个真正实行一妻多夫制的社会中，有 11 个在印度或附近地区，例如在斯里兰卡的肯迪安人（Kandyans of Ceylon）和

---

① Francis L. K. Hsu, *Clan, Caste and Club*, Princeton：Van Nostrand Co.，1963, p. 7.

② Francis L. K. Hsu, "Kinship and Ways of Life：An Exploration," in Francis L. K. Hsu（ed.），*Psychological Anthropology：Approaches to Culture and Personality*, Homewood：Dorsey Press, 1961, pp. 400 – 456.

③ Melville and Frances Herskovits, "Sibling Rivalry, the Oedipus Complex, and Myth，" *The Journal of American Folklore*, Vol. 71, No. 279, 1958, pp. 1 – 15.

④ Prince Peter, *A Study of Polyandry*, The Hague：Mouton and Co.，1963.

⑤ 婚姻制度。

西藏人（Tibetans）之中发现的，另外有 3 个在非洲。27 个实行某种形式情夫制的社会中，① 有 15 个在印度或附近地区，而有 5 个在非洲。以一个女人和一个以上男人顺序连接为规则的 4 个社会中，有 3 个出现在印度或附近地区。实行一夫多妻和一妻多夫混合制的 4 个社会中，则有 3 个出现在印度或附近地区。

普林斯·彼得的调查并没有涵盖因纽特人和楚克奇人（Chuk-chee）那种以出借妻子为某种款待方式的习俗。但是他的统计图对于我们假说中的一部分主张具有高度正面启发。这个假说的各部分，以及从整体来看，都还需要严格的检验。不仅需要深入的田野和文献分析，还要有跨文化的统计研究。

参考文献

A. R. Radcliffe-Brown, "The Mother's Brother in South Africa," *South African Journal of Science*, Vol. XXI, 1924, pp. 542 – 555. Reprinted in *Structure and Function in Primitive Society*, Glencoe: The Free Press, 1952.

C. Levi-Strauss, "Social Structure," in A. L. Kroeber (ed.), *Anthropology Today*, Chicago: University of Chicago Press, 1953.

C. Levi-Strauss, *Les Structures Elementaires De La Parente*, Paris: Presses Universitaires de France, 1949.

David M. Schneider, "Introduction: The Distinctive Features of Matrilineal Descent Groups," in David M. Schneider, Kathleen Gough (eds.), *Matrilineal Kinship*, Berkeley and Los Angeles: University of California Press, 1961.

E. D. Chapple, C. M. Arensberg, "Measuring Human Relations: An Introduction to the Study of the Interaction of Individuals," *Genetic Psychology Monograph*, No. 22, 1940, pp. 3 – 47.

E. H. Erikson, *Childhood and Society*, New York: Norton, 1950.

F. Alexander, "Development of the Fundamental Concepts of Psychoanalysis," in F. Alexander, H. Ross (eds.), *Dynamic Psychiatry*, Chicago: University of Chicago Press, 1952.

Melville and Frances Herskovits, "Sibling Rivalry, the Oedipus Complex, and Myth," *The*

---

① "所谓的美国边缘"（So-called Boarders in the U. S. A, quoted by Linton）是普林斯·彼得在关于情夫制的著作中所列出的一个案例，这个案例我们未计算在内。

Journal of American Folklore, Vol. 71, 1958, pp. 1 – 15.

Francis L. K. Hsu, "Structure, Function, Content and Process," *American Anthropologist*, Vol. 61, 1959, pp. 790 – 805.

Francis L. K. Hsu, "Kinship and Ways of Life: An Exploration," in Francis L. K. Hsu (ed.), *Psychological Anthropology: Approaches to Culture and Personality*, Homewood: Dorsey Press, 1961.

Francis L. K. Hsu, *Clan, Caste and Club*, Princeton: Van Nostrand Co., 1963.

Francis L. K. Hsu, "Rethinking the Concept 'Primitive'," *Current Anthropology*, Vol. 5, No. 3, 1964, pp. 169 – 178.

Fred Eggan, *Social Organization of the Western Pueblos*, Chicago: University of Chicago Press, 1950.

G. P. Murdock, *Social Structure*, New York: Macmillan Company, 1949.

Harrison C. White, *An Anatomy of Kinship: Mathematical Models for Structures of Cumulated Roles*, New York: Prentice-Hall, 1963.

John W. M. Whiting, I. L. Child, *Child Training and Personality*, New Haven: Yale University Press, 1953.

John W. M. Whiting, Richard Kluckhohn, Albert Anthony, "The Function of Male Initiation Ceremonies at Puberty," in E. Maccoby, T. M. Newcomb and E. L. Hartley (eds.), *Readings in Social Psychology*, New York: Holt, Rinehart and Winston, 1958.

P. M. Blau, W. R. Scott, *Formal Organizations*, San Francisco: Chandler, 1962.

P. M. Marcus, "Expressive and Instrumental Groups: Toward a Theory of Group Structure," *American Journal of Sociology*, Vol. 66, No. 1, 1960, pp. 54 – 59.

Prince Peter, *A Study of Polyandry*, The Hague: Mouton and Co., 1963.

Robert F. Bales, *Interaction Process Analysis: A Method for the Study of Small Groups*, Cambridge: Addison-Wesley Press, 1950.

Robert F. Bales, "The Equilibrium Problem in Small Groups," in Talcott Parsons, Robert F. Bales, and E. A. Shils, *Working Papers*, Glencoe: The Free Press, 1955.

R. L. Kahn, D. Katz, "Leadership Practices in Relation to Productivity and Morale," in D. Cartwright, A. Zander (eds.), *Group Dynamics*, Evanston: Row Peterson, 1960.

R. Naroll, "Social Development Index," *American Anthropologist*, Vol. 58, No. 4, 1956, pp. 687 – 715.

Talcott Parsons, "Family Structure and the Socialization of the Child," in Talcott Parsons, Robert F. Bales (eds.), *Family, Socialization, and Interaction Process*, Glencoe: The Free Press, 1955.

Talcott Parsons, "The Organization of Personality as a System of Action," in Talcott Parsons, Robert F. Bales (eds.), *Family, Socialization, and Interaction Process*, Glencoe: The Free Press, 1955.

V. Roger Burton, John W. M. Whiting, "The Absent Father and Cross-sex Identity," *Merrill-Palmer Quarterly of Behavior and Development*, Vol. 7, No. 2, 1961, pp. 85 – 95.

Yehudi Cohen, "The Establishment of Identity in a Social Nexus: The Special Case of Initiation Ceremonies and Their Relation to Value and Legal Systems," *American Anthropologist*, Vol. 66, No. 3, 1964, pp. 529 – 552.

附

优势亲属关系和优势观念的评论[*]

安德鲁·斯特拉森　玛丽琳·斯特拉森[**]/文　许木柱译

许烺光的论文[①]讨论优势亲属关系对亲属和非亲属行为的影响，包含了大量关于亲属体系共同变量的研究建议。这篇文章最有价值的地方在于使我们能够在一个广泛的文化区中，根据不同的强调面向而为各个社会体系贴上标签。例如，不难辨认出在新几内亚高地玛耶地方的恩加族（Enga）是一个父子优势关系的社会；[②] 而库玛族（Kuma）在许多方面似乎是符合兄弟优势关系的体系，[③] 然而，较不合理的是许氏引入假设的方式。

第一，他选择核心家庭作为研究单位，列出其中包含的八种关系。他的假设理应为核心家庭提出完整的基本亲属关系。但是一个社会中共同居住的单位若是一对连襟（brothers-in-law）或甥舅（mother's brother and his sister's children），就这个社会的社会化目的而言，难道不需要将这种关系视为基本吗？用许氏的用语来分析这样的体系时，也同样需要把这些关系的内含属性列出来。许氏选择他的八种关系是合理的，但是如果他的意思是把它们当作仅有的类型，并且以之作为讨论的根本基础，就有某种程度的

---

[*] 原文见 Andrew and Marilyn Strathern, "Dominant Kin Relationships and Dominant Ideas," *American Anthropologist*, Vol. 68, No. 4, 1966, pp. 997 – 1004。

[**] 安德鲁·斯特拉森（Andrew Strathern），美国匹兹堡大学教授，他与帕梅拉·斯图瓦特（Pamela J. Stewart）是享誉世界的人类学家伉俪，夫妻研究团队，已经共同出版了 50 多本著作和数百篇田野调查的文章。他们在多个人类学研究领域都有建树，长期在巴布亚新几内亚调研，曾到中国举办多场讲座。玛丽琳·斯特拉森（Malilyn Strathern）是安德鲁·斯特拉森的前妻，剑桥大学社会人类学威廉·怀斯讲座教授，曾任英国格顿学院校长，发表论文 44 篇，著作 15 本，获维京基金奖章、赫胥黎奖章，也是国际知名人类学者。

[①] Francis L. K. Hsu, "The Effect of Dominant Kinship Relationships on Kin and Non-kin Behavior: A Hypothesis," *American Anthropologist*, Vol. 67, No. 3, 1965, pp. 638 – 661. 以下引用该文时，括号内加页码表示。

[②] M. J. Meggitt, *The Lineage System of the Mae-Enga*, Edinburgh and London: Oliver and Boyd, 1965.

[③] M. Reay, *The Kuma: Freedom and Conformity in the New Guinea Highlands*, Melbourne: Melbourne University Press, for the Australian National University, 1959.

任择性（arbitrary）。

第二，同样的任择性可以在他的"内含属性"（intrinsic attribute）概念中看到，他说它是指"内含于每一种基本关系的逻辑或典型的行为模式与态度"（第 649 页）；而且他引述史奈德（Schneider）类似的说法。[1] 在这个定义中，"或"字的意思究竟是指逻辑的和典型的（行为模式与态度）互斥，还是说"典型的"只是"逻辑的"另一种说法？我们无法确定他对这两个字眼是否有区别，但是（我们）认为他是指第一种解读方式（即逻辑和典型这两个特性互斥）。在这个意义上，他所列出来的某些属性可以被认为是逻辑的，其他则是典型的，而且既非逻辑的也非不合逻辑的（即不涉及逻辑问题）。根据正式的定义他所选取的四种关系中，不连续性/连续性以及包容性/排他性属于逻辑的对比。其他属性，如权威性、性欲性等等，则是描述性和典型的（行为模式与态度）。

作者如何得到这些典型的属性呢？他就这样提出并叙述出来。即使在作者自己的架构中，这种推论也有许多困难，因为在任何一个特定的社会体系中，所有亲属关系的内含属性必然会受到外在因素的影响，同时也可能会受到其中一种优势关系的影响，我们不能期望在任何社会观察到这些属性以纯粹的状态（pure state）存在。然而，作者（许烺光）的写法，俨然表示他的意思是他所列出来的某些典型属性是通过实证数据获得的（亦即从非洲的一夫多妻制中对妻子们的安排实例）。某些属性相当明显——例如夫妻关系中的性欲性，虽然这并不是我们从结构上来定义这种关系时会采取的方法——但是其余的，例如母子关系中的扩散性，似乎需要更多证据。某些属性好像是基于心理学理论，其他的则是基于社会学理论，例如权威性。但如果要说权威性是父子关系中普遍的优势属性，难道不需要先从民族志中铺陈出来吗？而且一旦转向民族志，我们会了解到问题在于区分生父（genitor）与父亲（pater）这样的古老难题。许氏在他的论文中所谈的是哪一种呢？

当企图将拟定的架构延伸到八种关系中的其他关系时，也会遇到困难。我们怀疑某些新几内亚社会是否真的属于兄弟（包含姐弟）优势关系

[1] D. M. Schneider, "Introduction: The Distinctive Features of Matrilineal Descent Groups," in D. M. Schneider and K. Gough (eds.), *Matrilineal Kinship*, Berkeley and Los Angeles: University of California Press, 1961.

社会。以许氏逻辑特性而言，兄弟优势关系的属性是不连续性和包容性。我们认为属于典型特性的属性是去性欲取向（desexuality），即"性压抑的状况"，以及原欲性。我们从许氏所提的原则得到后一项属性，即所有跨越性别的关系都有原欲性，但这一项属性有像母子关系那样合理吗？（许氏自己也提到对这一点的保留）。首先是关于几乎在各民族普遍存在的手足乱伦禁忌（sibling incest taboo）（"压抑"在此有许多问题，但那是另一个议题），问题在于：（手足乱伦禁忌）这个特性是根据民族志资料的比较而直接判定它是否存在，并非根据它本身的内在逻辑。再者，依照许氏的假设，我们怎么知道这种禁忌是不是由于其他优势关系影响到兄弟关系，从而将它的"内含"属性隐藏起来？如果我们对一种关系内含属性的观察，必须根据这个关系正好是这个亲属体系的优势关系，或者这个亲属体系没有出现任何优势关系，这样的观察将会很困难，因为我们如何预先知道这是哪一种情形呢？我们似乎只有像许氏的做法那样，在已经知道内含属性是什么的情况下才能够运用这些基模（scheme）！

第三，这个假设没有试图说明，为什么一种内含关系会超越其他关系而成为优势关系。如果作者思考这个问题，他可能会考虑许多外在的变量对基本亲属关系的影响，例如与经济的关联、环境的适应等。但是这将不利于他所假设的变量（发展）方向。他会把这些外部因素只当作干扰变量，认为它们会改变那种"在没有这些干扰变量时可能衍生的"（otherwise-derived）优势亲属关系对非亲属行为的影响？或者他会同意这些外部因素可能（直接）影响亲属行为本身？

第四，在标题和文中大部分地方使用了"预测性"的语词后，作者在结尾加了一个掩盖性的免战牌，即他前面所谈的只是"相容性"（compatibilities）的问题。但似乎可以公平地说，他的意思是他谈的这些特性都有某种程度的可预测性。果真如此，我们可以指出他预期的影响有两类：（1）制度的形式，可称之为结构效应；（2）包括权威性等在内的关系属性与对关系的态度，可称之为文化效应。第一类预测比第二类预测缺乏说服力。举例来说，许氏认为在父子优势关系社会中，通过一夫多妻制以延续男系继嗣是一种"结构性的需要"，而且"这种形态的亲属关系可能会伴随形成祖先崇拜仪式，以及宗族高度发展的倾向"（第658页）。他在这里是否把祖先崇拜和（想必是父系）氏族，看作是由于具有权威属性的父子优势关系而连带出现呢？如果真是这样，这个假设就需要被检验，但是我们如何进行这种检验呢［它应该是历时性的（diachronic）研究］？这个假设对于类型（2）的影响似乎有最大的预测价值，因为核心家庭成员互动关系所产生的属性，可能会影响到个人在家庭以外各种制度化角色（institutional role）的反应，例如许氏所指出的个人对权威的态度。

我们要问两个主要的问题：（1）分析者如何发现那些"内含"属性？（2）一种关系如何比其他关系更占优势？我们的批评并不是认为企图建立一个由亲属关系的属性解释亲属关系间的互动模式将徒劳无功，只是说一个人在做这种陈述时，其来源应该要交代清楚。许教授是一个柏拉图主义者还是个亚里士多德主义者呢？

亲属结构研究和心理人类学之间的联结*

许烺光/文　许木柱/译

安德鲁·斯特拉森和玛丽琳·斯特拉森对我论文[1]的评论有助于我解释清楚那篇文章中未能解释清楚的基本论点。那篇文章不只是如斯特拉森氏适切观察到的，目的在于进一步了解亲属体系各有关变量间的关系（covariation），而且还要指出一个新的概念架构，以便在亲属体系和文化与人格之间建立更多有科学意义的关联。在我看来，"结构"这个词已经被人类学者使用得过于杂乱，以至于变成一把大伞，包含了一个社会或亲属体系的所有事物。如果我们继续不加区辨地使用这个名词，我们将缺乏进行社会组织比较的有效工具，或者受困于无意义的结论，例如认为因纽特人和新英格兰美国人有相同的亲属结构。[2] 为了改善我们对亲属的分析，以及它在社会发展的意义，我提出内涵和属性这一组最重要的新概念工具，以之对比于结构和关系。

---

[*] 原文见 Francis L. K. Hsu, "A Link between Kinship Structure Studies and Psychological Anthropology," *American Anthropologist*, New Series, Vol. 68, No. 4, 1966, pp. 999 – 1004。

[1] Francis L. K. Hsu, "The Effect of Dominant Kinship Relationships on Kin and Non-kin Behavior: A Hypothesis," *American Anthropologist*, Vol. 67, No. 3, 1965, pp. 638 – 661.

[2] George Murdock, *Social Structure*, New York: Macmillan, 1949; Francis L. K. Hsu, "Structure, Function, Content and Process," *American Anthropologist*, Vol. 61, No. 7, 1959, pp. 790 – 805.

现在就来探讨被提出来的几个特定问题（我标的号码对应于斯特拉森氏评论的号码）。

第一，虽然我的文章只列出八种关系，但我并没有宣称在核心家庭中"提出一套完整的基本亲属关系"。（如果某些读者认为我似乎有这个意思，我很抱歉，并在此更正。）我从八种关系着手，并且只能从这八种中的四种来说明我的假设。研究亲属内涵和属性的意义这项工作才刚开始进行，这个概念架构如何应用到其他关系上面，例如兄弟姊妹间和姊妹间的关系，以及从离婚到权威等一大堆其他问题，即将在一个名为"亲属与文化"（Kinship and Culture）的研讨会上由 18 位参与者中的一些人加以探讨（1966年 8 月 20—29 日在澳大利亚的 Burg Wartenstein 举行），① 对此我寄予厚望。我仅列举八种关系来作为这个假设的初步陈述，而且只就其中四种做一些详细分析，这种做法并不是如斯特拉森氏所说是任意选择的，而是因为（a）我所知较多的那些亲属体系在我看来正是以这些关系为优势；而且（b）以这八种关系（尤其是详细分析的四种）为优势关系的情形，在世界各亲属体系中似乎比斯特拉森氏所提出的连襟或甥舅关系还要普遍。在更广泛运用这个假设的时候，我们希望能够处理许多非亲属的关系，包括劳资关系、祭司与教民的关系等。不揣冒昧地说，我认为这个问题就像批评门德尔（Mendel）在一开始时只以豌豆来说明他的遗传假设，而没有同时运用马、猿和人类的做法是"任择的"一样。

第二，"内含属性"这个观念来自物理学，而优势关系中的"优势"这个词则来自生物学。斯特拉森氏质疑它们到底是"典型的或逻辑的"？并且因为我们不能在任何社会"观察"到这些属性"以纯粹的状态存在"，因而质疑其效度（validity），同时坚持在我们能够视其为内含属性之前，必须"先有民族志数据的例证"。斯特拉森氏的基本问题是误解了假设建构的本质。在任何学科中，很少有假设是在已经知道所有要素，并且已经证实的情况下才建构成功的。甚至在我们使用已经验证的若干要素中，这些要素间的关系也必须是未知或只有模糊的了解，否则就不需要费这么大的力气作出关于这些要素的假设了。我们建构一个假设是因为我们想要发展出关

① 这个研讨会由纽约 Wenner—Gren 人类学研究基金会赞助，研讨会成果已出版。Francis. L. K. Hsu, *Kinship and Culture*, *Editor and Contributor*, *Results of a Symposium on Hsu's Dominant Dyad Hypothesis*, Chicago：Aldine Publishing Co.，1971.

于这个关系更清楚的知识，为了达到这个目的，我们必须作出许多不同假设，例如假设它们的关系是 x 或 y 或 z 或任何你想称呼的东西（或由这些关系所组成）。一个假设所要检验的并不是它来自何处（例如，它可能只是来自一个科学家的心中），而是通过新数据去判断它的成果。

一个不同于臆测而有科学价值的假设，其特色是：必须基于某些既存的证据，但是这些既存证据可以是逻辑的或典型的，甚至只是直觉。在本文的例子中，斯特拉森氏反对我使用"逻辑"或"典型"这两个词也许是正确的。我所做的实际上是采取一种可以称之为"普通常识"（commonsense）的方式，也就是运用我自己的知识和从中引导出来的逻辑，用具有丰富信息但仍然属于普通常识的方式加以简化，以了解相当困难且非常复杂的现象。那些属性不是从逻辑和经验一致的来源获得的，不过这个事实并不减损它们在假设建构过程中的价值。如果新的假设能够产生有趣的新关联，并且使一些研究者跳出单从社会结构角度探讨亲属关系的方向，或摆脱亲属结构和亲属内涵混淆不清的情况，它们就值得我们认真地加以注意。

"我们不能期望在任何社会观察到这些属性以纯粹的状态存在"，此一事实同样也不会是长久的绊脚石。大多数物理世界的知识都从非纯粹状态下的现象开始，但是精细的分析和成功的实验引领我们接近纯粹状态。中世纪的元素概念，如水、火、土与风，都不如原子纯粹，原子则不如电子和中子纯粹，就像细胞、染色体、基因和 DNA 形成的一系列概念，其中每一个后续的假设都比前一个纯粹。但是如果生物学家和物理学家都必须等到他们的假设可以在"纯粹状态"下看见，或实证地验证后才建立他们的假设，他们的进展将十分有限。

在我们的研究中，我假设的某些属性是根据一些较明显以及较易被所有人接受的想法而建立的。原欲性这个属性对于兄弟姊妹优势关系的适用，的确应作出某种程度的保留；这一点以及所有乱伦禁忌的问题（不论是手足之间还是双亲与子女间），确实值得从这个假设的角度进行一些深入的探讨，而不可能就目前这个简短的意见交换来概略地处理。

第三，我特别指出我的假设并不是在问"在任何情况下，为什么一种基本关系会优于其他关系？"我也指出我没有考虑外在的因素，例如地理条件、经济或者著名的早期文明的影响（例如 1860 年以前中国对日本的影响，或古希腊人对罗马和"北方蛮族"的影响），但我并不否认这些因素对亲属行为的影响可能很重要。假如一个人要一次同时考虑所有可能的变量，他将掉入无望的深渊，任何具有科学意义或可检验的假设就不可能出现。我比较喜欢的做法是：（a）寻找一套新的概念工具来检验亲属和非亲属行为的决定因素，而非这些群体外的因素；（b）为了如此，我假设我的设想是正确的，因为在人类早期发展的基础上，亲属关系具有优先重要性。假如我们对于这个假设所设定的某些关联开始得到确认，那么我们应该坐下来并且探究"为什么"的问题。

第四，当我使用"相容性"这个字眼的时候，它是关联于亲属世界之外的因素，这些因素的出现与否，并不能从作用于亲属或社会体系之内的因素来预测。没有任何关于纳瓦霍族印第安人（Navajo）亲属体系的分析，可以预测到两世纪以前欧洲移民的出现，这些移民后来建立了一种特殊的社会形式叫作美国；任何对于中国亲属体系的仔细考察，都不可能预测到20世纪初以来日本对中国的侵略。我的假设主要是说明，将亲属体系塑模为某种形态内涵的某些优势关系，会相容于某种源于外界而影响这个社会的力量。我以同样的旨趣论证婚姻或性行为的形式，"真正的意思是：某些优势关系与某些婚姻或性别角色的形式相容，而且，如果这样的婚姻或性别角色形式已经存在于一个区域中，并具有某种特定的优势关系，它将会有更好的机会持续下去"[①]，但是相容性概念的使用并不是要当作"免战牌"或逃生舱。相反的，相容性与预测性是一致的概念，是任何假设的终极目标。但在社会科学中我们还是审慎些，用相容性来说比较好。某些社会科学家只谈相关，并且仅仅指出它是高度、中度或低度相关。指出相容性因而是说明预测性的较温和形式，因为前者会导出后者，除非某些迄今未知的重要变量出现而扰乱了事件的顺序。在讨论亲属体系对影响它的外在因素的反应时，相容性的说法显然比预测性更为明智。

斯特拉森氏相当正确地指出我的假设能够引出两种形态的预期影响：制度的形式或结构效应；以及包括权威在内的（优势）关系属性和对（优势）关系的态度，即文化效应。但我不同意他们观点的地方是，第一种类型的预测（或相关性预期）必然比第二种类型的预测缺乏说服力，因为基

---

① Francis L. K. Hsu, "The Effect of Dominant Kinship Relationships on Kin and Non-kin Behavior: A Hypothesis," *American Anthropologist*, Vol. 67, No. 3, 1965, pp. 638 – 661.

本上我们无法检验前者。当然斯特拉森氏应该会同意，结构性的变迁会改变关系的属性和对关系的态度，正如后者的改变会引起前者的改变，这使二者有足够的时间产生交互的影响。我尤其不能同意斯特拉森氏的是，他们认为在父子关系占优势的情况下，祖先崇拜和父系氏族的关联无法被检验，因为它"想必是一种历时性的现象"。历时性和共时性（synchronic）的区别其实没什么用处，一般认为这个世界上的每一样事物或多或少都是历时性的，但是为了科学分析的目的，我们必须把研究的现象看成是共时性。但是我们并不需要把事物视为共时性，那是结构主义者所关心的东西，他们承接拉德克利夫－布朗和许多 20 世纪 40 年代英国社会人类学家的看法，认为"历时性"研究相当不一样。如果我们了解事件系统（event system）的本质，以及文化的心理压力本质，还有行动是心理感知的结果，并且经常无意识地引发压力的这个事实，又了解行动总是先于"价值"，价值只不过是用来合理化行动的手段，那么我们就会了解那样的区别没有用处。更糟的是，它使我们变得盲目。

更甚者，在具有高度祖先崇拜（依据我对这种表现的定义①，见 Hsu，1965：659，注 5）和父系氏族的社会，以及许多社会组织都表现出父子优势关系的社会，如果我们认为这二者之间具有高度关联，当然就有很好的理由推测它们之间具有某种关系。这些都是很容易操作的变量，一些统计学者和其他学者正在寻找方法使我们可以从这种因果推论（causal statements）中获得类似材料。

第五，我已经处理了斯特拉森氏所提出来的所有问题，但我也想指出一个他们没有提到的问题。这个问题是："一个田野工作者如何知道一个亲属体系中哪一个关系是优势的呢？"我们之中有许多人正在探讨这个问题，意图建构出辨认优势亲属关系的模型。②

我试图提供的不是一个最后的结果。正如我在此篇回应一开始所指出的，"结构"这个词已经被研究社会组织的学者当作保护伞使用，将它概化到包含一切东西。我的假设是说，在这个巨伞下我们能够将结构从内涵中

---

① Francis L. K. Hsu, "The Effect of Dominant Kinship Relationships on Kin and Non-kin Behavior: A Hypothesis," *American Anthropologist*, Vol. 67, No. 3, 1965, p. 659.

② Francis. L. K. Hsu, *Kinship and Culture*, *Editor and Contributor*, *Results of a Symposium on Hsu's Dominant Dyad Hypothesis*, Chicago: Aldine Publishing Co., 1971, pp. 489 – 491.

析辨出来。为了如此，我们必须从关系来看结构，从属性来看内涵。这两组现象是相关的，就好像解剖学和生理学的关系一样。它们在某些地方混在一起，但是我认为，如果我们能够区辨它们，就可以对亲属体系在社会发展过程中的作用获得某种新的了解。

斯特拉森氏在评论的最后问道："许教授是一个柏拉图主义者还是一个亚里士多德主义者呢？"我的回答是："是，亦不是。"就我曾经学习过他们的著作而言，我是一个柏拉图兼亚里士多德主义者，也是一个儒学者。与柏拉图和亚里士多德二人相比，孔子高度重视人在群体中的位置。也许是这一点影响我提出亲属关系在社会发展过程中具有重要性的假设。但是我并不是他们当中任何一个人的一言堂追随者，我从他们的智慧深处获得知识的泉源。

世界各国的华人族群研究导论[*]

〔美〕亨德里克·塞里[**]　〔美〕许烺光/文

陈睿腾　游国龙[***]/译

摘　要　本文将介绍《华人的家庭、亲属关系和族群认同》专刊七篇
文章所讨论的五个主题：华人的心理文化取向、社会组织的亲属关系取向、
社会政治组织的裂变、移民国的社会文化环境，以及华裔新生代的文化适
应。海外华人组成的社区必须适应移民国的社会文化环境，因此华人社会
政治组织产生了裂变，亲属关系取向发生了变化，但这些变化在不同国家
显示出了相似性，并始终与中国传统保持着密切联系。移民国的社会文化
环境也决定了海外华人的民族同化或隔绝，同时华裔新生代也面临中华文
化与移民国文化的冲突，以及华人社区的社会组织变化。研究表明，中国
人的心理核心即许氏优势亲属关系假说中父子关系仍占优势地位，连续性、

---

* 1985 年《家庭比较研究期刊》（*Journal of Comparative Family Studies*）做过一个专刊《华人
的家庭、亲属关系和族群认同》专门讨论许氏优势亲属关系假说。Francis L. K. Hsu and
Hendrick Serrie（eds.），"Family, Kinship and Ethnic Identity Among the Overseas Chinese"，
Special Issue of Journal of Comparative Family Studies，Vol. 16，No. 2，Summer 1985. 后来这期的
文章由美国大学出版社出版。Francis L. K. Hsu and Hendrick Serrie（eds.），*The Overseas Chi-
nese: Ethnicity in National Context*，Lanham: University Press of America，1998. 本文是该书首
篇文章，介绍书中各个章节的主要观点，文章名为"Introduction: Overseas Chinese and the
Chinese Ethnicity"。经多伦多大学出版社许可转载（https://utpjournals. press）。Doi: ht-
tps://doi. org/10. 3138/jcfs. 16. 2. 137。不允许在任何其他版本中使用本文，或以任何其他方
式复制，包括电影、录音带、留声机唱片等，版权保护详见多伦多大学出版社官方网站。

** 亨德里克·塞里（Hendrick Serrie）是埃克德大学人类学系（Department of Anthropology,
Eckerd College）教授，师从许烺光，毕业于美国西北大学人类学系，主要从事海外华人研
究，代表作为 *The Overseas Chinese: Ethnicity in National Context*. 本篇文章的第一作者。

*** 陈睿腾，教育学博士，闽南师范大学教育科学学院副教授，研究方向为教育与心理文化，
曾翻译雷德菲尔德经典著作《乡民社会与文化》；游国龙，国际政治学博士，华侨大学国
际关系学院教授、心理文化学研究所副所长，研究方向为华侨华人问题、文化比较等。

包容性、权威性和非性欲性等属性仍起到重要作用。

关键词 华人族群　心理文化取向　亲属关系　社会组织　华裔新生代

一　引言

本专刊汇集的文章聚焦于世界各国的华人族群，研究泰国、菲律宾、澳大利亚、新西兰、美国等国家的华人在面对住在国主流文化冲击时，如何维持自身文化的特点或适应当地的文化，进而探讨华人在这些不同国家表现出的共同特点。塞里（Hendrick Serrie）以 13 本研究华人社区的民族志，包括中国的山东台头①、江苏开弦弓村②、广东凤凰村③、云南西镇④、香港⑤、台湾⑥，以及柬埔寨⑦、泰国⑧、印度尼西亚⑨、美国⑩、英国⑪等地

---

① Martin Yang, *A Chinese Village*：*Taitou, Shantung Province*, Columbia University Press, 1945；中译本，见杨懋春《一个中国村庄：山东台头》，张雄、沈炜、秦美珠译，江苏人民出版社，2001。

② Hsiao-tung Fei, *Peasant Life in China*, Routledge & Kegan Paul Ltd., 1939；中译本，见费孝通《江村经济》，商务印书馆，2001。

③ Daniel Harrison Kulp Ⅱ, *Country Life in South China*：*The Sociology of Familism*, *Vol. 1*, *Phenix Village*, *Kwangtung*, *China*, Bureau of Publications, Teachers College, Columbia University, 1925；中译本，见〔美〕丹尼尔·哈里森·葛学溥《华南的乡村生活——广东凤凰村的家族主义社会学研究》，周大鸣译，知识产权出版社，2012。

④ Francis L. K. Hsu, *Under the Ancestors' Shadow* (Rev. Ed.), 1967, Garden City：Doubleday, 1948. 中译本，见〔美〕许烺光《祖荫下：中国乡村的亲属·人格与社会流动》，王芃、徐隆德译，南天书局，2001。

⑤ E. N. Jr. Anderson, "The Floating World of Castle Peak Bay," *Anthropological Studies*, *4*, American Anthropological Association, 1970.

⑥ Norma Diamond, *K'un Shen*：*A Taiwan Village*, Holt, Rinehart and Winston, 1969.

⑦ W. E. Willmott, *The Chinese in Cambodia*, University of British Columbia Publications Centre, 1967；W. E. Willmott, *The Political Structure of the Chinese Community in Cambodia*, London：The Athlone Press, 1970.

⑧ Richard J. Coughlin, *Double Identity*：*The Chinese in Modern Thailand*, Hong Kong University Press, 1960.

⑨ Donald Earl Willmott, *The Chinese of Semarang*：*A Changing Minority Community in Indonesia*, Cornell University Press, 1960.

⑩ Welford S. Weiss, *Valley City*：*A Chinese Community in America*, Schenkman Publishing Company, 1974；James W. Loewen, *The Mississippi Chinese*：*Between Black and White*, Cambridge Harvard, 1971.

⑪ ChooNg Kwee, *The Chinese in London*, Oxford University Press, 1968.

的社区，检验许氏优势亲属关系假说，观察社会组织的结构与功能差异。①
克里斯曼（Larrence W. Crissman）、比提（George Beattie）和塞尔比（James
Selby）三人研究澳大利亚华人②，塞奇威克（Charles P. Sedgwick）研究新
西兰华人③、魏特曼（George H. Weightman）研究菲律宾华人④、王保华
（Bernard Wong）研究美国华人⑤，他们以翔实的人口和社会团体统计数据，
分析华人移民面对住在国的法律变化对其生活的影响。希尔（Ann M. Hill）⑥
和宋李瑞芳（Betty L. Sung）⑦ 关注海外华人在住在国形成的少数群体，例
如泰国北部华人在组织家庭时选择云南籍妻子现象，以及美国纽约唐人街
的青少年成长中的文化适应性问题。

二　华人的心理文化取向⑧

以上这几位学者都将自己的研究发现与许烺光提出的传统中国人的心
理文化取向结合起来讨论。塞里的研究发现，海外华人社团的组织原则与
在中国本土一样，都是以父系亲属关系为原则，只不过海外华人会把组织

---

① 亨德里克·塞里的文章名称为 "The Familial and the Familiar: Constancy and Variation in Chi-
nese Culture with Reference to the HSU Attributes"。

② 克里斯曼、比提、塞尔比三人都是澳大利亚格里菲斯大学现代亚洲研究学院教授，文章名
称为 "The Segmentation and Integration of the Chinese in Brisbane, Australia"。

③ 塞奇威克是新西兰基督城坎特伯雷大学社会学系教授，文章名称为 "Persistence, Change
and Innovation: The Social Organization of the New Zealand Chinese 1866 – 1976"。

④ 魏特曼是纽约市立大学雷曼学院教授，文章名称为 "The Philippine Chinese: From Aliens to
Cultural Minority"。

⑤ 王保华是威斯康星大学教授，文章名称为 "Family, Kinship, and Ethnic Identity of the Chi-
nese in New York City, with Comparative Remarks on the Chinese in Lima, Peru and Manila, Phil-
ippines"。

⑥ 希尔是美国斯克兰顿大学历史与政治学系教授，文章名称为 "A Preliminary Perspective on
Kinship and Ethnicity Among Chinese in Thailand"。

⑦ 宋李瑞芳是纽约城市大学城市学院亚洲研究系教授，文章名称为 "Bicultural Conflicts in
Chinese Immigrant Children"，探讨华人移民孩子如何经历中美两种文化情境中心与个人中心
价值观差异带来的一系列冲突。

⑧ 心理文化取向（Psychocultural Orientations）是许烺光所开发的研究工具，此工具的基本内
涵是假定在每个文化里都有一种心理文化倾向，鼓励某些思想高于其他思想，使其居于优
势地位。心理文化取向包含两个维度，一个是文化，指引人的前进方向；另一个是行为模
式，是人在价值、态度等行为上的取向，详细解说参见游国龙《许烺光的大规模文明社会
比较理论研究》，社会科学文献出版社，2020，第 153 页。——译者注

原则扩大到"家庭"之外的各种"熟人"。他们采用亲属、姓氏、居住地和出身这些原则的目的，不仅仅是要把社会组织尽可能扩大，更重要的目的是让数量庞大的成员能够通过"拟亲属"关系而紧密联系在一起。① 塞里指出，所有华人的社会组织都表现出许氏优势亲属关系假说中父子优势亲属关系（father-son dyad）的固有属性，包含连续性、包容性、权威性和非性欲性。②

宋李瑞芳的研究表明，纽约华人青少年表现出了许烺光提出的情境中心取向和家庭取向，③ 这种倾向与美国青少年的反抗权威、表现性魅力、强调个性等言行举止形成了强烈反差。

王保华以五种类型的海外移民家庭检验许氏优势亲属关系假说，研究发现第一种类型"老移民家庭"是1965年以前移民到美国的华工，他们聚居在唐人街，家庭由父亲和成年的儿子组成，母亲因为移民法的关系不能到美国生活，父子关系占优势地位。第五种类型"世代分居的大家庭"④ 也是父子关系占优势地位，但仅限于共同经营企业而形成的大家庭。除此之外，第二种类型"新移民家庭"、第三种类型"华裔新生代家庭"、第四种类型"高级知识分子家庭"⑤ 都是以夫妻关系占优势地位，但成因不太一样。"华裔新生代家庭""高级知识分子家庭"受过高等教育，经济富裕，与美国主流文化接触更多，受到以夫妻关系占优势地位的观念影响很大。"新移民家庭"较为贫困，孩子更熟悉美国文化，往往会支配他们的父母。

---

① 许烺光认为，中国人缔结次级团体的原则是"亲属连带"，也就是在对待家人以外的人时，倾向于以一种对待亲属的方式与之交往，例如用叔伯、阿姨、兄弟等亲属称谓来称呼。"拟亲属"关系就是指这种亲属连带的缔结次级团体原则。——译者注

② 在许烺光的优势亲属关系假说里，家庭里地位较高的亲属关系及其属性，影响了一个人与亲属的接触，并决定了他与社会接触的模式。核心家庭里主要有四组亲属关系，即父子、母子、夫妻、兄弟等。中国的优势亲属关系是父子关系，其属性分别是：连续性，即父与子是一个连续的序列；包容性，即更大的包容力与分享；权威性，即父亲支配儿子、儿子服从父亲；非性欲性，与性没有关联。参见游国龙《许烺光的大规模文明社会比较理论研究》，社会科学文献出版社，2020，第109～112页。——译者注

③ 许烺光认为，中国人的生活方式是情境中心，而美国人的生活方式是个人中心，详见《中国人与美国人》《宗族、种姓与社团》的相关论述。——译者注

④ "世代分居的大家庭"指父母和孩子的家庭彼此分居，并不住在同一个屋檐下，但仍然具有紧密联系的家庭。把他们联系在一起的，是各个家庭所共同经营的企业，例如餐馆或杂货铺。王保华认为这是一种新形态的华人家庭，它既不同于中国传统大家庭的几代同堂，也要比美国核心家庭之间的联系更为紧密。——译者注

⑤ 这种家庭的特点是经济富裕和受过高等教育。——译者注

三 社会组织的亲属关系取向①

塞里对全球 13 个华人社区的共时性分析发现了三种类型的华人社会组织。第一种是传统中国式的社会组织，在中国大陆、香港、台湾等地的村庄或城镇最常见，其结构的纽带主要是亲属关系，其次才是地域关系（老乡），契约关系并不重要。第二种是华人在海外缔结的社会组织，是当地城镇的"少数族群社区"（overseas urban minority community），这种组织通常以姓氏代替亲属关系、以"华人"的身份代替地域关系和契约关系作为纽带。第三种是中国大陆和海外主流社会边缘形成的组织。由于华人数量少，且分布零散，社会组织主要是以契约关系为纽带，所形成的正式组织并不多。

魏特曼研究了菲律宾马尼拉的华人，发现在二战后以亲属关系为基础的组织得到了强化，例如父系大家庭、世系或宗族更加普遍；不同姓氏的华人也组成了宗亲会②；不同姓氏或宗族之间盛行通婚；皈依基督教的华人教徒仍然祭祀祖先。

王保华的研究表明，美国移民政策变化直接影响纽约华人形成不同类型结构的家庭，例如 1882 年和 1924 年的排外法案不但禁止中国妇女入境，而且不允许华人男性与白人女性通婚，导致单身汉和"不完整的家庭"（即父亲和成年的儿子在唐人街，母亲在中国的情况）的出现。后来排外法案废止，1945 年和 1953 年出台了新的法案允许战争新娘入境、难民以及滞留美国的专业人员取得公民身份，夫妻家庭和核心家庭快速发展（单身汉和不完整家庭逐渐消失）。而 1965 年修正案为了吸引各类技术人员，也允许家属一起移民，以及技术人员家属赴美（与在美家人）团圆。这使"新移民家庭"因共同经营企业的关系，形成了"世代分居的大家庭"。

---

① 亲属关系取向的社会组织（Kinship-Oriented Social Organization）是华人走出家庭之后，在社会上缔结的次级团体，包括宗族、公司、俱乐部、学校、军队等，这些次级团体有不同的组织原则。作者在这个部分探讨华人在海外经常组成的社团，如宗亲会、同乡会、华商会等组织的特点。——译者注

② 当地华人寻求更大的联结，比如刘关张赵四个姓氏因为《三国演义》的关系，就可以组成"四姓社"。——译者注

四 社会政治组织的分化①

澳大利亚和新西兰华人的研究结论主要建立在克里斯曼提出的分化模型（segmentary model）上。澳大利亚华人移民来自中国各个省份，华人社会内部首先以方言为标准进行群体区分，其次以地域为标准，最后以姓氏为标准，然后实现有效的自治，他们并不是依靠正式的政府机构，尽管这些机构具有分级管理以及地方代议民主的特点。

塞奇威克认为分化体系（segmentary system）是一系列不断变化的反应，而不仅仅是新西兰社会政治组织环境的变化，华人还受到国际形势以及华人社区内部的分化、重组的内部循环的影响。

在新西兰和澳大利亚这两个国家里，华人在运动领域里尽可能表现自身的天分和能力，运动领域比较容易得到社会的认可。（这与宋李瑞芳对纽约华人的研究形成显著对比，纽约华人对体育表现可以得到社会认可持怀疑态度）。塞奇威克观察到华人在体育组织和基督教会里也有分化的结构，这个结构与中国本土那套旧有社会分化的模式同时并存，并行不悖。

克里斯曼等人的统计数据表明，大批华人留学生、难民和东南亚国家移民在二战后通过教育、专业技能和投资等路径涌入了澳大利亚。同样，他们的后代接受良好的教育，在商业、专业技术、做生意等方面具有优势。而且社会外部良好的营商环境和高度的社会融合，为华人经济上的成功铺平了道路。它也形成了一种新型的分化体系。但是战后华人移民社区在澳大利亚的分化，不再是以中国的祖籍地为标准，而是以他们的出生地和童年居住的国家为标准，比如马来西亚、新加坡、越南、巴布亚新几内亚、印度尼西亚等。

五 移民国的社会文化环境

华人住在国的政治与社会环境影响华人社区的社会组织形式，同时也

---

① 分化（segmentary）是社会学的概念，可以翻译成裂变、分化。英国人类学家莫里斯·弗里德曼曾用这个概念研究福建和广东的宗族。华人族群在移民国作为一个少数族群，其成员构成非常复杂，他们来自不同省份，说不同方言，并不是一个民族国家意义上的"民族"。他们移民到海外时，通常会投靠亲戚或者熟人，作者在本书主要讨论华人族群内部群体的形成与分化情况。——译者注

影响华人与当地人的同化或民族隔绝。

魏特曼研究发现，菲律宾早期被西班牙殖民统治，后来被美国控制，最后才独立，但菲律宾人长期存在反华情绪。在西班牙殖民统治时期，殖民政府允许华人与菲律宾人通婚，他们生下的菲律宾化的菲华混血（Filipinized Chinese mestizos）可以上升到精英阶层中。而美国在占领时期不断颁布各种排他法令，华人移民无法获得合法公民身份，导致与当地人相互隔绝生活的华人社区大量出现。

盎格鲁白人在澳大利亚、新西兰、菲律宾和美国等地排斥华人移民，与菲律宾西班牙裔（Hispanic）支持华人与当地人同化的历史对比，还可以从王保华在秘鲁利马华人被迅速同化的研究中得到支持。王保华的研究显示，秘鲁利马华人与马尼拉、纽约华人相比，更不关心父系亲属关系和姓氏。另外，尽管马尼拉华人曾与西班牙人混血，但在维护世系传承（lineage）、宗族和宗亲会等方面比纽约华人更加积极。魏特曼认为，造成这种差异的原因在于美国在占领菲律宾时期颁布的排外政策压制了西班牙殖民传统，再加上二战期间日本占领菲律宾时期的各种反华宣传，以及战后菲律宾民族主义的兴起。

西班牙人与华人的通婚历史与英语系国家的种族主义形成鲜明的对比，通婚直接导致了民族同化。1960年以来，随着受过良好教育、有资本的华裔企业家和高层次专业技术人才阶层的出现，再加上种族和民族平等运动的勃兴，盎格鲁白人的种族主义已发生了巨大的变化，至少在美国和澳大利亚华人和白人通婚的现象已司空见惯。但在同一时期，东南亚国家却出现了新生的民族沙文主义和排华现象。华人作为少数族群在经济上具有优势地位，他们也不愿意与当地人同化。令人感到讽刺的是，这个排华的最终结果是华人顶尖人才外流到澳大利亚、加拿大和美国等盎格鲁白人国家。

六　华裔新生代的文化适应

华人移民到海外，在异质文化环境中会遭遇华人身份的问题，他们的下一代虽然是在新的文化环境中出生、长大，但会面临更多自身民族身份差异带来的困扰。这种感受来自两种拉力，一种是父母所代表的文化，这是他自身生活和关怀的来源；另一种是同龄人所代表的文化，这关系到他结交朋友和寻找伴侣。

希尔研究泰国华人后，发现广东和福建籍华人和当地人通婚，同化程度较高；云南籍华人鲜少与当地人通婚，同化程度很低。尽管云南籍华人在学龄时期会进入本地学校受教育，并开始倾心于泰国文化，甚至开始排斥自身文化，但由于云南人控制着缅甸和泰国一带的贸易，这些青年最后必须为了谋生回归到自身文化中，以便获得专为云南人保留的工作机会。广东和福建籍华人在泰国城市地区很难找到合适的华人结婚对象。而云南籍华人有大量年轻的云南女性可供挑选，他们深受中国传统文化的影响，同样观念保守，不会让他们生出来的下一代与当地人通婚。

在纽约，我们看到华人处于被同化的情况。宋李瑞芳在美国唐人街的青少年研究中发现，华人青少年在两种文化的背景下成长，经常伴随着心理文化冲突。一方面是强调家庭生活、依靠家人、尊重权威、自我反省、努力学习、勤劳节俭等；另一方面是学校和社区倾向重视个人主义、积极主动、说话直白、情感表露、穿着性感、坦率面对性话题、强身健体。宋李瑞芳的研究显示，学校的老师会跟这些华裔孩子强调美国的价值观，而学校和社区里的白人、非裔、拉丁裔同学也会尝试用那些他们认为正常且被大众媒体理想化的价值观与华人孩子互动。由于美国的生活方式在许多方面对华裔孩子具有吸引力，在唐人街成长的华裔青少年面临中美两种价值观、行为模式的冲突时，就会陷入难以抉择、饱受煎熬的困境。如果按照宋李瑞芳的分析，唐人街的华人青少年在长大之后会去找那些高薪工作，加入富裕的华人阶层，跨越两种文化的隔阂，选择自由恋爱的对象时不分种族，甚至一起建立家庭。

在澳大利亚布里斯班出生的华裔，被白人高度同化，他们与白人通婚，在家里鲜少使用汉语。20世纪70年代中期，他们甚至强烈反对澳大利亚政府接纳越南华人难民，丝毫不顾血统渊源的情分。

七　结语

种族这个概念具有两个相互矛盾的特性。一方面，它似乎具有强大的凝聚力，可以把不同时间和空间的人联结在一起；另一方面，年轻人面临其他生活方式的吸引时，它却又没有丝毫的约束力。

中国人移民海外，与各种不同国家的文化互动，在当地产生"华人少数族群文化"（Chinese minority cultures）。但它有三种不同的表现。第一，早期华人移民，例如在泰国、菲律宾和秘鲁的华人，与当地多数民族通婚并且融合，一旦他们上升到国家精英阶层就放弃了华人（Chinese ethnicity）的身份。第二，一些国家的华人与当地人通婚，但没有完全同化，产生了新的"文化混合群体"（culturally mixed groups），例如印度尼西亚的"峇峇娘惹"（Peranakans）①、泰国的"吕克钦人"（luukciin）②、菲律宾的"华菲混血儿"（Sinified mestizos）③。第三，还有一种华人群体，则坚持保留自身文化的完整性，例如泰国的云南籍华人，他们并没有与当地人通婚。

当我们检视世界各地的华人族群后发现，中华文化可以跟任何一种文化结合、同化或者隔离（separation）。虽然华人（不论是作为个人或者群体）在海外很容易融入当地主流文化，但世界上仍旧有一个华人族群的特性绵延不绝，经久不衰。

这个华人族群的核心到底是什么？

有人认为是语言。这个答案看似有理，但不够完整，因为中国有许多语言和方言，操持不同语言的海外华人对彼此甚至抱有敌意，而且还有不少华人不会说"普通话"。（尽管有这些差异，但他们的确看得出来具有华人的特点，可是把这些华人与其他的亚洲人区分出来也不容易）。

有人认为，传统中国的社会组织曾经是华人的族群认同的标志，但传统社会组织在中国大陆已发生了翻天覆地的变化，而且海外华人建立的独特社会组织也发生了改变（虽然其组织的分化以及替代组织的形式仍旧与传统有关联）。

那么，让华人族群彼此相互认同的核心究竟是什么呢？

我们认为，华人族群的语言和社会组织存在着差异，但作为心理核心（psychological core）的基本人际状态是一样的，这个核心既根植于连续性、

---

① 又称土生华人或海峡华人，是指中国移民和东南亚原住民女人的后裔。男性称为峇峇，女性称为娘惹。——译者注
② 在泰国的中国商人和定居者倾向于与泰国妇女结婚，他们的后代被称为吕克钦人（luukci-in），两三代之后他们成了新的泰国人。——译者注
③ 早期明清移民的后代，已经融入和同化到菲律宾本地，形成了华菲混血族群。——译者注

包容性、权威性、非性欲性等优势亲属关系属性中，也根植于情境中心的世界观里。这些属性是古今中外华人在对待人、神和所有事物时所固有的基础。尽管我们认为这些心理文化取向在海外华人身上仍能或多或少地体现出来，但应当承认，在那些被同化或已经融入其他民族的华人个体和群体身上会逐渐消失。

夏威夷华人：在美国文化中的角色[*]

〔美〕许烺光/文　许木柱/译

摘　要　夏威夷华人从 19 世纪 80 年代起作为契约劳工到美国工作，在当地与异民族通婚已繁衍了三四代。20 世纪 50 年代华人人口占当地总人口的 6% 左右。夏威夷华人能说流利的英语，过着美国式生活，但他们的行为模式与美国白人不同。在宗教信仰上，华人家庭成员可以信仰同一宗教里的不同教派，也可以信仰不同的宗教；在社团组织上，华人社团具有较大包容性，没有十字军式的改革精神尝试改进人们的生活；在家庭问题上，华人家庭没有所谓的老人问题，不认为老人是年轻人的绊脚石，也没有青少年的问题。夏威夷华人在美国成功的关键主要是华人的亲属组织提供了归属感、存在感和安全感。它可以给美国强调个人中心的淡漠人际关系提供借鉴。

关键词　夏威夷　华人　文化适应　美国文化　亲属组织

一

今天夏威夷的族群人数比例大概如下：白人占 32%，日本人占 32%，

---

* Francis L. K. Hsu, "The Chinese in Hawaii: Their Role in American Culture, " *Transactions of the New York Academy of Science*, Ser. II, Vol. 13, No. 6, 1951, pp. 243–250，本文系 1949 年由社会科学研究理事会（Social Science Research Council）、维京基金（The Viking Fund）以及美国西北大学研究生院研究委员会（Committee on Research of the Graduate School of Northwest University）所赞助的一个田野研究。作者致谢：感谢夏威夷州最高法院的主审法官 S. B. Kemp、协审法官 L. Le Baron，第一法院的法官 G. R. Corbet，檀香山警察局局长 Dan Liu，夏威夷州立大学教授 C. Glick，以及夏威夷州卫生署 Dr. John G. Lynn IV 提供本文所需的数据。原文没有摘要，本文摘要由本书共同主编游国龙提供。原译文收录在〔美〕许烺光《彻底的个人主义：心理人类学论文集》，许木柱译，南天书局，2002。编辑部根据两岸汉语使用习惯差异，进行了人名、专业名词、个别字词的调整。另外，感谢南天书局魏志宾先生的授权刊登。

夏威夷人和混血的夏威夷人占 15%，菲律宾人占 10%，华人占 6%。剩下的 5% 是波多黎各人、韩国人和其他族群。除白人的数量在这段时间增加了一倍外，其他族群近 20 年来大概一直维持这样的人口比例。95% 的华人住在瓦胡岛（Oahu Island），岛上的火奴鲁鲁（檀香山）是夏威夷州首府。

夏威夷华人最初是在 19 世纪迁移进来的；他们是没有受过教育的契约劳工，在农场里工作。他们最初的契约通常提供他们在岛上 3 年的工作，待遇为免费的交通运输、免费食宿，外加一个月 3 块钱工资。他们大部分由广东地区招揽而来，其中 10%～15% 来自 4 个邻近的县。

目前大部分夏威夷华人是第二、三、四代美国人。他们散布在夏威夷经济、社会的各个阶层。1882 年，在蔗田工作的劳工大概有 50% 是华人。到 1934 年，虽然蔗田的劳工人数比 1882 年增加了 4.5 倍，但是华人劳工人数占比降为 1.5%。1890 年，有 11% 的华人男性雇工从事较理想的工作；1930 年，这个比例修正为 50%。1890 年，只有 3% 的华人女性雇工从事较理想的工作；1930 年，这个比例变为 70%。

在居住区域方面，华人散居在檀香山各地。1920 年已经是这样，目前仍是如此。甚至在 1930 年，47% 的檀香山居民是华人。同年，中国城邻近区域 30% 的人口是华人。

在就学记录方面，华人比其他族群的就学率都要高。1930 年，5～24 岁的华人，有 75.8% 仍在就学；而夏威夷人的就学率只有 60.3%；白人的就学率是 57.7%；日本人的就学率是 71.5%。1940 年，华人的就学率最高。今天，大部分在夏威夷的华人讲一口流利的英语，过着美国式生活。他们打拳击，也踢美式足球。他们也被选为公职人员，如参议员和众议员，也有人是专业人员，如医生和律师。

二

就一般标准来说，夏威夷华人的生活方式非常美国化。然而，如果我们仔细观察，将会发现他们的行为模式和美国人有许多不同。大部分美国人和大部分夏威夷华人可能会反对这种说法。但是本文的目的是要说明，虽然任何人不可能在三四代内完全去除自己特殊的文化背景，特别是如果他们居住的地方受到相当的限制，例如一个小岛；但这些华人的特征将会成为一种华人对整体美国文化和社会珍贵贡献的基础。

今天在夏威夷的华人到底有什么特色呢？首先，让我们先看看宗教。现在大部分在夏威夷出生长大的华人都是基督徒。但他们并不在乎自己是不是新教徒。事实上，他们之中天主教徒和新教徒一样多。华人天主教徒的活动和新教徒一样明显。此外，华人也有为数众多的摩门教徒。

这就引发了一个很有趣的问题：这些华人来时没有任何的基督教背景，当美国社会新教是主流时，为何他们会选择信仰天主教和摩门教，而人数和新教一样多？有两个与此有关的事实需要说明：第一，家庭里的成员有不同的宗教信仰是真实的现实，并非特例。举例来说，父亲是天主教徒，儿子是卫理公会信徒，女儿是圣公会信徒，而母亲仍维持她去华人庙宇拜神的传统。第二，不同的宗教信仰并不妨害一个华人家庭的稳定。华人基督徒常告诉我，假如他们的母亲要求他们一起到庙里去，他们会照长辈的要求去做。他们并不将此视为与自己教会的活动有任何冲突。

我们对宗教现象的观察，似乎也可以应用到夏威夷华人的团体活动上。首先，大部分华人属于传统上以中国人为主的组织。这些组织是以地缘（像来自同一区或同一村）、血缘（像同姓）、职业或兴趣（像拳击和音乐）为基础的。极少数的华人会参加比较现代的组织，如妇女团体、大学社团、公益基金组织、防癌基金会或中文学校。其次，即便是华人参加的现代社团组织，它们的组织原则也缺乏明确的规范。它们大部分只是社交性的俱乐部。撇开一些防癌或救济组织不谈，华人的社团没有防止儿童受虐的组织、防止虐待动物的组织、反对活体解剖的组织、基督徒和犹太教徒会议、基督徒妇女禁酒会等。

夏威夷华人家庭也是一个很有趣的问题。在我的经验里，所有第二、第三和第四代华人都认为自由恋爱相当重要。青少年和年纪稍大一点的学生会使用"约会"（dating）这样的词，并且约异性出游。但是他们的恋爱方式缺乏美国的特质。举例来说，华人男孩会抱怨华人女孩更考虑自尊、矜持，而不是意中人的感受。有一些男孩告诉我，即便华人女孩答应和他们去舞会，但在舞会上也不是全心投入，而是若即若离，甚至和其他男性跳舞。所以，华人男孩认为，和其他族群的女孩相比，华人女孩比较不容易追求。整体来说，华人男孩和女孩在恋爱过程中，缺乏像美国情侣中的热情、感情表达和全心全意的投入。

在婚姻关系上，夏威夷华人家庭也同样特点鲜明。根据人口普查和个人观察，大部分华人家庭的成员是由丈夫、妻子和其未婚子女组成的（和传统中国家庭还包括爷爷奶奶不一样）。但是夫妻之间的关系，以及亲子之间的关系，主要是以包容性为原则，很少有家庭表现出个人化的特点。他们没有每天向丈夫或妻子"示爱"的习惯，他们也不会跟孩子分房睡。另一件有趣的事与姓名有关。所有在夏威夷出生的华人会取一个美国式的名字，如王哈利（Harry Wong），或钟玛莉（Mary Chongs），还有许多非英文式的名字，比较特别的如"五月七"（Maysevene），一个生于 5 月 7 日女孩的名字；和"世界人"（Worldster），一个男孩的名字，因为他的父亲关心世界人类的团结。

三

上述这些特色有什么意义？如果我们应用一个我曾在别处提过的假设，那么这些特色就能清楚地被了解。[①] 我的假设是，中国人在个人和文化的处境上，都倾向于以情境为中心（situation-centered）；而美国人则以个人为中心（individual-centered）。情境中心的行为模式倾向于以适应外在的人与事物为主要目的。这种心理特质所关心的是适应外在环境，个人与外在环境的和谐共存。而个人中心的行为模式则倾向于以达成自己心理需求为目的。这种心理特质所关心的是以自己的偏好为基准，使外在的人事适应自己。以情境为中心的人格比较实际，容易妥协；以个人为中心的人格感情的浓度较强，以非黑即白的态度看待世界。

尽管有这种对比，"竞争"在两种文化中仍具有高度的价值。这解释了夏威夷华人为什么在经济上极为成功，并且就学率很高。但中美文化以情境为中心和以个人为中心的两种对比也解释了夏威夷华人的最大特色。

首先是宗教。尽管已经有几个世纪的宣教，基督徒在中国的人数仍少于 1%。但与在中国相比，基督教在（夏威夷）这个新社会的重要性较高，因此在成为美国社会的一员后，夏威夷华人自然而然地会去拥抱这个宗教。但他们并没有早期美国基督徒的好斗精神；他们也不觉得自己优于非基督

---

① Francis L. K. Hsu, "Suppression Versus Repression: A Limited Psychological Interpretation of Four Cultures," *Psychiatry*, Vol. XII, No. 3, 1949, pp. 223 - 242.

徒。这与他们以情境为中心的人格非常一致。但是和（美国人）个人中心的人格相比较，华人的这种心理特质事实上和基督教的内涵并不一致，基督教重视个人和上帝之间直接而内省式的沟通，并且认为其他神祇都是假的，因此应该将它们铲除。

在这样的背景下，就不难理解为什么夏威夷华人的家庭成员可以信仰同一宗教里的不同教派，甚至也可以信仰不同的宗教。华人家庭里有极高比例的天主教徒，这是个很有趣的现象。圣路易学院是夏威夷一家颇负盛名的男校。许多华人是天主教徒，因为他们毕业于这所学校。这所学校提供很好的商学训练，如会计。对一个以情境为取向而比较不强调宗教情操的民族而言，如圣路易学院所提供的外在长处就变得极为重要。在中国也是一样，在人数极少的基督徒中，90%是天主教徒，10%是新教徒。对中国人来说，宗教是一种手段，个人由此而找到他在人神间的位置。即使接受一神论，他也会非常理性而不至于对其他信仰产生敌意。

中国式的组织同样极具启发性。整体来说，有两件事非常突出。在夏威夷，不管是传统或其他类型的华人组织都具有很大的包容性，与排他性的美国式组织不同。

美国式的排他心理，最简单的表现方式是所谓的限制性小区（restricted neighborhood），在康涅狄格州的一个小镇，当几户富有人家搬进一条住着较低收入家庭的街道后，他们把自己所住的半条街改名。此举所展现的是种族歧视。这是个众所周知的事实。大部分美国人的心理非常矛盾：一方面，他们渴望成为群体的一部分；但另一方面，他们以参加一个具有排他性的组织为傲。

其次，他们没有十字军式的改革精神，甚至连两个当初为推翻清朝政府而成立的秘密社团也是如此。在美国的"基督教妇女禁酒联盟"（Women's Christian Temperance Union）的发展史上，一些妇女曾经站出来捣毁某些社交场所。这种精神对中国人来说绝对无法想象。的确，有一些华人社团曾经参与协助癌症的研究，但为数极少。或许有人反驳说，夏威夷华人并不需要什么"基督教妇女禁酒联盟"，因为酗酒在夏威夷华人圈并不是问题。但"华人防止赌博社团"有迫切的需要，遗憾的是没有此类社团的存在。换句话说，不管是在夏威夷还是在中国，很少有社团其存在的目的是要为人们做些事，要改革或改进人们的生活。

最后，让我们来看看家庭。如果有机会，年轻一代的华人会选择自己喜欢的伴侣，建立自己独立的家庭，根据当时的风尚为自己的孩子命名；但他们不会不顾一切地为自己争取这些。他们没有美国文化特有的坚定信念来坚持自己想要的东西。他们愿意妥协，所以在选择婚姻对象时，他们会考虑父母的意愿，这和他们本身的意愿一样重要。在性爱方面，他们会顾虑别人说什么。在婚姻适应方面，他们固然会保护自己个人的快乐，也会考虑婚姻的持久。基于这些理由，在夏威夷的华人并没有被困扰美国社会的两个问题所苦：第一，夏威夷华人没有所谓的老人问题。这并不是因为华人懂得奉养他们年迈的双亲，而是因为他们并不认为老人是年轻人的绊脚石。根据中国人以情境为中心的人格，老年人只不过较早到达人生的另一阶段，他们自有他们新的重要性。变老并不意味着变得没有用或被"贬谪"到幕后。因此，老年人总是可以老得有价值与尊严。他们不会怕老，也不必一心要抓住年轻人，唯恐一旦放手，他们就没有举足轻重的地位。第二，夏威夷华人没有青少年的问题。警察局的资料和对华人父母、社工人员的访谈都显示，华人问题青少年只有极少数，而且不普遍。这与夏威夷华人没有老人问题有关。因为老年人不必抓住少年人，青少年没有必要对他们有过度的反应。因为小孩和父母间的距离缩短，没有什么隐私，青少年也很实际，不会因为暂时的享乐或冲突而想要放弃这层关系。

四

东方人常被认为是控制情绪的专家，因此显得神秘莫测，但这只是一个流行的错误概念。没有人可以永远控制他的感情。如果夏威夷华人比大多数美国人更能自我控制，那么我们应该能在他们面对犯罪、自杀和心理疾病的危机时找到一些证据。但事实并非如此。

为了说明这个论点，接着讨论华人面对三种犯罪的情况。它们是：（1）强暴，或具有强暴动机的攻击行为，以及企图强暴等性犯罪[①]；（2）杀人、抢劫、各式的偷窃、汽车偷盗、伪造文书和盗用公款；（3）赌博。我

---

① 在警局或法院的档案里，"性犯罪"通常包括通奸、引诱等。本文仅采取上述几个项目的数据。

从 1917～1918 年、1925～1940 年夏威夷所有法庭的犯罪资料中随机取样。结果显示，在性犯罪和杀人等方面的犯罪，华人违法和被起诉的比例比白人①的比例低得多，但在赌博方面，华人和白人的比例则反过来，华人的比例比白人高很多。

一方面，性犯罪与情绪爆发的关联非常明显。甚至杀人和盗窃等也似乎牵涉极多感情超越理性的成分。另一方面，赌博毫无疑问是牵涉最少情感的违法行为。

另外，我也参考了 1936～1950 年自杀和企图自杀的资料。在这 15 年间，华人的自杀率约为白人的一半。但如果将企图自杀计算在内，其差距就更为明显。

对华人来说，自杀是件非常严重的事，除非走投无路，不然不会选择这条路。而且由于华人的天性使然，一旦选择自杀都抱着必死的决心。但因为情境中心的人格，他们通常不会走上绝路，这主要是他们会考虑到周遭和自己有关的人，诸如家人、亲人、邻居和朋友；而且因为他们没有会困扰他们的人格。相反的，白人则轻易为情感所困，却不易考虑情境等因素。对白人来说，成功是个人的胜利，而失败则是更大的个人悲剧。因此，他们比起华人来往往更容易感到沮丧，而且也更容易采取鲁莽的行动。由于在情绪上有许多的困扰，他们经常无法确定要采取什么样的自杀方式。②

这些族群间的对比在性别上的差异更大。华人男性自杀和企图自杀的比例是 1:1。白人男性自杀和企图自杀的比例则为 1:2.3。不管任何族群，女性企图自杀的比例比自杀成功的比例高。但华人女性自杀与企图自杀的比例是 1:1.4，而白人女性是 1:11.6。

上述关于犯罪和自杀与族群和心理疾病间的关系，在夏威夷已经得到一些数据证实。心理疾病的分类相当困难，但如果两种不同来源的数据达到一致的结论，而且它们与其他生活层面的结果也很一致的话，我们就可以相信它们在科学上的可信度。1947 年，对夏威夷唯一一个收容精神错乱病患医院的研究显示，10 万人中罹患心理疾病的比例以白人为最高，华人最低。③ 精

---

① 此处的"白人"包括葡萄牙人和其他白人。
② 夏威夷日本人的数据与白人的对比更为明显。
③ B. Wedge, S. Abe, "Racial Incidence of Mental Disease in Hawaii," *Hawaii Medical Journal*, Vol. 8, No. 5, 1949, p. 337.

神病患（psychosis）的比例在所有族群中都相当固定。

这些结果和夏威夷州卫生署在 1947 年、1948 年、1949 年公布的数据吻合。白人所占的比例虽然不见得最高，但还是比比例最低的华人高一倍。因此，不管我们是拿普通正常的活动，如宗教或社团组织来看，还是拿非正常的情况，如心理疾病和犯罪来看，其结果都非常一致，也符合华人以情境为中心的生活方式。

但是这个分析仍有待厘清之处。它未能解释为什么华人不会根据美国社会的标准而完全实行所有的美国生活方式。例如，白人新教徒在美国拥有最高的地位。如果在夏威夷的华人具有高度的竞争性，并倾向于在外在情境中寻找一个满意的社会地位，那么就算他们无法变成白人，至少也应该希望变成新教徒〔但事实并非如此〕。

当美国人意味着能够说一口流利的英语，展现美式作风，并隶属适当的社团。纽约市的两个研究者分别告诉我，他们很难说服那些父母来自欧洲的高中生和大学生谈谈他们的家庭，或介绍他们认识他们的长辈，因为这些学生以他们的长辈和其传统生活方式为耻。如果在夏威夷的华人具有竞争心，并且企图在外在社会获得成功，他们至少会企图与他们的长辈划清界限，像上述纽约的学生一样。

如果我们再引入另一个因素，上述这些似乎很吊诡的（paradoxical）现象就会变得容易理解：那就是中国家庭和中国文化对个人的吸引力。华人的亲属组织为个人提供一个基本的归属感、存在感和安全感。需要很大的拉力才有可能将个人从提供保障和利益的亲属组织拉开。这就是华人个人缺乏要与老一辈分离的动机，以及家庭内很少有犯罪发生的原因。

但亲属组织除了提供利益，也不是没有它的黑暗面。因为一方面有与外在世界和谐的渴望，另一方面又缺乏与老一辈分离的动机，夏威夷华人青少年几乎没有到人迹罕见的地方去探险或者发现一片新天地的倾向，而后者正是美国文化的主流与精髓。

五

上面我们已经呈现夏威夷华人文化的几个特色，我们接下来要问两个问题：夏威夷华人在未来的几个世代里会失去现在这些特色吗？如果真如此的话，这对美国文化整体是一件值得期待的事吗？

我们对第一个问题的回答很简单。从人类文化史和社会组织的角度来看，所有可以远离人群的行为特征都可以追查出来。只要文化史和社会组织有改变，人类的行为特征也会快速或缓慢转变。一方面，如果一个华人小孩是在一个纯粹白人的环境中被抚养长大，包括住在一个白人家庭或白人小区，在一个全是白人小孩的学校就读，身处于白人社会，他就不可能发展出任何上述中国文化的特质。另一方面，从今天夏威夷华人的生活环境来看，他们偏离自己文化背景的速度将会很慢。但随着世代的交替，最初的中国文化特色会慢慢消失。

这个答案将我们引导到第二个问题，其答案比较复杂。当我们自觉或不自觉地使用"美国化"这个词时，它有两种意义：第一，它指的是一个过程，个人学习到美国文化中的盎格鲁撒克逊特色，讲英语，族群特征上像白人，并且信仰基督新教。第二，厌恶所有和西方不同的事物。举例来说，有一个来自澳大利亚的难民很骄傲地告诉他的朋友说，他不愿意吃任何他没有办法用英文了解的食物，因此，好几个星期以来他只能吃甜甜圈和喝咖啡。这个人或许有很好的理由来夸大他个人对外来事物的喜好，但他对外来事物的敌对态度在美国绝非少数。大体而言，美国人认为自己不具备学习外国语的天分。美国的学校生活是产生这个问题的根源，但这个现象未被注意到。任何具备外国文化背景的学生，不管任何一个年龄层，在学校里总是不敢说英语以外的语言。所有受教育的美国人都曾为美国境内的种族问题所困扰，但很少有人注意到，一般美国人对"美国化"所抱持的态度却是促成这一问题的根源。一个群体的文化和个人的心灵一样，都有其基本的核心特质，因此如果美国人坚持美国至上，并且把其他种族视为次等，那么美国人就不太可能容忍不同种族的人。

从这个观点来看，如果夏威夷华人在未来渐渐丧失他们的文化特色，对美国文化来说是一大损失，因为这些特色对美国文化具有缓和的功用。我这么说并不是要贬低美国文化特质的重要性。如果没有那些融和美国文化的新教徒精神和信念，美国文明不会发展到今天这个程度，而美国人整体而言也不可能会享受如此进步的物质文明。

然而，今天美国所需要的并不是更多的扩张或工业的进步，而是巩固人与人的关系，包括美国国内的种族关系，以及美国和其他国家间的关系。为此之故，强调个人中心、过度坚持非善即恶的态度，这些都不可能帮助美国达成上述的目标。如果我们明白并且接受这个事实，把华人文化的特色积极变成美国文化资产的一部分，我们可以造就一个更伟大的美国，不止提供人类一个更高的科技文明，而且还可以为全人类的和平与繁荣提供一个扎实的社会基础。

六

认为有必要把美国文化和夏威夷华人文化特质融合是一回事，但是如何面对现今美国国内紧张的社会气氛而促成此一融合，则是另一回事。我们也许必须修正对基督教的看法来促成这种融合。我们或许必须改变对"美国主义"（Americanism）的态度。我们也许必须告诉我们的子孙，美国并不必然拥有世界上最棒的东西。最后，我们或许必须承认，每一个地方都有伟大的人物，如美国的华盛顿和林肯。这些是很难达成或说清楚的事情，但是只要我们能够自由开放地讨论这些问题，我们就有希望。

给美国的汉语与中华文化教师的忠告[*]

〔美〕 许烺光/文　　陈睿腾/译

摘　要　在美国从事汉语教学与传授中华文化的教师群体经常遭遇主流社会的偏见，以至于缺乏自信，无法做好本职工作。事实上西方的知识并不具有普世性。从中西经典文学的比较中发现，西方人重视个人私欲，忽视社会群体的利益，中国文学中许多角色处理问题的方式可以给美国人提供借鉴。作为汉语与中华文化教师应当投入感情在自己扮演的教师角色之中，让中华文化影响美国学生思想和行为模式。首先，增加中小学阶段教材里关于非西方语言和文化的内容，改变西方教材中的偏见；其次，用比较法对教育内容进行思考和分析；最后，讲授小说与诗歌，作为当前的教学和研究中的一部分，帮助美国学生把汉语和中华文化纳入自己的情感领域里，解决生活上的难题。

关键词　汉语　中华文化　教师

一　引言

在美国教授汉语和中华文化的教师并不多，主要是华人，他们通常在中国出生并在国内接受过高等教育，后来才移民到美国，此外还有一些白人，他们在美国长大，比较了解美国的情况，但是不论是华人还是美国白人，在向美国的主流群体讲授汉语和中华文化时，都缺乏教师应有的自信，他们经常遭遇偏见以至于不能做好工作。

---

[*]　这篇文章本是许烺光在一个午餐会议的致辞，后收入《美国华人》这本书中。原文没有摘要和关键词，现为译者所写。原文参见 Francis L. K. Hsu, "The Teacher of Chinese Language and Culture in America," in Paul K. T. Sih and Leonard B. Allen (eds.), *The Chinese in America* (*Asia in the Modern World Series*, No. 16), New York: St. Johns' University Press, 1976, pp. 99 – 112。

作为社会中的少数群体难免会遭受歧视，比如有色人种在买房、加入俱乐部、工作录用或解雇、参加学术组织的重要职务选举时都经常遇到不公平的对待。美国社会中还经常有一些偏见，如前总统尼克松访华时，随同访问的整个团队里居然没有一个华人（结果是美国记者观察后的报道是，"北京街道非常干净""群众一起除雪具有集体主义"的特色）。这些偏见都不是我们这个群体遇到的问题，但在一个强调平等和多元化的社会，都应该尽早消除。

作为汉语与中华文化教师这个少数群体，我们在向美国主流社会讲解汉语和中华文化时，最常遭遇到的偏见是认为汉语与中华文化乃不入流的东西，是过时没用的知识，以至于许多教师不认同自己的本职工作，不能够充满自信地做好教学工作。

二　角色和情感

在所有社会中，人们通过"角色"和"情感"彼此联系。角色是指事物是否有用，例如工人、医生等各种职业。随着社会的不断发展，角色开始大量出现，其数量之多，远超乎我们的想象。

这种发展趋势无可避免，因为法律、行政部门、生产和机器都变得更加庞大和复杂，需要角色分工。例如一架喷气式飞机，光零部件就超过200万个，人类的心智再发达、双手再灵巧，也无法完成生产和组装的所有工作，解决之道只能是利用计算机。

在工业社会趋于复杂、角色数量发生巨大变化的同时，人们的情感变化却非常缓慢。情感是指人们对于事物的感受。举例来说，我们在阅读经典文学名著时，会有爱、恨、愤怒、绝望、忍耐、希望、焦虑、忠诚、背叛等情绪，而这些感受和古人是一样的。用来描述这些感受的词语并没有很多，有的词语含义相近，一些甚至可以被其他词语包含。经典和艺术之所以永垂不朽，就在于它们能让现代人和古人有相同的喜、怒、哀、乐、忠贞和背叛等感受。我相信，如果我们的老祖宗还健在，在同我们聊起亲子关系、交友之道、婚姻与爱情等话题时，也绝对不会有任何隔阂。相较之下，关于科技发明的古籍用来交流就没有多大用处，因为科技发明（science and technology）日新月异，有人甚至都还没来得及理解这项技术，它就又更新换代了。

三 艺术与文学

西方人总是认为他们感受到的经验世界以及获得的知识具有普世性，实际上西方人感受世界的方式与非西方人是完全不同的。它导致西方的知识不能用来解释中国的情况，可是，大多数华人学者都没有认识到这一点，许多人奉西方的知识为圭臬，对自己讲授的内容缺乏自信。

本文不打算长篇大论论述中西方小说和戏剧之间的显著差异来阐明问题，有兴趣的读者可以参见我的其他著作①，这里仅以欧美文学和戏剧中的心理特征为例子进行论述：欧美文学作品中主角的行为往往只考虑个人之私欲而忽略对社会的影响。我们在欧美文学作品中可以常见以下几种类型的角色：（1）寻求他人的认同，如《麦田里的守望者》②的主角霍尔顿·考尔菲德；（2）试图通过征服世界来证明自我，如《白鲸》③中的亚哈船长或《老人与海》中的老人；（3）努力想要成为自己理想中的人物，如《赫索格》④中的

---

① 〔美〕许烺光：《中国人与美国人》，徐隆德译，南天书局，2002。
② 《麦田里的守望者》是美国作家杰罗姆·大卫·塞林格（Jerome David Salinger, 1919—2010）创作的长篇小说，出版于1951年。内容讲述一位中学生霍尔顿·考尔菲德在被学校开除后，因为不敢回家，独自在纽约游荡三天的故事。小说的撰写背景是美国在二战后成为世界强国，但技术和物质生活飞速发展也引发了一些社会问题。作者通过对作为主角的少年的内心世界探索，对一些社会现象，例如人生观和道德观问题，进行批判。小说细致地呈现了主角的心理状态，引起广大读者的共鸣。——译者注
③ 《白鲸》是美国作家赫尔曼·麦尔维尔（Herman Melville, 1819—1891）创作的长篇小说，出版于1851年，主要讲述了捕鲸船"裴庞德"号船长亚哈在一次捕鲸过程中，被聪明的白鲸莫比·迪克咬掉一条腿，之后一心想着复仇，走遍天涯海角追捕这只白鲸。亚哈在这个过程里，逐渐变成了一个独断独行的偏执狂。最终，亚哈再度与莫比·迪克遭遇，在经过三天的追捕后，亚哈用鱼叉击中白鲸，但白鲸撞破了船，亚哈因此被鱼叉上的绳子缠住掉入海中，船员也大多落入海中，只有一位获救。故事结局以亚哈与白鲸同归于尽告终。亚哈的形象反映了美国文化中追求理想和成为一名理想人物的内涵。——译者注
④ 《赫索格》是美国作家索尔·贝娄（Saul Bellow, 1915—2005）创作的长篇小说，于1964年出版，讲述了20世纪60年代一名美国犹太知识分子赫索格困惑于荒诞的现实，因而陷入了精神危机，但他始终没有放弃对人类自身价值和人生意义的追求，在整个人生过程中表现出强烈的执着。作者把主角赫索格作为整个中产阶级知识分子的代表人物来描写，揭示了知识分子在混乱不堪的物质世界中，因为困惑、迷惘而产生的精神危机。——译者注

赫索格；（4）其他表现形式的角色，如《在路上》①（*On the Road*）和《巴比龙》②（*Papillon*）的主角。或许可能还有其他类型，但也基本不会超出这个框架。

在中国小说里，不会出现以上几种角色作为主角，更不会出现那种仅仅是描述满足自己的性经验，偷车、诈骗为主轴的故事情节被读者广泛认可的情况。

接着以大家熟悉的中国小说的主角进行比较。《金瓶梅》算是不太典型的中国小说，它描写主角追逐个人私欲的过程，但值得注意的是，西门庆被描写为一名恶棍。他在与潘金莲交媾时脱阳而死，算是勾引他人妻子遭到了恶报。故事中给人启示的是西门庆正室吴月娘这个角色。她在丈夫出轨的过程中始终暗自隐忍，不仅没有施加报复，而且持家有道，与西门庆几个不守妇道的妻妾形成显著的对比，最终在"宫斗"中得到了善终。

中国并没有产生《伊利亚特》③《阿伽门农④》和《奥德赛》⑤ 这样的著作，这些著作在西方世界广为流传并成为经典，故事的主角与西门庆、潘金莲形成了显著的对比。一个叫海伦的女人背着丈夫与特洛伊王子帕里斯通奸，她没考虑到自己是斯巴达王后的身份，两人私奔。她的丈夫墨涅拉奥斯为了抢回海伦，向大哥阿伽门农求助，他们决定进攻特洛伊城，杀

---

① 《在路上》是美国作家杰克·凯鲁亚克（Jack Kerouac，1922—1969）创作的长篇小说，出版于 1957 年。内容描述主人公萨尔为了追求个性，与迪安、玛丽卢等年轻男女沿途搭车或开车，横越美国大陆，一路上他们狂喝滥饮，走累了就挡道拦车，夜宿村落，最终到了墨西哥，作鸟兽散。这部小说带有较大的自传成分，结构松散，描写一群年轻人荒诞不经的生活经历。小说反映了二战后美国青年蔑视政治权威、世俗观念、传统道德和法规法纪等离经叛道的心理与行为，被公认为 20 世纪 60 年代的经典之作。——译者注
② 《巴比龙》是法国作家昂利·沙里叶（Henri Charriere）根据自身真实经历而写成的一部自传体小说。昂利在 1930 年被冤枉判刑，流放到"魔鬼岛"做终身苦役。然而，他不向命运低头，在之后的 13 年里不断逃狱，也一次次被捉回，最后在历经艰苦卓绝的斗争后重获自由。——译者注
③ 《伊利亚特》是重要的古希腊文学作品，也是整个西方的经典之一。相传是由盲诗人荷马所作，主要描写特洛伊战争第十年中 51 天内发生的故事。——译者注
④ 阿伽门农是古希腊神话中的迈锡尼国王，他领导的特洛伊战争被古希腊作家视作希腊民族作为共同体的首次联合远征，因而受到诸多古典作家的赞颂。除了《伊利亚特》和《奥德赛》，他亦登场于英雄诗系的其他作品。——译者注
⑤ 《奥德赛》是荷马史诗之一，它与另一部《伊利亚特》统称荷马史诗，由盲诗人荷马所作。《奥德赛》延续了《伊利亚特》的故事情节，描写特洛伊沦陷后，奥德修斯返回伊萨卡岛上的王国，与妻子珀涅罗珀团聚的故事。这部史诗是西方文学的奠基之作。——译者注

死罪魁祸首帕里斯和城内所有老百姓抢回海伦。阿伽门农组建起一支舰队和 20 万大军，历经千辛万苦，用了 10 年时间，终于攻破了特洛伊城。但是在战争结束后的返程途中，阿伽门农又被他的妻子谋杀，原来在战争期间她早就与小叔子埃吉斯托斯通奸，两人合作谋杀了亲夫与大哥。这场战争影响非常大，国王为了进行报复导致当时希腊本地居民阿查亚纳人（Achaiana）被帖撒利亚人（Thessalians）和多里安人（Dorians）赶出希腊，国破家亡。

这些史诗和戏剧无疑是西方文学作品的经典。但我必须强调的一点是，不会有任何中国文人花心思去塑造一个主角，为了一己之私利而不惜一切代价，更不用说这样的作品会得到不同朝代老百姓的认可，传唱不已。

四　行为表现

中西方文学表现出的差异主要是作者受到固有文化模式的影响，而非个人想象力的差别。中国人一直强调个人是整体的一分子，一个人必须限制自己的行为和愿望，以整体为优先。这与中国人作为一个整体具有向心性的事实相称。因此几百年来，中国人虽然不断有移民浪潮，但远离家乡的人并不多。中国人口从周朝以来就不断增加，但是无论人口怎么扩张，人们总是与自己的老家保持着紧密联系。

西方人总是认为中国人口庞大，这是因为中国人总是群居，实际上，生活在国外的华人，占中国总人口的比例不到 3%。相对来说，欧洲人的数量很庞大，占世界人口很高的比例，只不过他们因为追求自由和冒险，所以散布到了世界各地，处于离心性的状态。这表现在欧洲本土以外的白人比在欧洲本土的多；另外，这些白人还常常因为各种因素，例如宗教信仰、民族等，彼此隔离，联系松散，才形成了一种白人数量稀少的表象。这些特点与华人尽可能不移民和打破藩篱加强联系的特点相比是非常不同的。

中西方行为差异的另一个典型案例，表现在对于报复（revenge）的看法和实践方式上。近代日本不断侵略中国，二战开始后更是发起了全面战争。日本在中国犯下了种种暴行，丝毫不亚于纳粹在欧洲各地对犹太人的非人道暴行，臭名昭著的南京大屠杀只不过是其中的一例。在欧美，我们可以通过新闻报道、书籍或者某些人追捕纳粹的行动等，不断发现纳粹在二战中犯下的罪行，但是日本在中国其他地方犯下的罪行的消息很少听见。《三国演义》里诸葛亮对孟获的七擒七纵，也体现了相同的态度。

从这里就很容易理解，美国人是如何应对石油危机的。对于石油短缺的问题，一些人主张节约能源，有的主张开采本土原油储藏，但是另外一些人则是主张对阿拉伯人动用武力，让他们尝到苦头。纽约的一位大学教授坦率地指出，美国可以动用武力确保石油供应无虞。这是老套西方殖民心态的表现。但是一个著名的插图应该引起大家的注意。这个图片里有一只大骆驼，骆驼中空大肚子里有美国海军陆战队正在空降。这就是文学影响人类行为的典型案例。

五　我们可以做什么

身为一名汉语与中华文化教师，如果对于汉语和中华文化的授课没有投入情感，只是把自己的工作当成一个糊口的工具，就无法影响美国人的情感模式。一些美国学生即使听完课，也只是应付课业；也许有一些学生想更了解中华文化，但他也不能掌握中华文化的精髓，中华文化更不可能影响他们的思想与行为模式。埃文斯顿学校的一位女学生就曾经直接跟一个正在学中文的同学说：“不要以为自己会说几句汉语就有什么了不起。”我们的美国学生在面临个人或国家问题时，还是只能从《伊利亚特》《麦克白》①《白鲸》等西方小说或戏剧里所传颂的方法中寻找解决之道，因为他们从小学起就沉浸在西方式的艺术和文学中，就如同他们的父母辈一样。

作为讲授汉语与中华文化的教师，我们当然可以顺应大多数人的做法，把汉语和中华文化视为外来物，根据西方和美国对中国文学和艺术的普遍看法来解释中国文学和艺术，而不是从中国人的看法来看待它们，借以迎合白人的口味，方便自己开设更多班级，招收更多学生。

但是这种逢迎讨好式的教学并不能让美国人更了解中国和中华文化，也不会帮助他们从中汲取精髓，为实现美国社会和文化真正的多元化作出贡献。我们必须做的是把汉语和中华文化的内容拓展到学生的情感领域。

---

① 《麦克白》是英国剧作家威廉·莎士比亚创作的戏剧，创作于1606年，讲述了利欲熏心的国王和王后对权力的贪婪，最后被推翻的过程。这部戏剧主要是根据古英格兰史学家拉斐尔·霍林献特的《苏格兰编年史》中的古老故事改编而成。——译者注

为了实现这个目标，要让汉语和中华文化在他们接受的教育中占据更大、更重要的位置。

今天，美国人要想接触到中国和其他非西方社会的语言与文化，不外有以下几个途径，例如参加东西方哲学方面的会议，或者参加家庭模式、世代关系、死亡习俗、宗教方面的研讨会。当然也可以去图书馆，那里有大量的藏书。或者参加大学开展的各种非西方研究项目。

但是这些路径都无助于非西方社会的语言与文化更加普及。上述图书和论文只有科研人员和要做作业的学生才会去阅读，普通老百姓根本没有机会接触。我在大学里上课时通常会简单调查班上学生看过中国或日本小说英译版的情况，结果是一个班级里没有几个人看过，看过的人最多不会超过全班人数的1%。其实大多数民众也无可奈何。这些非西方社会的语言与文化的图书只陈列在专业图书馆的"中国研究""亚洲研究"和"非西方研究"区域，在一般图书馆里根本找不到。

美国有越来越多中国题材的电影和电视剧，但剧中人物总是由白人来扮演。如几十年前的电视连续剧《警长陈查理①》中的华裔警长就是由白人扮演的，最近很受欢迎的电视剧《功夫》还是同样的情况。制片方经常找的借口是没有亚裔演员能够演绎出剧中形象的个人魅力，但我认为真正原因应该是前来试镜的亚裔演员在言行举止上更"中式"或"日式"，与美国人眼中认为的华人应有的形象相距甚远。

在一种文化中出生和长大的人对另一种文化的思想和行为模式产生真正的感觉并不容易。从清朝时期意大利牧师郎世宁（Guiseppe Castigleone，1688—1766）的例子可以有更深刻的了解，他27岁来到中国，担任宫廷画家51年直到去世。郎世宁的画风非常独特，画中的花鸟树木具有一种独特的立体感，这种风格是中国山水画所没有的。台北一个《郎世宁画集》的编辑评论道，郎世宁的画风在当时吸引了不少人争相模仿，但最终在中国绘画界里没有形成一个流派。主要原因在于这种画风体现不出中国人对于

---

① 陈查理是小说家厄尔·德尔·比格斯（Earl Derr Biggers）所创造出来的小说角色。据说比格斯在檀香山度假时，看到当地一则新闻描述了华裔探警"郑阿平"（Chang Apana）的破案情形后，便创造出了陈查理。陈查理的角色设定是华裔，英语蹩脚，口头禅是"子曰"，行动敏捷。陈查理出现在比格斯的一系列小说里，后来还翻拍成许多电影、电视剧和动画片，家喻户晓。——译者注

事物的感受。虽然他久居中国，但仍然无法用中国人的方式去感受世界。

但我们作为汉语与中华文化教师起码可以把以下三件事作为工作的短期或长期目标来改变美国的这种情况。

第一，在各级教育中，尤其是小学和中学，增加非西方的知识。

这需要重新编写历史和社会教材，也要重新编辑参考书，如关于非欧洲人种的所有生活和事件的百科全书。即便是近年新出版的图书也存在基本的错误和明显的偏见。纽约卡内基公司资助出版的《全球通史》（*A Global History of Man*）本来是为了让美国孩子更充分地了解世界各地的社会，它被许多学校作为参考书，但书中居然把第二次世界大战的起始日定于 1939 年 9 月德国入侵波兰。可是，从全球史的角度来看，二战在 1937 年 7 月日本全面入侵中国时就已开始。这本书认为中日战争是远东两个国家的地区冲突，所以把二战的开始时间算在 1939 年，但从这个理由来看，德国入侵波兰其实也应算是地区冲突，因为直到 1941 年 12 月美国才参战。

作者从欧洲史观出发自然而然地推导出，第二次世界大战战胜法西斯主义是西方国家的功劳。所谓的《全球通史》不仅没有描述中国在艰苦卓绝的战争中所作的贡献，也没有中国领导人的照片，只有几张中国被炸成废墟的照片。丘吉尔、罗斯福和斯大林三人密会雅尔塔的合照非常突出，甚至还有一张丘吉尔的独照，最后还有一张美国小女孩救济希腊儿童喝牛奶的画。而中国比所有西方国家都更早开始抵抗法西斯侵略，与日本艰苦作战 8 年，把 300 万日军牵制在中国本土。

第二，重视比较研究。

人类事务很难有一套精准的量化指标，汉学家白鲁恂（Lucian Pye）在对中国政治的研究中指出：我们的研究假设是中国人的攻击性（aggression）在文化中受到了极端的压抑（repressed），因此中国人可能对与侵略力量密切相关的一切事物有非常复杂和极其矛盾的感觉。

作为研究人员，我们根本无法评估这样的表述："压抑到极致"有多压抑？它究竟是比欧美文化更压抑，还是没有那么压抑。可是，作者居然承认，这种不严谨的表述，对于中国人的攻击性的观察是他整部作品的基础。

即便作者可以提出一套量化的指标，它的科学意义通常也不容易确定。例如，今天美国大约有 5% 劳动人口处于失业状态。但经济学家认为，所谓"可接受"的失业率水平一直在变化。在 20 世纪 50 年代初期"可接受"甚至"正常"的水平被定为 2% 或至多 3% 。后来在肯尼迪时代，这个数字被定为 4% 。

我们必须将中国社会和文化与美国社会和文化进行系统比较。这种比较不仅是为了帮助学生，也是为了加深对自身的了解。

第三，讲授文学和诗歌。

人不是行尸走肉，而是会自己行事，并对自身所作所为及其结果有所感受。仅仅知道中国人用筷子、印度人穿纱丽、日本人学插花、爪哇家庭的规模、管理马来人员工的习俗，以及纳瓦霍族印第安人如何对待逝者，都是流于表面的理解。我们必须帮助学生了解不同社会的人们如何看待自己、看待他人和看待世界。这种情感模式才是人类行为背后的真正动力，它决定了不同文化人们的不同行为方式，以及人们的生活意义所在。

我们无须等待行为科学家精心安排的调查结果，这些研究往往见树不见林。其实眼前就有一个现成工具，即文学，特别是小说和诗歌，可以洞悉不同文化人们的情感差异。通过文学，我们可以让美国学生知道，中国没有《白鲸》《老人与海》相对应的文学作品；也没有像《愤怒的葡萄》①《埃尔默·甘特里》②或《鹿苑》③那种第一人称的小说。而且中国小说也很少描写性或浪漫的爱情，即便涉及这些男女私情，在处理时总是把群体利益置于个人情欲之上。上课时我们可以和学生讨论"中国版的《格列佛游记》"（《镜花缘》）④，让他们知道主人公并不孤单，而是有朋友和妻舅和他一起冒险，共同克服困难。

在美国出生的华人对这些作品会有所了解，但美国学生对这些作品知

---

① 《愤怒的葡萄》是美国现代小说家约翰·斯坦贝克（John Steinbeck，1902—1968）创作的长篇小说，出版于 1939 年。小说的背景是经济危机时期中部各州农民破产、逃荒和斗争，讲述了约德一家十二口从俄克拉荷马州向加利福尼亚州逃荒的艰难经历。——译者注

② 《埃尔默·甘特里》是美国文豪辛克莱·刘易斯（Sinclair Lewis，1885—1951）的作品，出版于 1927 年，内容讲述一位投机取巧分子埃尔默·甘特里对一位修女骗色和敛财，之后狠心抛弃，修女为了复仇而想出一系列计谋，最终使得甘特里身败名裂。这部小说嘲讽了宗教丑行和敛财神棍。——译者注

③ 《鹿苑》是美国著名作家诺曼·梅勒（Norman Mailer，1923—2007）的作品，于 1955 年出版，讲述了飞行员瑟吉厄斯在享乐与尊严之间作出抉择的故事。——译者注

④ 《镜花缘》是清代文人李汝珍创作的长篇小说。小说前半部分描写了唐敖、多九公等人乘船在海外游历的故事。后半部写了武则天科举选才女，由百花仙子托生的唐小山及其他各花仙子托生的一百位才女考中，并在朝中有所作为的故事。——译者注

之甚少，很难有机会进行比较。他们在西方文学熏陶下长大，很少接触到除了亚哈船长、埃尔默·甘特里（Elmer Gantry）、阿喀琉斯（Achilles）以外的人物类型，完全看不到其他类型的问题和解决方法，去感受他们处理事情的差异。美国作家、评论家和导师经常以为他们讨论的问题可以适用于全人类，但实际上他们讨论的内容只对西方人行得通。

因此，我的第三个也是最后一个建议是增加非西方文学的分量，并将其作为我们当前的教学和研究中的一部分。我们要做的，不是把这些不同的文学课程只面向特定群体进行讲授，例如给非洲裔学生讲黑人文学、给亚裔学生上中国或日本文学，而是要把这些非西方文学面向更多的学生，例如对那些熟读了荷马、海明威作品的学生进行讲授，让他们有机会进行比较，从中得到体会。

世界华商

日本古籍《华夷变态》与明清华侨史

段立生[*]

摘　要　日本古籍《华夷变态》是旅日华人林罗山祖孙三代收集船商口述材料编撰而成的一部类似长崎海关档案的编年史料。主要内容取材于唐船风说书，时间跨度从 1644 年至 1717 年。德川幕府通过唐船风说书向抵港的中国船商了解海外情况，这种做法实际上是承袭了中国史官文化的传统。《华夷变态》记载了明末清初唐船来往于中日之间，以及日本和东南亚之间的盛况，反映了华侨在执掌东西洋海上贸易方面扮演着重要的角色。从《华夷变态》保存的文件中可以清楚地看出，政治变乱是造成这段时期华侨出国的主要原因。如郑成功部将杨彦迪率 3000 名士兵移居越南南圻，并将那里开发成繁华都市。《华夷变态》对研究明清华侨史具有重要的史料价值，可补中国史籍之不足。

关键词　《华夷变态》　明清华侨史　唐船风说书

　　明末清初是中国社会的一个大变动时期，清兵入关，明朝灭亡。许多"不甘事虏"的明朝遗老携家带口逃亡海外，南明抗清部队兵败集体移往海岛，形成一次较大规模的华侨移民潮。清康熙年间，清政府废除了"迁界禁海"政策，准许沿海商民出海贸易。后来，康熙皇帝听暹罗贡使说："其地米甚饶裕，价钱亦贱，二三钱银即可买稻米一石。"[①]为了缓解闽粤两省的粮荒，清朝允许闽粤船商领照赴暹罗国买米，从此开启了华侨合法出国和移民的新时代。嘉庆《大清一统志》卷 552 暹罗条说："澄海商民领照赴暹罗等国买米接济内地民食，虽行之已阅四十余年……据报回棹者，不过十

---

　　*　段立生，中山大学国际关系学院教授，研究方向为东南亚文化和历史。
　　①　《清实录·圣祖实录》卷 232。

之四五。"在清政府的默许下，大批船商水手移民东南亚，形成清朝初年的又一次华侨移民高潮。

日本古籍《华夷变态》正是编撰于这段历史时期，并真实地反映了这段时期中国的政局变化，政府更迭，各种政治势力的消长，清政府"迁界禁海"及"开放海禁"政策的转变，华侨移民高潮的形成，中国船商包揽了中国与日本及东南亚各国的海上贸易，等等。尤其是书中透露出来的有关明清之际华侨的史料非常珍贵，值得我们重视，并认真进行研究。

一 《华夷变态》是部什么书

《华夷变态》是旅日华人林罗山、林春胜、林信笃祖孙三人收集船商口述材料编撰而成的一部类似长崎海关档案的编年史料。林罗山，原名信胜，法名道春，字子信，1583 年生于京都。① 我们根据他的中国姓氏，以及他精通儒学，将清朝入主中国视为"华夷变态"等原因，判断他有华人血统。依据清朝的《大清国籍条例》规定："凡左列人等不论是否生于中国地方均属中国国籍：（一）生而父为中国人者。（二）生于父死后而父死时为中国人者。（三）母为中国人而父无可考或无国籍者。"由是之故，虽然有关林氏祖孙三人的史料欠缺，我们仍将其身份确认为旅日华人。《华夷变态》全书计分 35 卷，各卷的成书时间跨度从 1644 年至 1717 年，共计 74 年。卷帙浩瀚，内容繁杂。主要内容取材于唐船风说书。所谓唐船风说书，按照日本德川幕府的定例，凡有唐船（中国船）到达日本长崎口岸，船主必须通过通事向日本上缴一份海外情况的"风说书"（报告书），内容包括该船的驶出港口，启程及抵达日期，船主、水手及搭载人员简历，船载货物的采买情况，沿途经过地区的政治经济环境，所见所闻，同行船只及先行或后续船只，等等，作为日本方面了解当时外国政治经济状况的消息来源和重要情报。有时船主没有带来形成文字的风说书，则派专人通过通事向船主询问了解，将其口述材料记载下来，按年序排列，归档保存，逐年累计，类似海关档案。

---

① 郑瑞明：《日本古籍〈华夷变态〉的东南亚华人史料》，台北《海外华人研究》1992 年第 2 期，第 126 页。

《华夷变态》共收录文件 2264 件，其中唐船风说书 2139 件，占所有文件的 94.5%，可以说唐船风说书构成《华夷变态》一书的主要内容。除此之外，还有反映中国局势变化的文书 9 件，占所有文件的 0.4%；反清社团致日本政府文书 27 件，占所有文件的 1.2%；有关琉球、朝鲜、安南的文书 35 件，占所有文件的 1.5%；荷兰风说书 54 件，占所有文件的 2.4%。①这些文件都是第一手资料，对于研究日本与中国、荷兰、东亚、东南亚各国的外交及贸易关系、海洋交通史等方面都有参考价值。本文主要探讨关于明清华侨的史料，故其他问题置而不论。

日本德川幕府为什么要制定向抵港中国船商收录唐船风说书的制度？这是由当时特殊的社会历史条件决定的。

1633～1639 年日本德川幕府颁布了五次"锁国令"，开始实行"闭关锁国"的政策。因为自 16 世纪中叶以来，随着西班牙、葡萄牙殖民者的东来，西方传教士和商人大量涌入，冲击和动摇了幕府统治下的日本封建秩序和自给自足的小农经济，使日本感受到威胁而采取自保措施。锁国令是紧接着禁教令后颁布的，目的是禁止西方国家的传教士和商船进入日本，也不许日本人直接与海外人员贸易和交流。唯独在长崎开了一扇窗口，只许华人（清朝人及旅居东南亚的华侨）和荷兰人在此居住和做生意。

为什么华人和荷兰人得以享受如此特殊待遇？这是因为长期以来，日本都被纳入中国的朝贡贸易体制之中。这种朝贡贸易体系以中国为大圆心，囊括了东南亚、南亚和东亚所有接受中国"册封"的国家，而以日本为小圆心，包括朝鲜、琉球和东南亚国家与日本通商。1708 年日本出版的《华夷通商考》中将世界分为日本、中华、外国、外夷四类。其中外国指"虽处唐土之外，然服从中华殖民，用中华之文字，并三教通行之国也"；外夷则专指"与唐土不同，皆横行文字之国也"。②所以，东南亚诸国被称为外国，西方国家被视为外夷。日本外交对外国和外夷分别采取不同的态度。对于中国和被中国册封的外国，则遵照中国制定的规矩，列入经济互通的"通商国"；对于西方外夷，则禁止通商；对于能够遵守幕府规矩并按时向

---

① 郑瑞明：《日本古籍〈华夷变态〉的东南亚华人史料》，台北《海外华人研究》1992 年第 2 期，第 126 页。

② 〔日〕西川忠良编辑出版《增补华夷通商考》卷三，《西川如见遗书》，1899。转引自 https://www.zhihu.com/question/21079600。

幕府觐见的藩属，如日本国内的大名，则被列入"通信国"。荷兰虽属外夷，有幸被列入"通信国"。日本对荷兰的待遇与对其他西方国家的待遇不同，是因为日本既要断绝与西方国家的交往，又要通过荷兰了解当时西方先进的科技文化知识。日本的知识界痴迷于荷兰人介绍进来的"兰学"，最终导致西方文化泛滥和引发称为"明治维新"的改革运动。

台湾学者郑瑞明认为唐船风说书的起源，"源自阿兰陀风说书：盖自1609年以后，荷兰先后在日本平户及长崎出岛设立商馆，积极营商，日本政府为了获取有关海外，尤其是欧洲方面的情况，除了利用荷兰商馆馆长前往江户参谒将军的机会加以询问，并做成记录外，又规定凡荷船入港，必须向长崎奉行提出一份海外情事的书面报告"①。

郑瑞明的说法源于日本学者板泽武雄对阿兰陀风说书的研究。

笔者认为，上述说法有一定道理，但似乎还没有追溯到最初的缘起。事实上日本的这种做法承袭了古代中国史官文化的传统。中国文化的实质说到底就是史官文化，这是因为史学是中国古代最发达的一门学科，它无所不包，并建立了一整套健全的史官制度，系统编写和保存了几千年的历史。史官必须具备史德、史识和史才，敢于不畏强暴，秉笔直书，以保存真实的历史。史学提倡的人文精神已成为中华民族的民族精神，即以立功、立德、立言作为人生价值的取向，把修身、齐家、治国、平天下作为毕生事业追求的目标。这就是史官文化的深刻内涵。日本、朝鲜、越南等深受中华文化影响并使用汉字的国家，在很大程度上都摆脱不了史官文化的传统。

明清之际，中国相继出现了一批海外贸易的历史著作，这些著作大多是应官方的邀请，由著名的文人撰写的。例如，福建漳州人张燮就应海澄县令陶镕之聘，于万历四十五年（1617年）写成《东西洋考》，这是一本介绍东西洋各国情况类似通商指南的书。张燮本人没有去过海外，他写书的办法是亲自走访贾客舟人，记下反映当时情况的第一手资料。他在《东西洋考》凡例中说："集中所载，皆贾舶所之，若琉球、朝鲜，虽我天朝属国，然贾人所未尝往，亦不掇入。或曰：日本、红夷何以特书？书其梗贾

---

① 郑瑞明：《日本古籍〈华夷变态〉的东南亚华人史料》，台北《海外华人研究》1992年第2期。

舶者也。"① 他把当时日本伙同荷兰人实行锁国封港的情况也写进书里，这不啻一条重要情报，开了通过贾客舟人收集海外情事的先河。

又如，黄衷（1478—1558 年）撰写的《海语》。黄衷是广东南海县人，弘治九年进士。48～80 岁致仕家居，与过往山翁海客座谈海国之事，笔录为《海语》一书。《海语》被收入清代编修的《四库全书》，并得到很高的评价："所述海中荒忽奇谲之状，极为详备。然皆出舟师舵卒所亲见，非《山海经》、《神异经》等纯构虚词、诞幻不经者比。"②这又是一个通过访谈收录海外情事的例子。值得注意的是，《海语》成书于 1526～1558 年，比阿兰陀风说书（荷兰风说书）形成的 1609 年早了很多年。谁先谁后？谁学谁的？岂不一目了然。

况且，为日本编写《华夷变态》的林罗山、林春胜、林信笃祖孙三人，其实也不是日本人，而是华人。林罗山曾入建仁寺学佛，后师事日本儒学大师藤原惺窝，学问大进，并用朱熹哲学解释神道。1605 年，担任德川家康的顾问。编纂《本朝编年录》40 卷。其子林春胜承袭家学，1638 年入幕，官至国史馆总裁，负责解读来自中国的机密文书。其孙林信笃发扬祖父和父亲的家学渊源，成为日本程朱理学的一代宗师。林信笃不但承袭了类似史官的世袭之职，还当上"大学头"，执掌日本全国文教大权。由林氏祖孙三代这样深受中国史官文化熏陶的大儒，历时 74 年，呕心沥血，方才完成了《华夷变态》这样洋洋洒洒的长篇巨著，我们能不说这不是史官文化在日本结出的硕果？

二 《华夷变态》所记华侨海上贸易史料

明清时期，中国执行的是以父母血统决定国籍的政策。凡父母血统是中国人的后代子孙，一概被认为是中国人。中国人侨居海外被称为华侨，所以当时只有华侨，没有现代所说某国籍华人的概念。当时的一些文献，有时也出现"华人"的称呼，其义是指"中国人"，跟现代所说"华人"的概念不同。现代所说的华人，是指具有中国血统的外国人，是中华人民

---

① （明）张燮：《东西洋考》凡例，中华书局，2000，第 20 页。
② （清）永瑢、纪昀主编《四库全书总目提要》，海南出版社，1999。

共和国《国籍法》颁布后才出现的新概念。因此，《华夷变态》所记，皆为华侨史料。

《华夷变态》的主要内容由唐船风说书构成，而唐船风说书则采自中国船主和船商，故此书与中国船直接有关。在西方势力东来之前，中国帆船活跃于东西洋洋面。正如张燮《东西洋考》所说："文莱，即婆罗国，东洋尽处，西洋所自起也。"①就是说，以文莱为分界，以东是东洋，以西是西洋。从中国乘船去日本，走的是东洋针路；从东南亚各国乘船去日本，有的先行西洋针路，再接东洋针路。无论是从中国去日本，或是由东南亚去日本，靠的都是中国船。这从当时船家使用的针谱、罗经针簿一类的书便可证明。这类书是中国水手历代航海经验的总结。书中记载了某处至某处的行程远近，水深几许，航行方向，气候变化，潮汐涨退，洋流缓急，沙线水道，礁石隐现，海底情况等，是舟师舵手必不可少的航海依据。成书于明代的《郑开阳杂著》《筹海图编》《日本一鉴》里都记录了太仓驶往日本的针路，福建驶往日本的针路。向达从英国牛津大学鲍德林图书馆抄来《顺风相送》和《指南正法》，辑为《两种海道针经》出版。

在向达编辑的《两种海道针经》里，有关日本的针路计有：琉球往日本针路；日本港山形水势；长崎水涨时候；长崎往双口针路，回长崎针；宁波往日本针；温州往日本针路；日本回宁波针路；暹罗往日本针；凤尾往长崎；普陀往长崎；沙埕往长崎；尽山往长崎；广东往长崎针；长崎回广南针；厦门往长崎；暹罗往长崎日清；咬留吧回长崎日清，长崎往咬留吧日清；大泥回长崎日清；往长崎正月丁丑年；等等。

由此可见，由日本长崎往来中国沿海各海港及东南亚的航线很多，而且中国船主和水手对这些航道都很熟悉。

从《华夷变态》的记载中我们可以清楚地知道，从1644年至1717年，每年驶达长崎的唐船数目，它们分别从什么地方来，装载什么货物。由此可以推算日本与中国、东南亚各国之间的贸易情况。

根据台湾学者郑瑞明的统计，《华夷变态》所收录2139件唐船风说书中，有282件分别来自东京②（22件）、广南（77件，含安南1件，占城2

---

① 张燮：《东西洋考》文莱条，中华书局，2000，第102页。
② 东京，指的是越南北部地区。下同。

件）、柬埔寨（32 件）、宋居勝（7 件）、六崑（11 件）、大泥（18 件）、暹罗（62 件）、麻六甲（8 件）、万丹（1 件）、咬𠺕吧（39 件）。地理上包括今日越南、柬埔寨、泰国、马来西亚、印度尼西亚五个国家。①

岩生成一在《近世日支貿易に関よる数量的考察》中制作了 1674～1700 年由中国和东南亚驶抵长崎的唐船数量表，见表 1、表 2。

表 1　中国驶往长崎的唐船数量（1674～1700 年）

单位：艘

出帆地\年份	山东	南京	宁波	普陀	台州	舟山	温州	福州	泉州	厦门	沙埕	漳州	潮州	广东	海南岛	高州	不明	小计
1674		1						2						4				7
1675		1						2						4				7
1676		2						2	1			1		1				7
1677		2		2				3										7
1678		1		2				3						3				9
1679		1		3								6		3				13
1680				2				1						2				5
1681																		0
1682		1						1						3				5
1683		1												1				2
1684		1												6				7
1685		14	8	4				18	2	22		1		3			5	77
1686		34	18	7				20	3	10		1	1	2				96
1687		28	19	7			1	32		13	3	1		4		3	17	129
1688		22	30	5			1	45	7	28	2		6	17	3	2	5	173
1689		15	32	3				13	3	6	1	3	2	7		1		66
1690	2	12	12	4	1		1	15	7	6	2	5	4	5		2		78
1691	1	16	19	6		2		3	9	5		3	1	3			1	74

① 郑瑞明：《日本古籍〈华夷变态〉的东南亚华人史料》，台北《海外华人研究》1992 年第 2 期。但统计数目疑有误：按括号里所说数目相加为 177，并非 282。

续表

出帆地 年份	山东	南京	宁波	普陀	台州	舟山	温州	福州	泉州	厦门	沙埕	漳州	潮州	广东	海南岛	高州	不明	小计
1692	2	8	19		1		1	12	5	5		2		3		5		63
1693	1	7	12	4	1		2	11	4	4	2	4	4	1		3	3	63
1694	1	6	12	3	2		2	4	6	2	3	5	3	2		2	4	57
1695		4	14	3	3		1	8	3	2	2	2	1	4			3	50
1696	2	2	7	4	1	1	3	2	4	3	2	2	2	1	3	1	24	64
1697	1	6	11	7	1	4	5	9	4	3	4	8	4	4	1	3	1	77
1698	1	19	17	2	1	1	3	5		2	1					3	2	57
1699		22	23	3				2	1	5	1				1	2		60
1700		22	18							4						2		46

注：原表统计错误，已由笔者修改。

表 2　东南亚驶往长崎的唐船数量（1674～1700 年）

单位：艘

出帆地 年份	台湾	东京	广南	占城	柬埔寨	暹罗	宋居朥	六昆	大泥	麻六甲	咬𠺕吧	万丹	小计	合计
1674	6		3			2					3		14	21
1675	11	2	1			2					5		21	28
1676	8	1	3			3					3		18	25
1677	13	3	3			2					1		22	29
1678	8	2	1			3					3		17	26
1679	8	2	5		1	2					1		19	32
1680	7	3	4		1	6					3	1	25	30
1681	5		2		1						1		9	9
1682	9	2	1		1	6					2		21	26
1683	13		3			6			1		2		25	27
1684		2	4			5			1		3		15	22
1685			1			3			1	1	2		8	85

续表

出帆地＼年份	台湾	东京	广南	占城	柬埔寨	暹罗	宋居朥	六崑	大泥	麻六甲	咬嚼吧	万丹	小计	合计
1686		2	4		1	3	1		1	1	2		15	111
1687	2				1	1			2		1		7	136
1688	4	1	3		2	2				2	4		18	191
1689	1	2	4		2	2		1	1				13	79
1690	2	3	3		1	3		1	2		2		17	95
1691	2	1	4		2	3				1		1	14	88
1692	1	1	1		3	3		1					10	73
1693	3	1	6		1	2	1	1			3		18	81
1694	1		3		1	2	3		2	1	2	1	16	73
1695	1		2		3	1	1	1			2		11	61
1696	3		4		3	2	1	2	1		1		17	81
1697	3	1	1	1	4	3	1	2	2		3		21	98
1698	2	1	6		3	1					2		15	72
1699	3	1	2		3	2					1		12	72
1700	5				1						1		7	53

注：台湾在1683年未被清朝统一前，由明郑政权管理。本表把台湾纳入东南亚统计。

王楫五在《中国日本交通史》中将清初与日本的海上贸易分为四个时期：一、发展时期（1662—1684年），赴长崎唐船平均每年30艘；二、隆盛时期（1685—1714年），每年往航唐船不下70艘；三、渐衰时期（1715—1735年），平均每年来往唐船降至30艘；四、衰颓时期（1736—1795年），赴日本唐船平均每年10艘。[①]

尽管上述不同人的统计有差异，但都掩盖不了这样的事实：明末清初华侨在执掌中国海上贸易方面扮演着重要的角色，这是无人能够取代的。

① 王楫五：《中国日本交通史》，商务印书馆，1998，第187～188页。

三 《华夷变态》所记华侨出国的原因

清军入关，明朝灭亡，是中国近代的一大政治变革。《华夷变态》的作者对这一重大政治事件的态度，基本上是站在明朝一边，反对清朝的。这从书名就可以明显看出，它将明朝当作华夏正统，把清朝视为蛮夷。作者的观点，也代表德川幕府的观点。所以，在《华夷变态》中收录了反清政治团体，包括南明政权、三藩、台湾郑氏等在内向日本求援的文书 27 件。当然，德川幕府对反清势力仅仅给予道义上的同情，并未给予实质性的帮助。但从这些文件的内容中可以清楚地看出，政治变乱是造成这个时期华侨出国的主要原因。

郑成功部将杨彦迪兵败后率 3000 名士兵移居越南南圻，中国史料没有记载，唯《华夷变态》和越南史籍提及。香港陈荆和先生根据《华夷变态》中的唐船风说书，订正越南史籍《大南实录》和《嘉定城通志》中有关杨彦迪事件的舛误，考证出杨彦迪船队早在 1666 年就奉台湾郑经之命盘旋于越南北圻与中圻。1682 年和 1683 年分两批到达南圻。当时南圻属柬埔寨领土，柬王率众逃匿山林。柬埔寨是暹罗属国，暹王曾派人来劝杨彦迪归顺暹罗，杨彦迪不肯。后投靠广南王阮氏，定居南圻，3000 名士兵与当地妇女通婚，世代繁衍，把荒凉不毛的南圻开发成繁华都市。①

类似的例子还有河仙莫氏政权。1617 年莫玖率族人"越海南投真腊为客"，"国王信焉，凡商贾之事，咸委公办理"。莫玖"用财货贿赂国宠姬及幸臣，使说许公往治忙砍（河仙）地所，以招四方商贾，资益国利。王悦而许之，署为屋牙（官名）"。莫玖依靠华侨，将河仙开发成重要海港，并建立起被称为本底国的华侨政权。②

这个时期因政治原因移民越南的人有很多，如著名学者朱舜水，因"不甘薙发事虏"，移居中圻 13 载，广南王阮福濒下令征召，朱舜水不肯应聘，后终老日本。又如《嘉定城通志》编撰者郑怀德的祖父郑会、承天明乡社陈氏始祖陈养纯、北圻明医蒋渐远、著名画家林明卿等，都是这段时

---

① 陈荆和：《清初郑成功残部之移殖南圻》，《新亚学报》第 5 卷第 1 期。
② 段立生：《泰国史散论》，广西人民出版社，1993，第 52~61 页。

间移民越南的。他们希望有朝一日能够匡扶明室，故组织明香社，以维持明朝香火。

明朝末年海盗林道全，因逃避官军追捕，万历年间率众逃往大泥（泰国北大年），被大泥女王招为驸马，皈依伊斯兰教，和当地土著拓荒垦殖，开发大泥。如今泰国国防部大门前还有林道全铸造的大炮。①

因政治原因出国的华侨，比起因天灾人祸、散失土地等经济原因出国的华侨，有其自身的特点。他们往往人数较多，属于社会上层人士，文化水平较高，有一定的经济实力，社会影响力大，因而能对新的移民地区的经济开发发挥重要作用。东南亚许多不毛之地，经他们胼手胝足才有了今天的繁荣局面。华侨的开拓之功，实不可没。

Japanese Ancient Books *Huayi Pervertis* and the History of Overseas Chinese in Ming and Qing Dynasties

Duan Lisheng

Abstract：Japanese ancient book *Huayi Pervert*is a chronicle similar to Nagasaki customs archives compiled by Three generations of Lin Luoshan, a Chinese living in Japan, The main content is drawn from Tang boat-style storytelling, which spans from 1644 to 1717. The Tokugawa shogunate learned about the overseas situation from the Chinese ship merchants arriving in Japanese port, through Tang boat storytelling, in fact following the tradition of Chinese historiographer culture. *Huayi Pervertis* records the grand occasion of Tang ships traveling between China and Japan and between Japan and Southeast Asia in the late Ming and early Qing dynasties, reflecting the important role played by overseas Chinese in the management of maritime trade in the East and West. From the documents preserved in *Huayi Pervertis*, it can be clearly seen that political turmoil was the main reason for overseas Chinese to go abroad during this period. For example, Yang Yandi, a military officer under Zheng Chenggong's comma had send 3000 soldiers to Nanqi,

---

① 段立生：《林道全与泰国北大年的开发》，《泰国史散论》，广西人民出版社，1993。

Vietnam, and developed it into a prosperous city. It is of great historical value to the study of the history of overseas Chinese in Ming and Qing Dynasties, and can supplement the shortage of Chinese history books.

Keywords: *Huayi Pervert*is; Chinese History in Ming and Qing Dynasties; Tang boat-style Storytelling

在日福建华商的新近动向及其历史演变[*]

廖赤阳[**]

摘　要　本文是对近年以日本为中心的福建华商之社团组织及其跨国网络的展开过程所做的参与式田野调查，与此同时，本文更力图将新近的动态性变化，置于东亚商贸网络及福建帮活动的历史背景之下予以理解。本文所指的华商并非预设的特定对象，而是一种包含着丰富的移动性、广域性、多样性、跨域性的分析方法。福建华商在日本的发展，经过了四个历史时期，在不断变化的同时表现出显著的历史持续性。尤其是在 20 世纪末 21 世纪初以来，大批福建新华侨来到日本，使福建华商在人口规模、产业经营和社会组织上均发生巨大的变化。他们建构起跨国网络，并且与中国建立起更为密切的联系。而中国也为其提供了更多的资源与机会，在互动中越来越发挥出网络平台的中心作用。

关键词　日本华侨　华商　福建帮　华人网络　后新移民

引言　何为华商

本文是对近年以日本为中心的福建华商之社团组织及其跨国网络的展开过程所做的参与式田野调查，与此同时，本文更力图将新近的动态性变

---

[*]　本文是在 2019 年 5 月 13 日于静冈县立大学全球化地域中心（静冈県立大学グローバル地域センター）所召开的"21 世纪亚洲的全球化网络建构与静冈县的作用"（「21 世紀アジアのグローバル・ネットワーク構築と静岡県の新たな役割」）调查研究会，以及同年 9 月 16 日在华侨大学国际关系学院的报告会上的口头发言的基础上整理而成的。

[**]　廖赤阳，东京大学博士，日本武藏野美术大学教授，中国商业史学会华商史专业委员会副主任。研究方向为华侨华人史与留学生史、东亚地域历史社会、东亚地域思想文化。著作有《长崎华商与东亚交易网之形成》（日文）、《大潮涌动：改革开放与留学日本》、《跨越疆界：留学生与新华侨》等。

化，置于东亚商贸网络及福建帮活动的历史背景之下予以理解。

以下对几个关键性的概念从研究前史的角度进行整理。关于所谓的华商，有各种各样的定义。如图 1 所示，近年来华商的一个定义如下："具有中华民族的血统，活跃在世界经济领域中的商人群体。"① 这个定义中包含两个关键词，其一是拥有"中华民族的血统"。什么是中华民族？这牵扯到更大更复杂的一个问题，在此，我们把问题单纯化处理，那么，就意味着在血统上是中国人，或者说，是具有中华民族这一特定的民族性的商人群体。其二是"世界经济领域"。即其活动领域超越了国民经济的范畴，无法以民族国家单位加以把握。这样，"中华民族"和"世界经济"这两个领域重合在一起，就交织出华商这个世界。

如果将相关研究对象具体化，那么华商又分为以下三个群体，即：A.中国大陆华商；B. 港澳台华商；C. 海外华商。所谓海外华商，是指在世界各地从事商业活动，而又不属于中国大陆及港澳台地区的华商。但是，如果严密地使用上述定义进行华商的具体研究是非现实的，这将会使研究陷入困境。例如，经过香港的资本和企业，究竟是中国大陆华商、港澳台华商，还是纯粹的外国商人，往往是难以区分的。在多数场合，对于他们来说，与其说要严格地区分身份，不如说更善于根据需要，活用多重身份，从而在跨国商贸中长袖善舞。

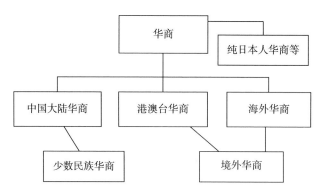

图 1　华商的概念

资料来源：笔者制图，以下文中配图，凡未注明出处者均为笔者提供。

---

① 王辉耀、康荣平主编《世界华商发展报告（2017）》，中国华侨出版社，2017。

还有一种"纯日本人华商"这样的存在。例如，21世纪初的日本中华总商会的会员中，有60余家商社为日本公司加盟会员。既然是日本中华总商会的会员，那么当然属于华商。但是，从民族与血统归属上看，他们和中华民族没有任何关系，是完完全全的"纯日本人"①。

一 华商研究的坐标

从以上叙述可见，华商是一种包含着丰富的移动性、广域性、多样性、跨域性的分析概念，因此，给予华商一个严密的定义，精准地描绘出其内涵与边界，并将之作为一个给定的研究对象予以特化，不仅是不可能的，而且将扼杀华商所蕴含的丰富可能性，使相关研究失去其最大的优势。所以，与其将华商视为一个特定的研究对象，去纠缠谁是华商或者不是华商，不如将华商视为一种研究方法，去尝试观察华商这一万花筒所透视出的森罗万象的变幻景致。而这一尝试，离不开对相关研究前史与问题意识的回顾与整理。

关于华商的研究，迄今为止有深厚的研究积蓄。将此进行整理，可以如图2所示的那样，整理成沿着坐标所形成的A、B、C、D四个研究问题集群。位于横轴右侧的A集群，是所谓的文化主导论为主的思维。即围绕着华商之所以如此，是因为他们是中国人这样一种思路所展开的论证。这也是有关"中国人性"或"华人性"（Chineseness）的讨论。例如，有关家族经营，有对照美国式经营的钱德勒模式理论（Chandler model）而展开的种种讨论。其中，一些研究认为，对比钱德勒模式，华商的家族式经营表现出前现代的后进性，而随着企业的近代化，必须摆脱家族式经营模式，从企业家的经营进化到专业的经营者经营。其他的一些研究也指出，伴随着世代交替，华人企业的持续性发展遭遇瓶颈，显示出家族式经营的界限。但是相反的一些研究，却从华商的多元企业集团及韩国财阀企业的事例，指出在东亚地域，大型财阀企业伴随着企业的扩大和经营的多元化，其家族控制的力度却越来越强，因而中国式经营较近代经营更具有

---

① 廖赤阳：《日本中华总商会——以"新华侨"为主体的跨国华人经济社团》，《华侨华人历史研究》2012年第4期。

强韧性。

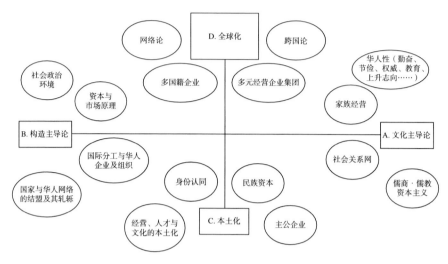

图 2　华商研究的坐标

　　这种文化主导论涉及的范围十分广泛，与其说是企业本身的研究，不如说是更重视围绕着企业经营所形成的各种社会关系的研究。例如，被称为"五缘"关系的地缘（同乡）、血缘（宗族）、业缘（同业）、学缘（同窗）、神缘（宗教信仰）等研究也属于这一领域。同时，为了回应韦伯的新教资本主义而登场的儒教资本主义等研究也曾经引发轩然大波。相关的研究不仅没有局限于华商研究，而且涉及对东亚诸地域的经济成长的解释，并试图追寻支撑着这些发源于东亚的内在精神动力。这些研究，同时也都与某种"中国人论"或"华人性"（Chineseness）具有相关性，而更多的文化人类学的调查者为此提供了诸多的证据。例如，中国人如何勤奋、节俭、重视家庭、服从权威、严于律己、重视教育、有强烈的社会上升志向等。所有这些也可以归纳到文化主导论的范畴之内。

　　相对于 A 问题群的讨论，在相反的位置上展开的，是横轴左端的 B 问题群，这是来自构造主导论的考量。从这个角度看，与其重视文化或华人性等软件，不如更强调围绕着经营活动的社会、政治、经济、环境、制度等硬件。例如，这些研究认为，利润的追求始终是资本运动最基本的动力。只要是企业就必须遵循这一原理。企业在追求利益的道路上必须遵循市场原理。如果说华人企业与其他企业有所不同，那么不是因为他们是中国人或华人才如此，而是因为不同的族群商人群体所处的不同的社会经济与政治环境的不同，以及各自所处的国际分工体系中的位置的不同。

近年来，跨国的华人网络与主权民族国家之间的关系也受人瞩目。在基本原理上，二者有着本质上的区别，近代以来，二者间时有轧轹与冲突，其中不乏国家对于网络的排除、抑制与统制，也有二者相互接近、互利共生的战略或策略上的联盟。这些关系也可以视为构造主导论的一部分。

如果说图 2 横轴两端的 A、B 两大问题群的关系是华商世界空间上的内外关系，那么，纵轴上下两端的 C、D 两大问题群的关系就代表着时代转换的时序的前后关系。

首先看一下 C 问题群。二战以来，尤其是 20 世纪 50 年代以来，伴随着新中国的成立和华侨主要居留地东南亚的民族独立国家的建立，从华侨到华人的演变过程逐步开始。除日本以外，几乎所有的华侨都取得了所在国的国籍而成为所在国的国民。随之，华商也转变为所在国的民族资本。在这个过程中，经营、人才、企业文化等的本土化也在进行。而当所在国的政府试图对华商零售业或其他方面实施限制，或类似于土地之子等原住民优先政策时，华商强烈地主张自身是民族资本而非外资，以此来反对歧视性的政策。在本土化的过程中，一部分华商和有实力的政治家结盟，通过政商联合实现企业的发展。这类企业被称为"主公（Cukong）企业"。虽然，这种政商结合遭到了许多严厉的批判，但是，随着东亚、东南亚地域经济成长，逐渐被正面评价，甚至被视为本土化的优良模式。不过，随着1997 年亚洲金融危机的爆发，风向又为之一转，包括政商企业在内的裙带资本主义（Crony Capitalism）被视为导致危机的原因之一。

在 C 问题群的反方向上是 D 问题群，例如，即使是人才、经营、企业文化的本土化，其实也是华人企业全球化展开的一环，这也是多国籍和多元经营的企业集团（Conglomerate Companies）在开展跨国事业中必须解决的重要课题。而伴随着多元经营巨大企业集团的全球化展开，与家族经营中的资源分配相结合，本土化的道路方式等问题也被更多地加以讨论。当然，面对全球化的课题，近年使用的最多的分析框架，是网络论和跨国论，所有这些都提供了超越国民经济的视角。

二　福建华商与新华侨

所谓福建华商，是指福建出身的地域性商帮。至少在明清时代中国就形成了所谓的十大地域性商帮，福建帮也是其中之一。福建帮虽然不如晋商掌握了有清一代的金融命脉，也不如宁波商人发展至执民国经济界牛耳的江浙财阀。不过，福建帮长于航海，从16世纪以来就掌控了东南海上的贸易霸权。近代以来，随着向海外移民的浪潮，福建人也大量移居海外。已有研究表明，以东南亚为主的华侨移居地，华侨社会依各自的出生地结成帮群社会，在此基础上形成了所谓的"帮群政治"，而华侨经济也根据地域及商贸领域的分化而形成所谓的"帮群经济"。为数众多的华侨社团，既反映了中国社会的某种特质，也是中国社会在海外环境下的重建。

在日本，对于华人社团的研究从二战前就受到重视，并积累了深厚的研究成果。其主要目的，在于究明中国社会之特质，而衡量之基准，则是近代与西方。[1] 例如，仁井田陞认为，中世纪欧洲的基尔特伴随着产业革命和技术革新，以及市场的扩大被淘汰。与此相比，虽然中国的"五缘"是中世纪的遗物，却在近代生存下来并具有强韧性。这是中国的产业化和市场化的后进性所致，这也是革命必须克服的问题。而随着产业化和市场化的发展，这些中世纪的遗物必将被消灭。[2] 针对于此，根岸佶则重视变革的方面，充分重视商会具有行会所没有的对于国家内政与外交之参与等新的政治功能。[3] 内田直作更重视新的商会和以往的会馆与公所之间的相关性和连续性。1949年，内田直作完成了《日本华侨社会之研究》，对日本华侨组织的产生、发展及其宗旨与结构、类型做了详尽的分析。其研究对象既包括了公所、会馆等地缘与业缘组织，也包括了中华会馆或中华总商会等具有包容性的组织。[4] 内田直作指出，虽然从外观上看，商会是革新的法规之

---

[1]　这些调查研究在战后相继出版。主要成果参见仁井田陞《中国の社会とギルド》，岩波书店，1951；今堀诚二：《中国封建社会の機構－帰绥（呼和浩特）における社会集団の实態调查》，日本学术振兴会，1955。

[2]　仁井田陞：《中国の社会とギルド》，第13~43、231~239页。

[3]　根岸佶：《上海ギルド研究》，日本评论社，1951，第355~365页。

[4]　内田直作：《日本華僑社会の研究》，同文馆，1949。

产物，然而在事实上它是以往存在的惯例上的实际团体，商会只是其历史继承主体而已，而商会的组织及功能则是在帮别地缘团体及其市场分工的基础上所形成的。① 以上研究，虽然在持续还是断绝的看法上有若干不同的观点，但均是沿着时间顺序所展开的讨论，其共同点是以西方和近代作为参照。

相关研究在沉寂了一段时间后，于 20 世纪 80 年代后重新受到瞩目。这有两大原因。其一，随着中国的改革开放，地域的族谱编撰重新开始，宗祠的修缮与建设也大规模地进行，地域与宗族的结合也以迅猛的势头复活。而具体推进这一进程的是海外的华侨华人及其资金。而这种地域社会的族谱重编又带来了海外的投资与捐款，因而受到各地方政府的普遍欢迎。② 其二，同时期以来的华侨华人，不仅加强了与中国的联系，而且各类地缘与血缘团体建构起世界性的网络，并建立了世界性的同乡总会和宗亲总会。③相关研究，不像以往那样，是沿着时间顺序所展开的近代论的文脉，而是导入了网络论、跨国论等更加重视空间序列的文脉。

当相关研究的视角落到这一时期以来出国的所谓新移民身上时，社会学与文化人类学的研究显示出其活力。虽然这些研究更加重视家族与个人的体验，但是与此同时，也通过田野调查确认了社团是移民及其祖国之间半永久性联系的主要纽带这一事实。④

近年来有两本关于社团研究的重要著作。其一是《近 30 年来东亚华人社团的新变化》⑤，该书以血缘、地缘、业缘（尤其是商业团体）为中心，收录了印度尼西亚、泰国、马来西亚、缅甸、新加坡、菲律宾、日本、韩国等国家的传统及新移民社团，同时，也描绘了台湾、广西、晋江等地的地缘组织的全球化发展。其二是《欧洲华侨华人与当地社会关系：社会融

---

① 内田直作：《日本華僑社会の研究》，第 263 页。
② 陈支平：《五百年来福建的家族与社会》，扬智文化事业股份有限公司，2004；唐力行主编《国家、地方、民众的互动与社会变迁》，商务印书馆，2004。
③ 刘宏：《旧联系、新网络：海外华人社会社团的全球化及其意义》，《中国 - 东南亚学——理论建构·互动模式·个案分析》，中国社会科学出版社，2000，第 241 ~ 265 页。
④ 阿列汗德罗·波特斯、周敏：《国际移民的跨国主义实践与移民祖籍国的发展：美国墨西哥裔和华裔社团的比较》，《华人研究国际学报》2011 年第 1 期。
⑤ 庄国土、清水纯、潘宏立等：《近 30 年来东亚华人社团的新变化》，厦门大学出版社，2010。

合·经济发展·政治参与》①，该书以新移民为对象，对 21 世纪以来的英国、法国、荷兰、德国、意大利、西班牙、匈牙利、瑞典、奥地利、俄罗斯、美国等国家的华侨华人社会、经济、文化及参政的动态，以及华人社团及其网络的形成过程进行了分析讨论，尤其关注到高学历与高科技为特征的群体的动向。

上述 20 世纪 80 年代以来的新动向，正发生在"新移民"登场以来的时期。日本学者习惯上称这个群体为"新华侨"。所谓新移民有三个群体。最初，是指 20 世纪 50 年代从台湾移出的新移民。接下来，是指 20 世纪 60 年代以来，在东南亚发生的再移民。② 然后，就是改革开放以来，从中国大陆向海外移出的新移民。现在所谓的新移民主要是指这一群体。其人口规模十分庞大，据说达到了 1000 万人。③ 即达到了与 20 世纪前半期中国的海外移民高潮同等的规模。其移民地域，不是传统的东南亚，而是以欧美澳及日本等发达国家为中心而遍及世界各地。而其移民方式也不是传统的劳动移民，而是以留学生为主的多样化移民。再从教育水准上看，受过大学教育、拥有高新技术成为一个特征。这种大规模的移民人口、移居地域、移民结构的变化，当然也给华商的分布、资本、行业、市场、经营、文化等带来很大的影响。

三 福建华商的历史性展开

要把握包括新华侨在内的在日福建华商的动向，首先要回顾福建华商的历史发展过程，尤其是围绕着日本所形成的福建网络的历史发展过程。

从历史上看，有关日本的福建网络之展开可以分为以下四个时期。

第一，近代开港以前东亚商贸圈中的福建 – 长崎网络。

第二，近代开港以来的福建会馆与福建华商商贸网络。

第三，二战后的在日福建帮及其网络。

第四，改革开放以来的福建"新华侨"及其网络。

---

① 王晓萍、刘宏主编《欧洲华侨华人与当地社会关系：社会融合·经济发展·政治参与》，中山大学出版社，2011。

② 王赓武：《新移民：何以新？为何新？》，程希译，《华侨华人历史研究》2001 年第 4 期。

③ 王辉耀、苗绿：《海外华侨华人专业人士报告（2014）》，社会科学文献出版社，2014。

以下看一下福建华商第一个时期的基本特征。

虽然从日本的史料中，可以找到从 12 世纪初就有泉州商人频繁地前往九州一带的记录，[①] 但是近代以前福建华商进入日本的一个决定性时期，是长崎的唐船贸易时期。图 3 为长崎唐船绘卷中的一张。进入长崎港的是福州船，货物要在船上进行第一次关检。长崎奉行所的官员以及负责翻译和贸易事务的通事上船，经过检查后的货物被转卸到驳船小舟上，运往唐馆，从唐馆的水门上陆，在唐馆内进行交易。

图 3　唐船入港

资料来源：川原庆贺《唐館之卷》绘卷之一，长崎历史文化博物馆收藏。

17 世纪 20 年代，来长崎的华商，根据各自的出生地建立了唐寺。这就是兴福寺（宁波帮）、福济寺（闽南帮）、崇福寺（福州帮）这三座唐寺，也被称为唐三寺（见图 4）。三座唐寺中有两座是福建寺庙，可见福建商人在长崎贸易中的重要性。[②]

图 5 是将华商所从事的复杂的长崎贸易整理成的概念图。

如滨下武志所指出的，有 1 之朝贡贸易圈，作为广域的商贸与国际关系的共同空间秩序。而 2 之唐船，即中国戎克船活跃于此，编织出了亚洲区域内贸易的多边网络。而西方商人也加入其中。唐船同时也是一种经营组织，其原理是合股经营，船主和船员依资本和能力分工，获得相应的货物或仓

① "先来大宋国，泉州人李充也，……叁来贵朝"，《朝野群载》卷二十《异国》。

② 长崎市编《長崎市史·地誌編佛寺部　下》，长崎：重诚社，1923，第 151～502 页。

图 4　崇福寺

资料来源：笔者摄影。以下未注明出处之图版均为笔者提供。

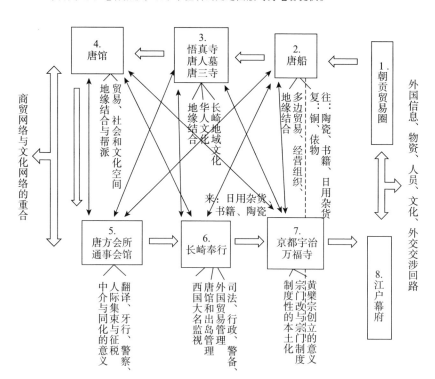

图 5　长崎贸易概念图

位。在唐船中也存在福建帮和宁波帮的结合。来到长崎的唐人如 3 唐寺所示，建立起佛寺并建设墓地。这既是华侨文化的载体，也是长崎文化的载体。而唐寺也被内田直作称为宗教基尔特，带有地缘组织和行业组织的性格。

进入 17 世纪后半叶，幕府修建了如 4 之唐馆（唐人屋敷），作为来航唐人的指定居留地。唐馆具有三重空间的意义，这里既是贸易空间，也是社会空间和文化空间。在从事贸易的同时，华侨文化也通过这一空间被传承，而福建帮的同乡组织也在此形成。

唐馆在日常生活上是与长崎社会完全隔离的。与主流社会的接触，主要是通过 5 之唐通事进行。唐通事既是翻译，也是贸易管理的中介人，同时也兼有类似于警察的监督管理权。他们是定居于当地，归化日本的唐人及其子孙。其中，福建人的地位最为重要。① 唐通事是在 6 之长崎奉行的管辖之下的。长崎作为"天领"的幕府直辖地，长崎奉行负责司法、行政、警备及外国贸易的管理，包括唐馆与出岛的贸易均由其统括，长崎奉行也负责监视西国的各大名。

隐元从长崎向上，抵达 7 之京都，进而北上进入江户谒见了将军德川家纲。在其支持下，隐元在京都宇治建立了规模宏大的黄檗山万福寺，成为此后日本一大宗派——黄檗宗的大本山。虽然黄檗宗处处保留了纯正的中国明禅风格，但是宗门制度本身表明了这一新兴宗派在制度上的日本化。此后长崎的唐寺虽然也被归入黄檗宗派，但是保留了独立性而更多地发挥了传承华人社会文化的功能。

从长崎登陆的终点在 8 之江户。整个过程就是联通日本与外国之间的信息、物资、人员、文化与外交交涉的回路，幕府通过上述渠道，可以在置身于朝贡体系之外的同时，维持与朝贡贸易圈的关系，收割贸易利益及获取各种所需的政治与文化资源。而华商也有效地利用这种回路，扩展商贸、传承文化，并将商贸与文化两张网络重合在一起。

将图5的1至8拉成一条直线，可以看到，从平户、岛原、五岛、天草等地开始，由水路经过长崎、博多等内外贸易港的中继，抵达大阪南部的堺市附近，从此登陆直抵京都，然后沿途眺望东海道五十三次的景致抵达

---

① 宫田安：《長崎唐通事論考》，長崎文献社，1979。

江户，直通幕府。由此形成了近世日本的外国贸易、情报、人员、文化、外交的一条中轴线。其一端是通过海洋连接起来的对亚洲乃至欧洲世界的外交和国际交流的回路，另一端则连接着华商的重叠在一起的商贸与文化网络。而近代以前的福建网络，正是在这样一种历史脉络中发展的。①

四 日本近代开港以来至二战后福建华商的发展与演变

安政开国后，1859 年，长崎、神户、函馆诸港向外国开放成为开港口岸。翌年，随着长崎入港的最后三艘唐船的归帆升起，持续近 300 年的唐船贸易终于落下了帷幕。② 但是，近代开港，同时也意味着面向亚洲尤其是面向中国的开港。开港初期，来到长崎的西方人，在惊叹长崎的港湾建设、产业发展、居留地建筑，以及各国领事馆飞扬的外国旗的同时，也敏锐地观察到华商令人惊诧的商业能力，并注意到对外贸易中的大部分是应邻近的中国市场的需求而扩大的。③

的确，唐馆的传统贸易已经终结，但是与此同时，新兴的华商以其敏锐的时代嗅觉，从中国的开港口岸迅速进入长崎。虽然，1871 年的日清修好条约缔结之前，他们是无条约国民，不过，他们却以西方商人附属的身份在长崎登陆，并且在广马场、新地等地建构了新的华侨聚居地。无论人数还是商号数，他们都凌驾于西方商人之上。④这些华商，依据近代以前就积累起来的丰富的商业经验，利用广泛的人际网络，从事海产、米谷、杂货等亚洲区域内的传统商品贸易，在东亚和东南亚各开港口岸间编织出庞大的通商贸易网络。例如，福建帮的领袖泰益号这家商号，只有不过 20 余人的店员，但是在日本、中国台湾、朝鲜等日元流通圈，以及中国沿岸至内陆、香港，以及新加坡在内的东南亚各口岸进行贸易，构筑起半径超过

---

① 廖赤阳：《长崎福建会馆与东亚商贸和文化网络建构：从"锁国"到"开港"的历史持续与嬗变》，《华人研究国际学报》2018 年第 1 期。
② 刘序枫：《近代日本华侨社会的形成——以开港前后（1850－60 年代）的长崎为中心》，载张启雄主编《东北亚侨社网络与近代中国》，海外华人研究学会，2002，第 35 ~ 69 页。
③ 菱谷武平：《长崎外国人居留地の研究》，九州大学出版会，1988，第 1 ~ 43 页。
④ 菱谷武平：《长崎外国人居留地の研究》，第 275 ~ 312、725 ~ 805 页。关于同时期的外国人居留地の人口变动参见《幕末・明治期における长崎居留地外国人名簿 1 ~ 3》，长崎县立长崎图书馆，2002。

6000公里的贸易商圈。

这些在日本开港以后新来的华商，与唐船贸易时期进出日本的华商同样主要是来自广东、福建和三江（江苏、浙江、江西等地）地方的商人。其中，福建会馆（见图6）于1869年正式向日本明治新政府提出团体注册登记，提到"凡闽帮旧规尽行注销，有事即通知会所总理，照公议新章办理"。可见，在此之前的唐馆中，实际上就已经存在有组织的福建帮，并且有正式的帮规存在。① 所以，19世纪60~70年代长崎华侨会馆公所的成立，不过是在唐馆废除以及新的华商大举进入的新形势下，应明治政府的新政策而出现的华侨社会在历史延续的基础上的重编。新成立的福建会馆也称为"八闽会馆"，是代表福建全域的地缘团体。但其同时也是一个业缘团体，实质上是福建华商的组织。福建商人进一步从长崎向北移动，沿神户、大阪、横滨、东京，抵达函馆，在这些主要开港口岸建基立业（见图7、图8）。

图6　长崎福建会馆

以从事国际贸易为主的闽南帮占据了日本开港口岸，以东亚及东南亚

---

① 泰昌号黄信候等7家闽商商联署《八閩会所唐商等为遵立聯保给牌議举頭领统摄帮事》，《從明治元年至同二年 外務課事務簿支那人往復》所收。

图 7　神户福建商业会议公所

图 8　函馆中华会馆

的开港口岸为中心继续从事亚洲区域内的传统贸易，此外，也对纺织业及瓦斯等日本近代产业进行投资，同时，他们也垄断了日本火柴的对华输出。而稍后到来的闽北尤其是福清地方的华商，则深入开港口岸的腹地进行贸易，他们主要是从事吴服贸易的行商，并将其网络扩展到日本全国各地。

接下来，对第三个时期的状况作一鸟瞰。

二战后福建帮在日本的主要社团是福建同乡会。该同乡会在日本各地都有组织，并形成了日本全国性的网络。其成员为前述的从事吴服行商的闽北系统的福清人。相对于此，闽南系的组织，主要有神户的福建会馆，其前身是福建商业会议公所，其成员主要是在东南亚从事国际贸易的商人。

从 1960 年起至今，福建同乡会每年都在日本举行全国性的恳亲大会。日本全国的 47 个都道府县轮流成为其举办地。此外，恳亲会也在福州和北京等中国城市举办。一般而言，血缘结合被认为是比较强的纽带，与之相比，地缘结合是比较弱的纽带。但是，福建同乡会的活动从不间断地持续了 70 年，而且近年由新华侨接班，显示了这是一种强纽带。其原因在于这个网络是地缘、血缘和业缘的三重结合。[①]就地缘关系而言，因为福建同乡会的成员来自福建的一个特定地域，即福清，这是一种"小同乡"关系。而这种小同乡关系又因为从事吴服行商这一行业而进一步密切。在地缘和业缘的双重结合上，还加上了血缘纽带。这是围绕着婚姻关系而形成的姻戚纽带。同乡的集会往往也是子女的相亲场合。当家长们定期举行"标会"时，未成年的子女就在旁边玩耍，子女成年后结为夫妻，或相互间继续介绍子女结婚。这使这一同乡网络的跨世代传承成为可能。[②]

滨下武志指出，中国社会的地域间资金移动是通过"票号"进行的，而地域内的资金集聚的一个渠道则是标会。在日本，二战后的福建华侨很难从银行等正规金融机构获取贷款，在这种情形下，类似标会这样的活动就成为华侨从事经营活动时获取资金的重要手段。与此同时，二战后的福建华侨凝聚力的一个重要支撑点是爱国爱乡精神。福建同乡会始终十分强调

---

① 王维、廖赤阳：《在日福清移民的社会组织及其网络——以福建同乡会的活动为焦点》，载刘宏主编《海洋亚洲与华人世界之互动》，华裔馆，2007，第 225~238 页。

② 引自对东京华侨总会原会长江洋龙的访谈。

其爱国精神，但是这一爱国精神实际上是建立在同乡意识的基础上的。[①]

五 新华侨时期日本华侨社会的变化

20 世纪 80 年代以来，随着大批新华侨的到来，福建华商在日本的网络迎来了第四个时期的发展。要观察这一时期以来福建华商的新动向，首先要对这一时期日本华侨社会的整体变化做一了解。具体表现在以下几方面。

（一）人口规模的急剧扩大

如图 9 所示，日本的华侨人口在中国改革开放之前，长期维持在 4 万~5 万人的规模，但是在 20 世纪 80 年代以后急剧增加。增加率最高的年度达 36%。截至 2019 年，中国籍的在日中国人总数达 80 万人。而《旧金山和约》签订后，日本于 1952 年开始统计在日外国人数，从该项统计开始以来到 2019 年为止，取得日本国籍的华人共有 15 万人。因此，包括华人在内的在日中国人人数达 95 万人。由于其中并未包括取得日本国籍者的子女在内，也不包括二战前加入日本国籍的华人在内，所以，广义的在日中国人人数已经超过 100 万人。这种人口的急剧扩大为日本华侨社会带来巨大变化。

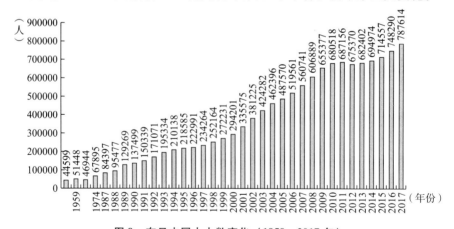

图 9 在日中国人人数变化（1959 ~ 2017 年）

资料来源：根据日本入国管理局各年度在留外国人统计制成。

---

① 张玉玲：《在日华侨同乡意识的演变：以福清籍华侨的同乡网络为例》，《华人研究国际学报》2014 年第 2 期。

（二）职业结构的变化

如图 10 所示，在职业结构的变化中，观察一下商人群体的动向。就经营管理者或投资经营者的数量来看，2018 年接近 14000 人，而中国改革开放之前仅有 100～200 人的规模。这一统计仅限于在日本的入国管理法上，持经营和投资签证的人数，实际上在日本从事投资和经营活动的中国人数远远超过于此。要取得此项签证者，必须在纳税额及雇佣日本职员人数及其工资待遇等方面达到日本政府所规定的高标准，而当他们取得日本的永久居留权或取得日本国籍后，就从该项统计中消失了。

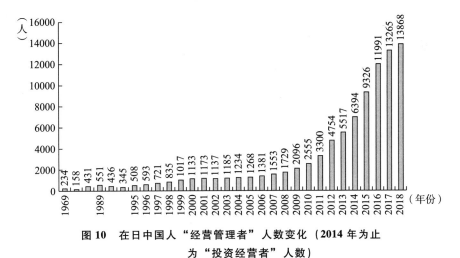

图 10　在日中国人"经营管理者"人数变化（2014 年为止为"投资经营者"人数）

资料来源：根据日本入国管理局各年度在留外国人统计制成。

图 11 中的 1974 年数据代表了老华侨的职业构成，而 2000 年的数据则显示了新华桥的职业构成。从职业的变化上看，老华侨的职业中最多的是服务行业。二战前的日本华侨职业被称为"三把刀"，即菜刀（餐饮业）、剃刀（理发业）和剪刀（裁缝业）。二战后"剃刀"与"剪刀"消失，中华餐饮业一枝独秀。与此相比，新华侨来到日本后，2000 年的数据中，从事科学技术职业的有近万人，教员有近 2000 人。这只是持教员签证者的人数，不包括持永久居留权或其他在留资格的教师。新华侨这一群体所具有的高科技和高学历的特征由此可见一斑。

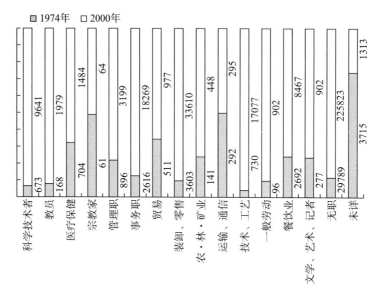

图 11　在日中国人职业构成的变化（1974、2000 年）

资料来源：根据日本入国管理局在留外国人统计制成。

（三）华侨经济结构的变化

如图 12 所示，从日本中华总商会会员的经营领域来看，日本华侨经营

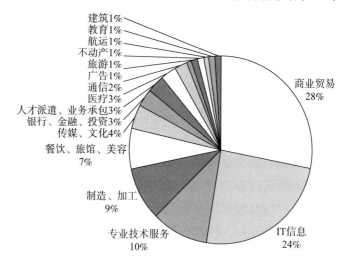

图 12　日本中华总商会加盟企业业种分布

资料来源：笔者根据日本中华总商会提供的资料制成。参考了日本职业分类标准，并根据日本中华总商会会员的实际情形，笔者进行了分类整理。

占比排名第一位的是商业贸易，占 28%。第二位是 IT 信息产业，占 24%。第三位是专业技术服务，占 10%，该行业与 IT 信息产业密切相关。二者的比重加起来超过了商业贸易。第四位是制造加工业，占 9%。第五位是餐饮、旅馆与美容业。可见传统餐饮业的地位明显下降。此外，日本华侨的产业还涉及医疗、通信、广告、不动产、教育等领域，可见日本华侨企业以商业贸易和 IT 信息为两大支柱并呈现多样化。

（四）日本华侨社会的组织化

二战中，日本的各华侨团体被强迫解散，根据一地方一团体的命令，被强制性地编入一个团体之中。二战后，各侨团重新恢复活动，并重建新的组织，由此形成了华侨总会这样的代表性社团。此后，一地一个华侨总会的体制长期持续，但是，这些华侨总会基本上不接纳新华侨。

自 20 世纪 90 年代中期起，新华侨纷纷建立组织，由此进入一个团体林立的时期。2000 年以后，新华侨的组织也逐渐有序化，2003 年，日本新华侨华人会（以下简称"新侨会"）成立，10 年后，更名为全日本华侨华人联合会（简称"全华联"），2019 年又更名为全日本华侨华人社团联合会，是代表日本华侨华人的最大的联合团体。

新侨会的成立，意味着一个阶段的新华侨组织整合及其网络的制度化的完成。新侨会的成立，是由当时的八大侨团共同发起的。八大侨团是日本中华总商会、日本华人教授会、在日中国科学技术者联盟、在日中国人律师联合会、全日本中国人博士协会、留日同学总会六个业缘和学缘组织，加上西日本新华侨华人联合会和北海道新华侨华人联合会这两个地域性团体。[①]

其中，日本中华总商会成立于 1999 年，一开始，是新华侨、老华侨和中资企业共同加入的团体，翌年，中资企业另组在日中国企业协会，而创立之初的老华侨企业也随着世代交替而逐渐脱离，日本中华总商会成为以新华侨企业为主的团体。日本中华总商会的理念，以"商会"、"中华"和"日本"为三个关键词。其中，"商会"代表着在商言商的行业特征，"中华"意味着与中国及世界华人的交流与合作，而"日本"则表示与日本经济界的

---

① 杨文凯：《日本新华侨华人会——新移民社团的整合与日本华侨华人社会的前瞻》，载廖赤阳主编《跨越疆界：留学生与新华侨》，社会科学文献出版社，2015，第 205～219 页。

交流以及与日本社会的融合。而该团体在其活动中，始终强调其是一个日本的经济团体，到 2000 年为止，更吸收了 60 多家日本企业加盟其中。①

六　新华侨时代的福建帮组织及其网络

新华侨的福建帮团体，代表福建全域的组织有日本福建经济文化促进会，代表闽南地域的组织有日本泉州商会，代表闽北地域的有日本福州十邑社团联合总会。而文化团体有日本黄檗文化促进会。以下将以日本福建经济文化促进会为中心，就福建帮社团及其网络的发展做一观察。②

（一）日本福建经济文化促进会

日本福建经济文化促进会（以下简称"福建会"）是福建新华侨的代表性组织，成立于 2011 年。在历史上，日本华侨社会最先成立的是同乡团体，在此基础上成立中华总商会这样的行业团体，然后再形成中华会馆这样的包容性组织。不过，新华侨团体，却是专业组织先成立，在此基础上形成新侨会这样的包容性组织，而同乡会的普遍成立则在此之后。

福建会成立的直接契机，是为了改善和提升福建人在日本的形象。20世纪 90 年代，福建人的偷渡、犯罪、非正规滞留以及地下金融等负面消息不时登上日本主流媒体的版面，而真正在日本努力拼搏奋斗且事业有成的福建人却完全不为主流社会所认知。为了改变这种负面印象，在日福建出身的大学教授、学者、企业家及传媒人士共同发起组织了福建会。创会会长为东京理科大学教授，同时也是新侨会会长的陈玳珩。以后的三任会长，均为企业家。成立仅三年，福建会就发展成为日本最大的华侨同乡团体。现在，该会拥有横滨、千叶与关西三个分会。

福建会成立的宗旨，是"团结八闽同胞、回馈日本社会、报效祖国建设、建构世界网络"。即意识到福建同乡、日本社会、中国社会、世界华人这四重网络的联系。下文将根据这个宗旨的四个要点分述福建会的活动。

---

① 廖赤阳：《日本中华总商会——以"新华侨"为主体的跨国华人经济社团》，《华侨华人历史研究》2012 年第 4 期。
② 笔者曾经是日本几个主要侨团的发起人和主要负责人，也是好几个侨团的章程起草人，所以本文中有关新华侨组织的叙述，凡注不及者，均来自笔者的实际经验记忆。

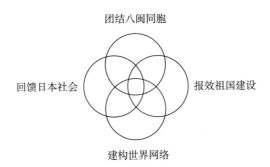

图 13 日本福建经济文化促进会成立时的宗旨

1. 对日本社会的回馈

福建会成立于 2011 年"3·11"日本地震之后。同年 7 月，福建会邀请中日著名歌手、演员，在东京纪尾井音乐厅举办大型募捐义演音乐会（见图 14）。除捐款以外，福建会也组织慰问团深入受灾地区，带去大批救援物资，并为灾民分发热气腾腾的中国饭菜。

同样的活动，在熊本大地震以及日本各地暴雨灾害时，均持续地进行。福建会成立初期的另外一项重要活动，是促进中日双方的人才交流。中国企业缺少富有经验的管理者和熟练技工，而日本企业中具有丰富经验的管理者和具有精湛技术的职员退休后，其经验和技术却无用武之地。为此，福建会和福建省政府合作，在日本举办了人才交流招募座谈会，为中国企业和日本人才的交流搭桥牵线（见图 15）。

图 14 在东京纪尾井音乐厅举办大型募捐义演音乐会

图 15　日本－福建人才交流会

2. 与故乡福建省的关系

2011 年 6 月，刚成立的福建会，就接待了福建省副省长率领的福建省招商团的访日活动。在东京和大阪两地举办了两场招商洽谈会，参会的日本企业均为福建会会员企业平日里的合作伙伴。在短短两周时间里，就签约了金额超过 7.5 亿美元的合作项目（见图 16）。福建会也组团赴福建访问考察，并与厦门福清商会建立了密切联系的渠道（见图 17）。此外，福建省各级政府官员的访日接待等，主要由福建会负责。

图 16　中国（福建）—日本贸易洽谈会大阪会场

3. 华人网络建构

福建会的会刊《闽声》杂志，是与福建日报社合作，在中国国内公开

图 17　与厦门福清商会的交流恳谈会

发行的杂志。该杂志的理事会成员，由以下国家和地区的华人社团组成：美国福建同乡会、丹麦中华工商联合会、欧洲华侨华人联合会、英国中华总商会、英国福建总商会、英国福建同乡会、阿根廷中华工商联合会、英国宁德商会、南非福建同乡会、缅甸华商商会、新西兰福建同乡会、世界福清社团联谊会（雅加达）、中国海外交流协会、马达加斯加华商总商会、捷克福建商会、中国－澳大利亚企业家联合会、新西兰福建商会、威尔士福建商会、匈牙利福建工商联合会、西班牙·巴塞罗那福建工商会、香港绿基金会、美国福建公所、巴西闽台总商会、加拿大福建商会。

　　上述地区，主要是改革开放后福建新移民的移居地区。其中，包括欧洲、美洲、大洋洲、南非等地，但是福建人数最多、社团最发达的传统移民地东南亚却基本上不包括在内。唯一的例外，是雅加达的世界福清社团联谊会。这是因为福建会的成员大多数是福清人。因此，福建会的网络主要是新移民网络。不过，当中国香港、泰国等地的传统福建社团举行纪念大会时，福建会也会积极组织会员参加，所以，所谓新老移民的网络并不是截然分开的。

　　而中国，尤其是福建省，也为华人网络的结合提供了平台。上述《闽声》杂志理事会成员，主要是通过福建省的海外交流协会的活动而相互认识的。世界华商大会也是另一种这样的平台。2019 年 10 月，第 15 届世界华商大会在伦敦召开。同年 3 月中旬，大会组织委员会也向福建会发出了邀请，由福建会组团参加。

4. 福建同乡的互助与亲睦活动

同乡内部的互助与亲睦也是福建会活动的重要一环。这些活动包括带家属一起参加的活动、青少年活动，以及组织华侨子女归国参加夏令营等。当有福建人遭遇事故死亡时，福建会协助死者家属办理来日签证，并提供在日生活的帮助。以上这些活动是一般同乡会所具有的功能。但是，从福建会的成员来看，它并不是广泛接纳福建同乡参加的同乡会，而几乎仅限于企业经营者参加。这一点颇类似于日本近代开港以来的福建会馆。而现在，在全华联的会员团体分类中，福建会也并非同乡会，而是被归入商会组织之中。

图 18　在访问福建途中赴会员企业考察（该企业已于东京证券一部上市）

（二）闽南帮和闽北帮的组织及其他团体

闽南帮的组织是日本泉州商会。该会成立于 2018 年 9 月，也是世界泉州青年联谊会日本分会。会长王秀德也担任福建会的常务副会长。他所经营的清源会社，主要以日本的标准在中国从事现代农业，并将这些农产品和食品输入日本。

福州帮的组织是日本福州十邑社团联合总会。福建会的第二任会长陈熹担任该会名誉会长。世界福州十邑同乡总会于 1990 年成立于新加坡，是世界性的闽北帮组织。

除上述几个具有代表性的同乡团体之外，还有文化团体日本黄檗文化促进会，其负责人是陈熹和林文清。该团体的宗旨是宣传和普及黄檗文化。此外，厦门大学、福州大学、华侨大学三所大学的校友会，也构成福建网络的重要一环。在以上这些相对制度化的组织之外，还有诸如"八闽丝路"等为数众多的微信群，作为非正式的组织，微信群发挥了将福建网络连接起来的功能。

七 作为网络中心的中国之作用的扩大

20 世纪 80~90 年代，世界华人网络的中心在新加坡，此后逐渐向中国转移，而福建省也逐渐成为福建华侨华人世界网络的中心。从世界性大会的举办地来看，世界福建恳亲大会、闽商大会、世界福建青年联合会等各种类型的大会频繁地在福州和厦门两地召开。与此同时，招商引资活动也从改革开放以来持续进行。2016 年揭牌的侨梦苑，包括了福州经济开发区（国家级）、福州高新技术产业开发区（国家级）、江阴工业集中区（省级）、闽台（福州）蓝色经济产业园、福州临空经济区五个开发区，涉及物流网络、电子商业、产业金融、IT 信息、集装箱运输、临空中心经济、深水港建设、海洋产业、生态产业等广泛的产业领域。这些开发区的目的不限于投资招商，还将 IT 信息等高科技发展、海峡西岸经济区、闽台经济合作纳入视野。

中国的相关政策已经从"招商引资"转向"招商引智"，即比起海外华人资本的引进，更重视人才、技术与经验的引进。例如，2005 年中国国务院侨办召开了第一届海外华侨华人专业协会会长联席会议，此后该会议持续召开了 8 届，为海外华人之间及其与中国之间的技术与人才交流提供了一个窗口和平台。

中国的各级政府部门，不仅为华侨华人的人才、技术和经验的交流与整合提供平台，而且也帮助华侨华人社团的整合。例如，在日本的浙江各侨团，按以下的标准进行了侨团"规范化"。即侨团按省市县各级进行整合，每一个行政区划原则上只承认两个团体，即同乡会和商会。按这个标准，在日本的浙江省级侨团，仅有日本浙江总商会一家。地级市侨团，除了嘉兴有两家侨团外，杭州、宁波、温州、绍兴、湖州、衢州、台州、丽水各市都只有一个团体。县级市中，诸暨、江山、桐乡三市各有一个团体。上述诸侨团联合在一起，形成了日本浙江侨团联合会这一包容性组织（见图 19）。上述侨团规范化模式并非日本的个案，而是根据浙江省政府政策的有关精神，适用于世界各国的浙江侨团。在侨团规范化方面，显然各个地方的政策有所不同，例如，福建省的侨团规范化主要包括以下三个方面：第一，当地正式注册的社团；第二，使馆承认的社团；第三，非营利的社团。①

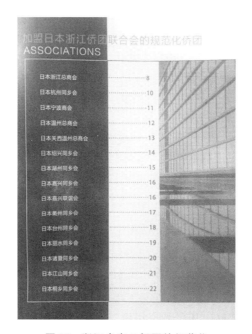

加盟日本浙江侨团联合会的规范化侨团
ASSOCIATIONS

日本浙江总商会	8
日本杭州同乡会	10
日本宁波商会	11
日本温州总商会	12
日本关西温州总商会	13
日本绍兴同乡会	14
日本湖州同乡会	15
日本嘉兴同乡会	16
日本嘉兴联谊会	16
日本衢州同乡会	17
日本台州同乡会	18
日本丽水同乡会	19
日本诸暨同乡会	20
日本江山同乡会	21
日本桐乡同乡会	22

图 19　浙江省在日侨团的规范化

资料来源：日本浙江总商会。

这一方针出台，与中国国内涉侨资源分配的合理性、公平性和效率性有关。因为，在海外侨团林立的状态下，一人或数人就可以扛起一个侨团大旗，然后以侨领身份归国要求接待和政策待遇，对相关部门造成很大负

---

① 根据对福建省侨联经科部部长陈晓的访谈。

担，而侨团整合可以避免这些弊端。所以，侨团规范化是从日常的侨务实践中总结出来的经验。但是，从 2000 年以来的一系列变化来看，这也反映了在海外华人网络形成过程中，中国的主导性在增强。在某种意义上，改革开放以来，中国在华人网络形成中所扮演的角色，从招揽入场，到会场入座的引领员，到司会直至会议主席，在不断变化的同时发挥着历史上所形成的复数功能。而中国和平发展所带来的这些变化，当然也对福建帮的组织及其网络产生了重要影响。

结语　后新华侨时代的福建华商及其网络

通过以上叙述可知，与日本相关的福建帮网络的发展，经历了四个历史时期：唐船贸易时期；日本近代开港以后；第二次世界大战以后；中国改革开放以后。在每一个时期中，福建人都以敏锐的时代嗅觉和高度的行动力，抓住时代的契机所带来的历史机遇，创造出了多元和多边的网络。与此同时，这种福建网络也具有明显的时代连续性。唐船贸易时期，通过海上贸易建构起日本和中国、朝鲜半岛至东南亚诸地的商贸、文化与人员交流的重要途径。日本近代开港以后，这一华商网络仍持续存在，在从事亚洲区域内传统贸易的同时，又利用新的条约口岸制度将自身的商贸网和移民网扩大到日本各地，并构成日本开港时所面临的来自亚洲的冲击的一环。

第二次世界大战以后，日本华侨没有像东南亚地区的华侨那样，选择加入所在国的国籍，从华侨转变成华人，而是长期保持了作为在日中国人社会的基本特征。不过，同一时期福建华侨的爱国意识建立在同乡意识的基础之上。而这一同乡纽带，因为地缘（福清）、业缘（行商）、血缘（姻戚）的三重结合而成为强纽带。

中国改革开放后，随着大批中国新移民的到来，日本华侨社会的人口规模、职业结构等都发生了重大且急剧的变化。日本华侨社团也随之变化，由以老华侨为中心的社会，演变为以新华侨为中心的社会。2000 年以后，随着日本华侨社会的整合，福建新华侨的组织相继诞生，不仅为日本与福建省之间的商贸、投资、文化与人员交流提供了平台，而且与欧洲、美洲、非洲、大洋洲等福建新华侨的移居地之间建立起广泛的网络。

2013 年，日本新华侨华人联合会正式改名为全日本华侨华人联合会，这意味着新华侨的时代在制度上的终结。此后的日本华侨社会进入了"后新华侨"时代。带来急剧变化的新华侨已经成为日本华侨社会的主流，成为一种相对稳定的新常态。虽然新华侨自然消失了，不过，新华侨一代所带来的变化及其影响将长期存在，不仅对华侨社会与中国的关系产生影响，也将对中日间的经济、文化交流提供重要的纽带，为中日间尤其是地区间的网络形成及其发展提供多样化的资源与机会。

对后新华侨时代的日本华侨与福建帮的网络起着重要影响作用的是中国因素。中国的和平发展，为包括日本在内的世界华人提供了诸多的资源与机会，与此同时，中国也通过建构多样化的平台与渠道，充分发挥华人网络的作用，在加深与华人网络互动的同时，发挥着越来越多的能动的主导性作用。

The Historical Evolution of Fujian Merchants in Japan: Recent Developments in the Transnational Network

Liao Chiyang

Abstract　This study examines the organization of Fujian merchants in Japan as well as the recent trends in how their network developed historically. The "Chinese merchants" analytical device is richly mobile, expansive, diverse, and border-transcendent. The Japanese Fujian gang network underwent considerable change during four historical periods, while also maintaining historical durability. In particular, from the end of the twentieth century through the twenty-first century, many new immigrants arrived, which led to major changes in the economic size and social organization of the Fujian merchants. They built a transnational network and developed a closer connection with China. China simultaneously made full use of various platforms and routes to deepen its interactions with Chinese networks and take a leading role.

Keywords: Chinese in Japan; Chinese Merchant; Fujian Gang; Overseas Chinese Network; Post-New Chinese Immigrants

华文教育

战后菲律宾政局与华文教育（1945—1975）

任 弘[*]

摘 要 本文将时间设定在 1945～1975 年的 30 年，以二战结束为起点，菲律宾实现"全面菲化"并与中华人民共和国建交为终点。菲律宾先后经历西班牙和美国的殖民统治以及日本的短暂占领，独立前由于美西交战、闽南政局不稳、日军迫害等原因，菲律宾华侨人口数量起起落落。菲律宾独立后，虽采取严厉的移民政策，但华人人口仍有所增加，同时，华人开始融入当地，华侨社会由移民社会向公民社会转变。起初，西班牙为了便于统治，限定华侨聚居地，使菲律宾出现了华侨社会，后来，由于侨团、侨报、侨校相继建立，加上母国领事的保护，华侨社会不断趋于成熟。菲律宾的第一所侨校由清政府的领馆与侨社共办，而后为了推动华侨教育，成立了华侨教育会，主动协助各地侨社兴办学校。华侨教育会能发挥如此重要的作用，关键就在于它统筹了华侨社会的"教育附加捐"，这是第二次世界大战前菲律宾华侨学校经费重要来源之一。

关键词 侨民教育 华侨学校 菲律宾华人 华侨社会

一 引言

菲律宾是二战后东南亚最早独立的国家，先后经历了西班牙和美国的殖民统治以及日本的短暂占领，国家的政治状况与本国人的生活息息相关。本文在讨论菲律宾处理华侨政策和侨校时，目光触及菲律宾的政治发展、国际环境的变化、外交政策的转变等因素，这一系列政治状况的改变对菲律宾的华侨政策、华侨社会的形成、华人数量波动、华菲混血儿团体的出

---

[*] 任弘，华侨大学特聘教授，世界华语文教育学会理事长，研究方向为华文教育。

现以及华文教育的兴起与发展都有重要的影响。但菲律宾的华文教育并不单单依靠宽松的政治环境就能自然形成并发展进步，菲律宾的华文教育还得益于母国的扶持、侨商的资助、华侨社会的大力支持以及华人重视教育的传统，在这些有利因素的共同作用下，加上华侨教育会的有序统筹，华文教育才得以在菲律宾写下浓墨重彩的一笔。

二 菲律宾的华侨华人

（一）殖民统治下的菲律宾

菲律宾先后经历西班牙和美国的殖民统治以及太平洋战争后日本的短暂占领。华人移民在菲律宾相对单纯，闽南人占大多数。

西班牙殖民菲律宾达300多年。统治模式与荷兰在印尼类似，专制又粗暴，视菲律宾土著为奴隶，不予以教化，留下的最大文化是天主教。

西班牙殖民统治菲律宾时期，欧洲人经由印度洋直通亚洲的贸易商路被葡萄牙控制，所以西班牙人是从美洲跨太平洋的航路来到菲律宾的，和其他欧洲国家一样最初来到东方主要是寻找香料，但西班牙人后来主要的贸易对象是中国。西班牙人开辟的这条太平洋海上丝路，将中国漳州、澳门，菲律宾的马尼拉，墨西哥的阿卡普尔科（Acapulco）连接起来，史称"大帆船贸易"（The Manila Galleon，1565－1815），西班牙人招募了中国技艺精湛的工匠在菲律宾建造了大帆船，载重约400吨。这种多桅杆的大帆船把亚洲地区的商品，尤其是中国的丝绸，以及菲律宾的特产如木雕、珍珠、织绣，日本的纸灯、和服等，从马尼拉输送至墨西哥的阿卡普尔科港，再输送至墨西哥各城镇，一些产品输送至西属美洲部分殖民区域以及西班牙当地。

西班牙对菲律宾的征服是以墨西哥为基地，他们把在墨西哥的殖民制度移植到菲律宾：一是在政治上推行封建专制主义的统治模式，自上而下地建立一整套的殖民行政机构；二是将封建的赐封制度引进菲律宾，实行殖民掠夺与封建剥削二位一体的政策，同时推行重商主义，建立对外贸易的国家垄断机制；三是实行政教合一，天主教会成为西属菲律宾殖民地不可或缺的统治支柱。①

19 世纪中叶，西方人打开了中国的大门，到了 19 世纪末，被殖民的国家民族主义滋长，菲律宾也从 1896 年起，展开了与西班牙争取独立的战争。正当菲律宾人民同西班牙殖民者进行艰苦战争之际，1898 年美国发动了对西班牙的美西战争（起因为美国想要夺取古巴和波多黎各）。美国为了牵制西班牙在亚洲的军队，也参加了在菲律宾对西班牙的独立战争。1898 年 5 月 2 日，美国海军在马尼拉湾歼灭西班牙舰队。不久，独立领袖阿奎纳多（Emilio Aguinaldo，1869—1964）乘美国军舰返回菲律宾。阿奎纳多回国后，立即号召菲律宾军队向西班牙殖民军发起进攻。至 1898 年 5 月底，菲军攻占了甲米地（Cavite，菲律宾吕宋岛南部港市，在马尼拉湾东南端，距马尼拉市 16 公里）全省，全歼西军 2800 人，俘获西军司令培尼亚将军。6 月 12 日（即今菲律宾国庆日）阿奎纳多在甲米地发表独立宣言，宣布菲律宾独立，成立了中央政府。到 1898 年 8 月，除马尼拉和南部某些地区外，菲军几乎解放了全部领土。

1898 年 9 月 15 日，菲议会在马拉洛斯（Malolos，位于中吕宋，距马尼拉市 45 公里）举行，制定了宪法。11 月 29 日，菲律宾通过了宪法。1899 年 1 月 23 日，菲律宾共和国宣告成立，阿奎纳多任总统，革命伙伴马比尼（Apolinario Mabini，1864—1903 年，宪法起草者）任内阁主席。菲律宾共和国的成立，终结了西班牙在菲律宾 300 多年的殖民统治。菲律宾的短暂独立使其成为亚洲第一个共和国。

然而这时，美国私下同西班牙菲律宾总督达成秘密协定，西班牙把马尼拉"转让"给美国，美军开始阻挠菲军收复马尼拉，海军陆战队在马尼拉登陆。美国以优势军力压制了刚刚宣布独立的菲律宾共和国军队，抢占了菲律宾群岛。经由 1898 年 12 月美国与西班牙签署《巴黎条约》，确定了美国在菲律宾的殖民统治地位。

由于菲律宾人民和政府的抗拒，美国于 1899 年 2 月 4 日突然袭击马尼拉，美菲战争爆发。在美国加强诱降之下，菲律宾革命政府内部又发生主战和主降两派对立的局面。阿奎纳多在关键时刻站在投降派一边。5 月 7

---

① 郭书婷：《西班牙与美国对菲律宾殖民统治的比较研究》，硕士学位论文，云南大学，2018，第 11 页。

日，他支持主降派篡夺了内阁主席和外交部部长职务，主战派的领袖则遭
到排挤或杀害。11 月，在美军不断增援下，革命军被迫转入游击战，阿奎
纳多则逃往巴兰南镇。1901 年 3 月，革命军将领多人被俘投降之后，阿奎
纳多也在巴兰南镇被美军俘获，4 月 1 日宣誓效忠美国。短命的菲律宾共和
国被扼杀。

1902 年美国菲律宾总督小阿瑟·麦克阿瑟（Arthur MacArthur Jr.，1845—
1912，Douglas MacArthur 之父）宣布美菲战争结束，但菲律宾的外岛仍有零
星的反抗，1903 ~ 1908 年有 50 多次武装起义，反美组织有近 400 个，直到
1906 年才全部平息。美国从 1898 年至 1946 年殖民统治菲律宾 48 年。其中
1942 年至 1945 年 8 月为日本占领时期。

美国对菲律宾的殖民统治可以划分成四个时期：第一时期，军政时期；
第二时期，殖民统治制度创建时期；第三时期，为菲律宾自治（Self-Gover-
ning Colony）时期；第四时期，为菲律宾自治领（Dominion）时期。[①]

美国的殖民统治比西班牙文明得多，新英格兰地区的基督教会号召大
批青年志愿者到菲律宾从事教育工作，即著名的"Thomasites"，将菲律宾
改造为一个美式教育体系的英语国家。[②] 殖民后期，根据 1934 年 3 月 24 日
颁布的《泰丁斯 - 麦克杜菲法案》（Tydings-McDuffie Act）给予菲律宾"自
治"（从 1935 年起），承诺自治政府建立十年后独立。[③] 在自治期间，菲律
宾民族主义（nationalization，亦作"菲化"）开始迅速滋长，他们无力撼动
支配菲律宾经济命脉的英国、美国、西班牙资本的势力，遂将矛头指向无
力保护自己的华侨。自治时期层出不穷的菲化法案和措施，就是在这样的
背景下出现的。

---

① 殖民地自治（Self-Governing Colony）和自治领（Dominion），都是大英帝国殖民地制度下特殊
的国家体制，自治领是殖民地迈向独立的最后一步，除内政自治外，自治领还有自己的贸易
政策，有限的自主外交政策，也有自己的军队。美国处理菲律宾地位问题，学了英国的做法。
② 美国新英格兰地区知名大学，如哈佛大学、耶鲁大学、康奈尔大学等校的毕业生经由基督
教会的号召到菲律宾担任志愿教师，1901 年 8 月 21 日，第一批志愿者搭乘美军"托马斯
号"（Thomas）抵达马尼拉，后来陆续共有近 600 名志愿者来菲，他们被称为"托马斯号
上的人"（Thomasites），在托马斯号抵达之前和之后，还有不少美国教师来菲，他们也一
并被称为 Thomasites，于是 Thomasites 这个词就成了当年美国旅菲志愿教师的别名。这也是
20 世纪 60 年代肯尼迪总统推动和平队（The Peace Corps）的最早渊源。
③ 1934 年美国参议员 M. E. 泰丁斯和众议员 J. 麦克杜菲提出的关于菲律宾"自治和独立"的
法案，故名《泰丁斯 - 麦克杜菲法案》，又称《菲律宾独立法案》。

（二）华侨移民与华人人口

大帆船贸易长达 200 多年，随着贸易的发展，移居菲律宾的中国人逐渐增加。南下华人中除贸易商和零售商外，还有农民、渔夫、各种工匠（如成衣匠、金属工匠、泥水匠等）、各种劳工（如织布工人、搬运工人等）、医生等。西班牙殖民者在菲律宾实行"庄园"制度，也迫切需要中国人的廉价劳力从事庄园开发。1585 年和 1590 年，菲律宾总督（西班牙殖民者担任）曾派人到广东、福建等地招募大批华工。据明末《东西洋考》记载："华人既多诣吕宋，往往久居不归，名为压冬，聚居涧内生活，渐至数万，间有削发长子孙焉。"① 估计至 17 世纪初期，菲律宾的华侨已有 3 万多人。②

西属菲律宾的殖民经济政策是以其拉丁美洲殖民地的经济政策为模式。在 18 世纪中叶之前，菲律宾是一个殖民地封建社会，对外是封闭的，仅仅与宗主国及其属地墨西哥（新西班牙）进行贸易，并有限制地允许中国商品和华侨商人进入菲律宾。

1. 菲律宾独立前华侨人口

菲律宾的华侨人口，向来没有精确的统计，19 世纪末开始有一些数字，都仅供参考。据 1886 年西班牙殖民当局进行的人口普查，全菲华侨人口为 93567 人，其中约有 4 万人居住在马尼拉。革命战争（1896—1899 年）期间，为避战乱，华侨返国或迁移他地，人口锐减。据当时任清政府驻菲代理总领事的陈谦善③1899 年提供的数字，该年华侨仅 4 万人，其中 2.3 万人在马尼拉。④

---

① 张燮：《东西洋考》卷 5，吕宋条。"压冬"和"住番"意义相同。当时航行南海常乘 11、12 月的东北季风从华南沿海南下中南半岛、暹罗湾和印度一带，再乘 7、8 月的西南季风返回。错过了就要留下"压冬"了。张燮（1574—1640），漳州龙溪人。参见郑镛《张燮与〈东西洋考〉》，《漳州师范学院学报（哲学社会科学版）》2004 年第 2 期。

② 江道源：《大帆船贸易与华侨华人》，《八桂侨史》1996 年第 1 期。

③ 陈谦善（1844—1901），福建厦门人。自幼家贫失学，后赴菲律宾马尼拉谋生。初在吕宋岛山区收购土产，后在马尼拉开商店。历数年，日见发达。工余，习西班牙文，广交朋友，乐善好施，排解纠纷，为人所称颂。1875 年，西班牙殖民总督任他为"甲必丹"，掌管华侨事务。他先后 3 次出任甲必丹。光绪二十四年（1898 年）在其子陈纲未到任之前，摄理馆务。

④ Victor Purcell（巴素），*The Chinese in Southeast Asia*，Kuala Lumpur：Oxford University Press，1980，pp. 496 – 497；黄滋生、何思兵：《菲律宾华侨史》，广东高等教育出版社，1987，第 360 ~ 361 页。

美国殖民统治菲律宾后（1898—1946年），华侨人口有了稍微清楚的数字统计。美国殖民统治初期，比照在北美的"排华法案"（Chinese Exclusion Act，1882），1903年在菲律宾颁布《702号移民法》，实施限制中国移民的政策，禁止华工入境，只准许官、商、游（旅游）、教、读、专门技术人员六种人士，以及前两者（官商）之眷属申请入境。① 1903年，美国殖民当局对菲律宾进行人口普查，华侨仅有41035人。这次普查之后的15年中，官方统计的华侨人口仅略有增加，即1918年的43802人，只比第一次普查时增加2767人。这个数字不高，与美国、西班牙交接主权期间战事频仍有关。

民国时期，闽南一带因盗匪扰乱及政局不安等原因，许多人到菲律宾谋生。1918年以后的10多年中，菲律宾的华侨人口快速增加。1924年进入菲律宾的移民为5265人，1927年为9828人。根据《华人经济公报》（Chinese Economic Bulletin）提供的数字，1935年菲律宾的华侨人口为110500人（不包括违禁入境者，下同）。② 1939年，菲律宾人口普查，全菲华侨计117487人。其分布情况是：马尼拉占这个总数的39%，若连其周围地区的华侨人数计算在内则占45.4%。超过3000人的省份有宿务、纳卯、怡朗、莱特（Leyte）、奎松（Quezon，即塔亚巴斯）、黎萨和三宝颜。另外20个省有1000~2000人，其余省份都有或大或小的华侨社区。唯一没有华侨的是最北端的巴坦省。③ 同时，1939年中国驻菲总领事馆对旅居菲律宾的华侨进行过一次全面登记，所得的数据为13万人，其中在马尼拉的华侨就有5万人。美国殖民统治时期菲岛华侨人口的性别比也发生了变化，两性比趋于平衡。1928年，华侨男性与女性之比为13:1，1933年为4.7:1，到了1939年已接近3:1，显然，华侨女性的数量增加了许多。④

日本占领菲律宾时期，大肆捕杀迫害华侨华人。为了躲避日军暴行，

① Clark L. Alejandrino, *A History of the* 1902 *Chinese Exclusion Act：American Colonial，Transmission and Deterioration of Filipino-Chinese Relations*，Manila：Kaisa Para Sa Kaunlaran, Inc.，2003. 转引自钟荣《菲律宾的中国大陆新移民及其对中菲关系的影响》，硕士学位论文，厦门大学，2007，第9~10页。

② 参见 Irene Khin Khin Myint Jensen, *The Chinese in the Philippines during the American Regime*，1898–1946，PhD Thesis，The University of Wisconsin，Madison，1956。

③ Victor Purcell, *The Chinese in Southeast Asia*, p. 499.

④ 黄滋生、何思兵：《菲律宾华侨史》，第363页。主要还是根据 Purcell 的统计。

华侨转居农村和山区，并在农村山区进行抗日活动。所以日据时期，菲律宾城镇的华侨居民逐渐减少，二战前马尼拉华侨有 4.7 万人，1944 年已减至 2.6 万人，减少了 44.7%。日军占领菲律宾三年半时间，华侨牺牲者估计达 1 万人。华侨与菲律宾人联合起来共同抗日，也加速了菲律宾人和华人之间的融合进程。

菲律宾华人移民的来源地，在东南亚各国中是比较单纯的，以闽南为主流。依据 1939 年菲律宾人口普查（117487 人），全菲华侨祖籍福建者达 85%，其中来自泉州晋江地区的又约占 90%。① 仅有 10% 的菲律宾华侨华人祖籍地为广东省的江门、中山等市。华人在菲律宾建立了一个以闽南人为主体的社会。

2. 菲律宾独立后华人人口

二战后初期，华侨占菲律宾的外侨总数的 90% 以上。根据 1948 年菲律宾官方的调查，华侨为 12.1 万人，到 1955 年估计约为 30 万人，占菲律宾总人口的 1.4%。②

1949 年新中国成立后，菲律宾政府以防止共产党渗透为由，于 1949 年将华人的移民配额缩减为 50 名，翌年剥夺 50 名限额，不再允许新客入境。并在 1950 年将外侨登记费从 10 元调高到 50 元，报到费从 5 角调到 10 元。③因此，1950 年以后，华侨能够来菲的，除政府官员以外，其他只限于短期停留的游客及固定居留的留学生、预聘雇员，至于能以移民身份入境，取得永久居留权的华人已经不复存在。这种严厉的移民政策，限制了华侨出入境自由，理论上华人人口应延缓增长。但实际上却不然，首先，因为旅居菲岛的华侨大多不再回国，华侨人口的流动性减弱，长期定居菲律宾的人数增加。其次，和平时代来临，加上受华人多子多孙观念的影响，也产生战后婴儿潮现象，菲律宾华人人口反而大幅增加。据统计，1953 年至 1957 年华侨人口增长率为 2%，以当时华侨 14 万人口计算，每年可能增加约 3000 人。最后，偷渡来菲的华人，仍然很多。菲律宾国家调查统计局估

---

① 杨力、叶小敦：《东南亚的福建人》，福建人民出版社，1993，第 314 ~ 315 页。
② S. 阿普列顿：《菲律宾华侨与菲律宾经济民族化》，蔡寿康译，《南洋问题资料译丛》1960 年第 2 期，第 73 ~ 80 页。
③ 1940 年的法令为每年 500 名。陈烈甫：《东南亚洲的华侨、华人与华裔》，正中书局，1983，第 241 页。

计，在日本投降后至 1956 年中约有 20 万华侨非法入境。[1] 以上几个原因，使菲律宾华人人口在 20 世纪 50 年代有了戏剧化的增加。

也因为如此，菲律宾第三代华人应运而生，华人开始融入当地，促使华侨社会从移民社会向公民社会转变。1950 年以来，华人开始认同菲律宾，申请加入菲律宾国籍的人很多。随着华侨入籍者的增多，菲律宾的华侨社会也产生了变化。菲华社会逐渐成为一个内部衍生性的发展型社会，华菲通婚与限制移民，使新生华侨不是密斯蒂佐人，便是土生华人。他们的外表、态度、价值观更加菲律宾化，接受当地教育，视菲律宾为家乡，华侨社会的中国性（Chineseness）亦已逐渐变淡了。菲律宾大学考古民族研究所拜尔博士（Dr. Otloy Beyer）宣称，实际菲律宾人的 1/10 都有华人血统。[2] 因此，菲律宾的华人人口是一个不易清晰认定的问题。据台湾中研院近代史所李恩涵的研究，全菲人口 1954 年约为 2100 万人，1960 年增加到 2700 万人，同年华人则为约 181000 人，占全菲人口的 0.7%。[3]

表 1　菲律宾华人人口变化

单位：人

年份	全菲律宾	马尼拉	资料来源
1886	93567	40000	西班牙殖民当局进行的人口普查
1899	40000	23000	清政府驻菲代理总领事陈谦善
1903	69880	41035	美国殖民当局对菲律宾进行人口普查
1918		43802	同上
1931	84000		南京侨务委员会
1933	71638		同上
1934	110500		同上
1934	160000		暨南大学南洋事业文化部
1939	130000	50000	同上

---

[1]　S. 阿普列顿：《菲律宾华侨华人与菲律宾经济民族化》，蔡寿康译，《南洋问题资料译丛》1960 年第 2 期，第 73～74 页。

[2]　Wu Ching-Hong（吴景宏），"A Study of References to the Philippines in Chinese Sources from Earliest Times to the Ming Dynasty," *Philippines Social Sciences and Humanities Review*, Vol. 24, 1959, pp. 1 - 181；李恩涵：《东南亚华人史》，东方出版社，2015，第 245 页。

[3]　李恩涵：《东南亚华人史》，第 260 页。

续表

年份	全菲律宾	马尼拉	资料来源
1947	100971		暨南大学南洋事业文化部
1948	121000		菲律宾国家调查统计局
1956	145651		同上
1960	181000		李恩涵《东南亚华人史》

资料来源：巴素《东南亚之华侨》（上/下），郭湘章译，台北编译馆，1966，第 862～863 页。

根据菲律宾国家调查统计局的估计，1956 年登记的华侨共有 145651 人，这个数字通常被认为是低估了。美国学者 Sheldon Appleton 从菲律宾陆军情报处、国家调查统计局、中国大使馆、美国大使馆，以及两个主要华侨团体菲华商联总会、马尼拉中华商会得到的数字，相差很大。来自菲律宾人方面的材料的平均估计是 60 万人以上，当时有反共的背景，因此有夸大华人"威胁"之嫌；来自中国人方面的材料则偏向于尽量缩小它，其估计为 35 万人以下。[①]

3. 华菲混血儿

　　……在过去几年中领导起义的土著，几乎皆有部分的华人血统……华人混血儿，华人的后裔，有许多是在西班牙和欧洲其他地方受教育的，是群岛财富上及知识上的领袖，他们在推翻西班牙政权中是起主要作用的。他们是这样的人，声音最大，以有权利代表群岛的人民讲话自夸。认出他们往往不是容易的；他们……倾向于称自己为菲人……但在菲律宾反美起义中，在有足够重要性需要另卡分类其文件的 164 人中，有 27 人看来毫无疑问是华人的后裔。一次更仔细的调整可能会增加其数目，阿银那洛是这 27 人中的一个。他的内阁中有两个，他的将军中有九个（其中一个是纯粹华人），他的两个内阁或政务院首长中有一个，还有其主要的财务人员。

——约翰·泰勒（John Taylor）[②]

---

① S. 阿普列顿：《菲律宾华侨华人与菲律宾经济民族化》，蔡寿康译，《南洋问题资料译丛》1960 年第 2 期，第 74 页。

② 约翰·泰勒（John Taylor）编《菲律宾反美起义》第一卷，第 31～33 页，转引自洪玉华、吴文焕《华人与菲律宾革命》，《华侨华人历史研究》1996 年第 4 期。

在菲律宾外来人与当地土著女子通婚所生的子女，用的是一个西班牙文 Mestizo，意为混血儿。华人混血儿有时称为 Chinese Mestizo，或直接称为 Mestizo。陈守国的《华人混血儿与菲律宾民族的形成》是最早论述华菲混血儿及其在菲律宾民族形成过程中的作用的英文专著（后有中译本）。① 书中对菲律宾华人混血儿形成的过程及演化，他们中的社会名流，他们在菲律宾中产阶级的形成，在 1896—1898 年革命、在菲律宾民族的形成等方面曾起的历史作用，以及在当代国家建设中所扮演的重要角色都有论述。

周南京认为，华菲混血儿的形成有几个重点：第一，华菲通婚早在 16 世纪就已经开始，而且迄今绵延不绝，即这种血统融合关系保持了 4 个世纪之久。第二，华菲混血儿人数众多。1850 年，华菲混血儿人数为 24 万（当时菲律宾总人口为 400 多万）；到 19 世纪末，华菲混血儿人数增至约 50 万，其中 4.6 万人居住在马尼拉。第三，华菲混血儿在菲律宾社会、政治、经济和文化生活中占有重要的地位。它成为菲律宾民族资产阶级的核心和菲律宾民族运动的领导力量（许多菲律宾名流，如黎刹、阿奎纳多、奥斯敏纳等人，均为华菲混血儿），在菲律宾历史上起过和正在起着巨大的作用。第四，当前华菲通婚仍在持续。② 1970 年，菲律宾男性华人娶菲律宾女性者占 47.8%，菲律宾男性娶华人女性者占 40.4%，男女双方均为华人者仅占 11.8%。

还有一个周南京没提到的重要的现象是，Mestizo 几乎都是天主教徒。华人与当地土著通婚，除早期移民女性较少外，也有殖民当局在税收、居留、迁徙和宗教等政策上的诱因。早在 1627 年，殖民当局宣布华人皈依天主教在 10 年内，其税收待遇与当地土著一样，不必再支付外侨所付的额外税收，并不限定只能在八连（Parian）③ 居住。后来甚至有皈依天主教并通婚菲化者，可以得到土地，享有免税权，甚至给和华人混血儿结婚的菲律

---

① 该书由陈守国著，菲律宾大学亚洲研究中心 1984 年出版。1988 年由马尼拉菲律宾华裔青年联合会以小册子形式再版。由吴文焕（Go Bon Juan）翻译的中文版，1989 年由菲律宾华裔青年联合会出版。参见周南京主编《世界华侨华人词典》，北京大学出版社，1993，第 273 页。

② 周南京：《论菲华融合》，《菲律宾与华人》，菲律宾华裔青年联合会，1993。

③ 八连，即"Parian"，墨西哥语，意为市场，也译作"帕利安""巴利安"，1582 年（一说 1581 年）在马尼拉城外东北角巴石河南岸的荒地上建立。张燮《东西洋考》所称"涧内"，应就是八连。

宾妇女发奖金。殖民当局希望以通婚、皈依天主教等诱因，使华人西班牙化。[1]

华菲混血儿不断增加，17 世纪便已形成一个社会阶层。西班牙殖民当局持续以经济诱因和立法手段加快了混血儿群体的壮大。1741 年把原来菲律宾居民的三个等级（西班牙人、土著居民、华侨）分为四个等级：西班牙人（包括西菲混血儿）、土著居民、华菲混血儿、华侨。除第一等级免税外，其他三个等级分别按不同标准纳税：土著居民纳税最少，华菲混血儿次之，华侨则纳税最重。1755 年，西班牙殖民当局采取强制手段，规定本年 6 月 30 日为改信天主教日，至是日不肯改宗教者，一律予以驱逐。据相关学者统计，当时被驱逐出境的华人多至 2070 人，为研究教义而获准留住者达 108 人，改宗为教徒而获准居留者 515 人。[2] 到 18 世纪中期，华菲混血儿已自成一个群体，还曾与华侨分裂，另组华菲混血儿公会。[3]

到 19 世纪中叶的纳税情况是：土著居民 1.5 比索，华菲混血儿 3 比索，华侨 6 比索。[4] 从法律上确立了华菲混血儿的地位。为了鼓励殖民地各色人等融入，曾有人建议政府资助嫁妆或结婚津贴：与菲男结婚之菲华混血女子，津助 100 比索；与菲华混血男子结婚之菲女，津助 100 比索；与西班牙人结婚之菲华混血女子，津助 1000 比索；与菲华混血女子结婚之西班牙男子，津助 2000 比索；与菲律宾酋长结婚之西班牙女子，津助 3000 ~ 4000 比索。[5]

到 19 世纪中叶，华菲混血儿被允许每 25 ~ 30 人组成自己的村社。[6] 到 19 世纪末，全菲律宾华菲混血儿约有 50 万人，其中马尼拉有 46000 人。而在西班牙殖民统治时期华侨最多时才有 93567 人。混血儿接受当地教育，倾向当地社会，在 18 世纪中期后混血儿经济逐渐发展，并作为独立的菲律宾

[1] Edgar Wickberg, "The Chinese Mestizo in Philippine History," *Journal of Southeast Asian History*, No. 1, 1964, pp. 69 - 70；庄国土：《华菲混血族群的形成与消融——以菲律宾前总统奥斯敏纳身世探究为例》，《世界民族》2013 年第 6 期。

[2] 徐杰舜：《菲律宾的密斯蒂佐人——东南亚土生华人系列之五》，《百色学院学报》2014 年第 5 期。

[3] Edgar Wickberg, *The Chinese in Philippine Life*, 1850 - 1898, New Haven and London: Yale University Press, 1965, p. 19.

[4] 巴素：《东南亚之华侨》（上/下），第 911 ~ 912 页。

[5] 巴素：《东南亚之华侨》（上/下），第 912 页。

[6] 巴素：《东南亚之华侨》（上/下），第 912 页。

民族资产阶级而兴起，形成社会上的一大势力。①

菲律宾的 Mestizo，尤其是 Chinese Mestizo，在菲律宾具有非常重要的地位，因为他们最能融入菲律宾社会，所以在菲律宾独立过程中，Mestizo 一直积极参与。独立后的重要的政治人物几乎都出自这个群体。他们比印尼的土生华人在政治上的发展要好得多。

4. 菲律宾华人社会的形成与特色

西班牙殖民政府为了便于统治，从 16 世纪末开始限定华侨聚居于"八连"，并委任甲必丹对华侨实行自治式管理，自成一体的菲华社会逐渐形成。菲华社会形成之后，华侨社团相继出现，先是有对华侨行使管理权的半官方性质的华人公会出现，进入 18 世纪后，又有行业公会性质的社团开始成立。到 19 世纪中期以后，随着华侨人口的增加、华侨经济的发展以及华侨民族意识和自我保护意识的增强，华侨社团发展进入繁荣期，各种业缘、血缘、地缘社团纷纷组建。

19 世纪的最后 20 多年，即西班牙殖民统治菲律宾的末期，也是清末同光自强运动的时期。菲律宾华侨社会发生了几个重要事件，显示华侨社会发展更趋于成熟：第一，1877 年在马尼拉建立全侨性的慈善机构——菲律宾华侨善举公所；第二，1898 年，清政府在菲设领事馆；第三，兴办华文报纸，侨社从 1888 年至 1899 年连续创办了《华报》、《岷报》、《益友新报》和《岷益报》四家报纸，对于凝聚华社共识，发挥了重要功能；第四，创办现代化的华侨学校，1899 年在马尼拉办起侨社的第一所华侨学校——小吕宋华侨中西学校（最初名"小吕宋中西学堂"）。用教育培养人才以适应资本主义之剧烈商战，以保持华侨的地位。菲华因为这些事而形成了具有内聚性的社会，也为 20 世纪初期华侨社会深化发展奠定了初步的基础。②

其中办学办报后文再叙述，先就善举公所和设领事馆二事进一步说明。

菲律宾华侨善举总会，原名善举公所，是菲律宾华人社会中历史最悠久、规模最大、活动范围最广的一个慈善型华人社团。善举公所发轫于清同治九年（1870 年），华人甲必丹林旺在马尼拉市巴石河以北的拉洛马购买土地，辟

---

① 施雪琴：《中菲混血儿认同观的形成：历史与文化的思考》，《南洋问题研究》2000 年第
　　1 期。
② 周南京主编《华侨华人百科全书·历史卷》，中国华侨出版社，2002，"菲律宾华侨华人概
　　述"词条，第 126 ~ 127 页。

为坟场（华侨称为"义山"）。同治十二年（1873年），侨社组织设立了一个兼具慈善、商务及教育功能的机构，叫"华人公社"（Comunidad de chino），负责处理华侨社会内的各项事务。后来成立专门管理慈善事业的"善举公所"，管理华侨义山和中华崇仁医院。继任甲必丹杨尊亲（1843—1913年）①，在1878年添购地皮，扩大义山坟场（新义山），同时集资在新义山中心位置兴建一座崇福堂，作为奉祀及纪念有功先侨的祠堂，成为马尼拉最古老的华人庙宇。为适应菲律宾文化，崇福堂同时供奉天主教、佛教及道教神祇，这在东南亚甚至全世界都是罕见的。② 1899年在清领事馆成立的小吕宋华侨中西学校，因为领事馆契据登记手续未完备，学校移至王彬街善举公所内上课。善举公所后来接下了学校的管理，经费也由善举公所拨充。

晚清在东南亚设领事馆最初都遭遇困难，殖民帝国均不愿意清廷插手当地华侨事务。设领事馆的第一个成功案例始于新加坡，1881年设馆，1890年升格为总领事馆。菲律宾设领事馆的交涉始于光绪五年（1879年）正月，陈谦善向清政府禀告西班牙殖民当局的"苛税虐政"，请求给予援助。当时掌管总理衙门的李鸿章着令郑藻如仿照陈兰彬古巴例，与西班牙交涉，要求派员到马尼拉调查。③ 殖民政府总督搁置不理，直到1885年，马德里的政府才回应反对。西班牙殖民部和菲律宾殖民政府拒绝中国设领事馆的态度坚决，理由是1864年的《中西和好贸易条约》并没有载明中国有权在菲律宾设立领事，如要设领事馆，需重订条约。此时郑藻如已离任，由张荫桓接任。1886年，张荫桓上任前，途经广东时，就海外华人问题与两广总督张之洞进行磋商。张荫桓在粤停留时"适于正月间，有小吕宋商董叶龙钦、陈最良、林光合、许志螺等来华，呈递华商二百九十家公禀，

---

① 杨尊亲，福建南安人。幼年到菲律宾做工，后靠承包当地政府的屠宰业，并与西班牙人合伙经营鸦片专卖而致富。1877～1879年出任甲必丹。参见周南京主编《世界华侨华人词典》，北京大学出版社，1993，第353页。

② 宋平：《菲律宾华侨善举公所试探》，《南洋问题研究》1995年第4期。崇福堂兴建的过程和新加坡福建帮从恒山亭发展到天福宫、福建会馆，有许多相似之处。曾玲：《坟山崇拜与19世纪新加坡华人移民之整合》，《思想战线》2007年第2期。该文对侨社组织化、商绅阶级与地方神明崇拜整合，有很多深刻的见解。也可借以解释菲律宾华社的组织化过程。

③ 清政府为调查古巴和秘鲁华工受虐情形，先于1873年与西班牙订立《古巴华工条款》，派陈兰彬等人前往调查，于1877年再签《会订古巴华工条款》，并于1879年在古巴设置总领事馆，此是清廷保护华工权益，有侨务概念之始。

求设领事"。张荫桓当即亲赴香港，通过东华医院的安排会见侨领。张荫桓
与这几位代表接触后，感到他们"情词恳切，皆实有不忘桑梓之心，求庇
皇朝之愿"。张荫桓提出朝廷经费不足，未来设馆还需侨商赞助，但他们对
提供领事经费的问题"尚无成说"。

张之洞和总理衙门商量，选定原籍福建龙溪、曾久居外洋的总兵王荣
和与原籍广东新宁、曾任驻日本长崎领事官的候选知府余瓃，以访查商务名
义，先赴小吕宋。在王、余的使团即将动身的时候，吕宋岛东南部的甘马
㳉（Camarines）发生排华事件，马尼拉华商又公遣李继志、官文斗二人来
华递公禀，称该埠匪徒倡议驱逐华人，"六月内，该埠匪已滋事数次，连日
在内埠加玛邻等处，华人被害多名，焚劫财物共值二十万元，议设领事保
护，并请乘官轮往，以壮观瞻，恳委员速往，筹办费由该埠商人供给"①，
华商还同时致电已赴美上任的张荫桓请求设法保护。菲律宾侨商急了，甚
至决定出钱给官方。侨商要求"乘官轮"前往，张之洞还加码兵船护航，
但这种宣示国威的要求，被李鸿章认为是"徒与官轮壮观，无济于事，转
令该埠滋疑，殊属无谓"②，给否决了。

王荣和等终于在 1886 年 8 月从广东启程，在菲岛停留了一个多月，所
到之处"华民分诉日人（当时称西班牙为'日斯巴尼亚'）虐待情形，恳请
派官保护，自筹经费"。③ 查岛委员及华商陈谦善、叶龙钦在给张荫桓的函
中均表示，领事薪俸可就地解决。

王荣和在对甘马㳉排华事件进行调查之后，向菲律宾总督提交照会，
要求追查和惩处肇事者并赔偿损失，并电告驻美大臣张荫桓。张于 1886 年
农历十一月初五日接到照会稿后，通过驻西代办将照会递交马德里政府。
西班牙外交部表示他们将命令菲总督惩处肇事者，并向受害华侨赔偿。但
始终未见下文，殖民当局毫无反应。④

---

① 《粤督张之洞致总署电》（光绪十二年七月初九日），载《清季外交史料》卷六八，第 13
册，第 1269 页。

② 《直督李鸿章致总署电》（光绪十二年七月初八日），载《清季外交史料》卷七四，第 1388 ~
1389 页。

③ 《粤督张之洞奏折》（光绪十三年十二月十一日），载《清季外交史料》卷六八，第 13 册，
第 1269 页。

④ 何思兵：《菲律宾华侨与十九世纪的中菲关系：清廷在菲设领的交涉与华社利益集团之间
的冲突》，香港《海外华人研究通讯》2007 年第 2 期。

张荫桓在美国一再与西班牙政府交涉赔偿和设领事馆事宜，均未获得同意。主要反对的是西班牙殖民政府。直到 1898 年美西战争爆发后，在马尼拉即将被美国舰队攻克时，西班牙政府才同意中国暂时在菲设立领事馆。几天以后，美国人占领菲岛，根据中美之间已有相关条约，美国政府认可清朝设立的小吕宋总领事馆，同时废除甲必丹制度，菲岛华人由清朝领事管辖。总理衙门决定派刑部郎中陈纲（1871—?）① 出任总领事。美国国务院曾质疑陈纲人品，商请总理衙门换人，遭总理衙门拒绝。陈纲于 1899 年到任。②

菲律宾华侨在崇福堂兴建和努力不懈地交涉吕宋设领事馆的过程中，凝聚了侨社的整体力量，这是菲律宾华侨社会在 19 世纪最重要的发展。侨团、侨报、侨校均建立，加上母国领事的保护，一个稳定完整的华侨社会成形。

三　二战前菲律宾的华教发展概述

（一）菲律宾华教发展特色与模式

清末海外华侨社会办新学堂，有两条路线，一是侨社自行出资建校，二是清政府的领事馆和侨社共同合作办学。前者以日本横滨大同学校最早（1898 年）。后者有两所学校，一个在美国的旧金山，1888 年在中国领事馆帮助下创办的金山中西学堂，随后改名为"大清书院"；另一个就是清光绪二十五年（1899 年）四月十五日，中国驻菲第一任领事陈纲征得侨商同意，在领事馆内创办的小吕宋中西学堂，初创时学生 20 多人，写下菲岛侨校历史的第一页。

中西学堂初创时，是一所改良的私塾，教材除四书五经外，兼授应用尺牍，首任校长为泉州举人龚绍庭。未几领事馆因契据登记手续未完备他迁，学校亦移至王彬街善举公所内，学校归善举公所管理，经费也由善举

---

① 陈纲是陈谦善的儿子，出生在菲律宾并度过童年，少年时回厦门读书。光绪二十年（1894年）甲午科举人，时年 23 岁。光绪二十四年（1898 年）戊戌科二甲进士。与众不同的是，在清朝的官员中他是难得的学贯中西之人。1904 年，陈纲任职期满回到厦门，卒年不详。

② 庄国土：《对晚清在南洋设立领事馆的反思》，《厦门大学学报（哲学社会科学版）》2006年第 5 期。

图1　（左1－1）小吕宋中西学堂旧貌；（中1－2）驻菲领事陈纲；
（右1－3）首任校长龚绍庭

公所拨充。龚绍庭回国从政后，举人施乾（字健庵）继任校长。施君富新思想，对教学多所改革，并聘陈赞仪加授英文，所谓中西学校者，至是始名副其实。此时泉城名士蔡镜湖来马尼拉游历，建议扩充学校，须脱离善举公所而独立，遂公举杨嘉种为学校董事总理，并向马尼拉及怡朗、宿务侨界募捐，充实设备，健全经济。

图2　小吕宋中西学堂奖励学生的银质奖章，约1907年制作

资料来源：《湘泉雅集》拍卖网，http：∥www. quancang. com/dispbbs. asp？BoardID
=118＆ID=76694。

　　继马尼拉的中西学堂之后，1912年怡朗侨社创办了外省的第一所华侨学校——怡朗中华实业学校（今怡朗华商中学），开启了菲律宾外省办校的先河。1915年8月，宿务创办了中华学校（今宿务东方学院）。

　　菲律宾侨社三大城市都有侨校后，1914年12月，小吕宋华侨中西学校董事会倡议成立菲律宾华侨教育会（以下简称"华侨教育会"），推动华侨教育。华侨热烈响应，华侨教育会正式成立。翌年，中西学校废除董事会，由华侨教育会接办。这是菲律宾华文教育最特别之处，很早就由华侨教育组织主导华侨学校的经营方向。菲律宾华侨以闽南人为绝大多数，侨社没有太多的帮群分立，虽然行业的商会林立，侨领云集，但兴办华文教育很早就成为侨社的共识。①

（二）华侨教育会与教育附加捐

华侨教育会成立后，负责统一领导、管理、协调、推动华侨教育。此后，华侨办学迅速发展，更重要的是华侨教育会主动协助各地侨社兴办学校。1917 年，溪亚婆中西学校、华侨女子学校（现圣公会中学）相继创立。1919 年，培元中学、礼智兴华学校、三宝颜中华学校等先后创立。1923 年第一家华文中学——菲律宾华侨中学（现侨中学院）创立。

从 1917 年到 1935 年这 18 年的时间里，菲律宾的华侨学校如雨后春笋般成立，总数已达 79 所，学生人数将近 1 万名。

华侨教育会能够发挥功能，最主要的原因在于它统筹了侨社的"教育附加捐"。这又与菲律宾华侨社会特殊的税捐制度有关。

早在 1899 年清廷马尼拉领事陈纲创立中西学堂募集教育款项时，就在华侨原来 1% 税收的基础上，又增加 1% 的额度，用于扶持华文教育，当时的菲律宾华侨都完全赞同，无人反对。中西学堂后脱离善举公所更名为小吕宋华侨中西学校，财务自主。民国三年（1914 年），为扩建新校舍，陈迎来（1869—1950 年）②董事长与几位校董商议后，最初以招股建筑新校舍入手集资，后来认为扩建侨校是公益事业，于是"提议组织华侨教育会，为推广教育机关。以本校名义敦请埠中各途华商，于民国三年（1914 年）十二月十三日，在小吕宋中西学校开华侨大会，各界皆派有代表到会，讨论组织教育会事宜，刘毅总领事（1913—1915 年在任）演说华侨教育之重。并宣代表公众推举教育会董事陈迎来、施光铭、陈清源等六十三人为董事"③。

陈迎来主持华侨教育会，加大集资兴学的力度，经过一年的努力到民

---

①　詹森：《菲律宾生活中的华人 1898－1946》，吴文焕译，菲律宾华裔青年联合会，1996，第 5 页；张兴汉等主编《华侨华人大观》，暨南大学出版社，1990，第 211 页。

②　陈迎来，厦门禾山人。1884 年南渡菲岛。1890 年自办布店，1902 年与人合资创办馨泉酒厂，后独资经营。还经营过金融、造纸、食品等行业。曾任小吕宋中石学校董事长、华侨教育会会长、马尼拉中华商会会长。

③　颜文初撰写的《三十年来菲律宾华侨教育》一文，是最早也最详细介绍教育附捐的文章，该文收在颜文初主编的《小吕宋华侨中西学校三十周年纪念刊（1899－1929）》（小吕宋华侨中西学校，1929）中。1942 年日军在马尼拉屠杀了驻菲总领事杨光泩和七位馆员，前两日（4 月 15 日），颜文初和九位侨领以反抗日本的罪名被杀害于华侨义山。陈烈甫：《东南亚洲的华侨、华人与华裔》，第 238～239 页。

国四年（1915 年），募集了 15 万元，超过预期目标，但因欧洲战事，物价上涨，校地也不尽理想，因而搁置。[①] 但华侨教育会教育附加捐制度化，得到侨界和殖民政府的支持，在华文教育史上是值得大书特书的事。

教育附加捐是第二次世界大战前菲律宾华侨学校经费重要来源之一。首都马尼拉地区和外省地区的做法略有不同。1914 年华侨教育会倡议制度化地征收教育附加捐，经过华侨商界及菲税务局同意，于 1917 年 4 月开始向马尼拉华侨商界征收。马尼拉的办法是在税务局征收华商营业税时，代华侨教育会征收营业税的 2%，作为教育附加捐。试行 3 年后，因华侨教育发展迅速，附加捐增为营业税的 4%。1923 年 9 月起又改收营业税的 3%；营业税在 50 比索以下者，一律附征 1 比索。附加捐总数，自 1917 年的 2 万多比索，逐年上升至 1923 年的 11 万多比索。1932 年因商业严重萧条，暂停征收。其后商业略有回升，又恢复征收，但所征得之数屡屡下降。

菲律宾外省华侨社区做法略有不同。一般情况，是由校董会计算学校全年收入、预计支出数字，得出不敷支出数目，然后按不同社区采取两种办法分摊：在小社区，按财力直接分摊各商户或个人应负责之数；在较大社区，因华侨人数众多，难以直接分摊，便采取间接分摊的办法，即将不敷支出之数，按各行业的财力分摊到各行业商会，然后由其在本行业内议定筹集办法，或者由各商户分摊，或以某种较畅销商品附加一定的捐款。征收计算单位为货物运费，即按华侨商户在一个月或一年之内进出货物运费的多寡，推知营业情况，以此衡量商户负担教育经费的能力，确定其应分担教育附加捐的数目。不能以运费作为捐款标准的行业，如餐馆、旅社、咖啡店或金铺等商户，则用定期捐款或自由认捐的办法分担教育经费。这种办法因经公议，本着有钱出钱原则，各负起兴办社区教育事业的责任，比按月认捐或自由认捐更为有效。[②]

华侨教育会在太平洋战争之前为菲律宾华文教育史写下辉煌的一页。不仅将教育附加捐制度化，并充分运用捐得的经费，在马尼拉兴办学校和维持部分学校的办学经费。到 20 世纪 20 年代，该会不仅在菲律宾首都马尼拉地区实现了华校一统的局面，还曾于 1921 年组织菲律宾华校教育考察团

---

① 陈烈甫：《东南亚洲的华侨、华人与华裔》，第 238～239 页。
② 周南京主编《华侨华人百科全书·教育科技卷》，中国华侨出版社，1999，第 52～53 页。

回国教育考察，[①] 并于 1923 年设立了学务部，积极开展国语教学等活动以推动华侨学校的兴革。华侨教育会更进一步推进菲律宾群岛各地的华侨教育，以给予配合和捐助的方式，鼓励各地华侨兴办学校。由该会出资创办和维持的学校有 6 所，造福在校学生共 2000 多人。

表 2　教育附加捐收入情形（1917～1932）

单位：比索

年份	收入税额	年份	收入税额
1917	23863.26	1925	104347.27
1918	63407.28	1926	99707.55
1919	62174.61	1927	93279.41
1920	63571.06	1928	86567.02
1921	60213.28	1929	70377.59
1922	82916.33	1930	43384.90
1923	115077.50	1931	26881.98
1924	105077.50	1932	—

资料来源：杨建成主编《菲律宾的华侨》，台北"中华学术院"南洋研究所，1986，第 161～162 页。

　　1923 年是华侨教育会的巅峰时期，陈迎来会长再接再厉，创立了菲律宾华侨中学，这是菲律宾第一所华文中学。华侨中学最初借用小吕宋华侨中西学校两间教室，从 47 位学生开始经营。1938 年华侨教育会授权华侨中学组织校董会，自管校政。1939 年聘请黄澄秋博士为第七任校长。[②] 黄校长在任长达 21 年（1939—1960 年），直到二战后，是菲律宾华侨中学成长壮大过程中最重要的人物。1940 年黄校长组织建校委员会，在阿描仙道示街

[①] 考察团由颜文初校长领队，还出版了一册考察记录。颜文初、佘柏昭、刘春晖合编《菲律宾华侨教育考察团日记》，上海中华书局，1929。这是菲律宾华教史的珍贵史料。

[②] 黄澄秋（1895—1960 年），泉州人，13 岁跟随祖父到菲律宾。1924 年毕业于菲律宾大学，后留美，三年即拿到哥伦比亚大学教育学硕士学位（1925 年）和博士学位（1927 年）。回菲后，进入华侨教育会担任学务主任，1928 年回广州任广州体育专门学校教育主任，翌年被聘为副校长，1933 年进入广州国民大学担任教育系主任兼教授。1937 年返菲入溪亚婆中西学校和普智学校担任小学英文教员。1939—1960 年担任菲律宾华侨中学校长达 21 年。梁春光：《献身华教　至死不渝——忆菲律宾华侨中学校长黄澄秋博士》，《炎黄纵横》2010 年第 6 期，第 45～46 页。

建立一座简陋新校舍，学生分别在小吕宋华侨中西学校旧校舍及新校舍上课。1942 年 1 月，日军入侵马尼拉市，新校舍被日军占据并遭破坏，学校停办。大战结束后，黄校长率先带领学校师生在 1945 年 5 月复课。1976 年菲律宾政府全面菲化侨校，校名改为侨中学院（Philippine Cultural College）。侨中学院历经战火和经济困顿，也一度毁于邻火，几乎倾颓，幸赖校友及社会人士热心赞助，屹立不倒，是菲律宾华校的典范之一。[①]

华侨教育会实施教育附加捐制度，从 1917 年一直到 1935 年，由于受经济衰退等因素的影响，终因经费拮据被迫结束了华校一统的局面，各校复归各自的董事会负责。华侨教育会对于促进菲律宾的华侨教育事业功不可没。

1937 年，抗日战争爆发后，中国大批知识分子、学者和学生来菲避难，充实了华文教育的师资队伍，造就了菲律宾华文教育的兴盛时期。由于侨生回国升学已十分困难，而国内来到菲律宾的转学生又日渐增多，在此情况下，菲律宾各大城市和地区侨校纷纷增设初中部，或创办完全中学，继而扩建校舍课室、添购图书仪器，逐渐扩展校务，促使设备日臻完善，以适应华侨教育的迫切需求。菲岛的华文教育，呈现欣欣向荣的蓬勃发展气象。

Political Scene and Chinese Education of Philippine after WWII, 1945 – 1975

Ren Hong

Abstract: This paper sets the time in the 30 years of 1945 – 1975, taking the end of World War II as the starting point, and the Philippines realizes the "full Philippineization" and the establishment of diplomatic relations with the People's Republic of China as the end point. The Philippines was colonized by the United States in the wake of Spanish colonial rule, and experienced a brief occupation by Japan. Before the independence of the Philippines, due to the war between the U-nited States and Spain, the political instability in southern Fujian, the persecution

---

① 菲律宾侨中学院校友会网页"校史"栏目，https://www. philippineculturalcollege. edu. ph/ Alumni/chi_ schoolhistory. html。

by the Japanese army, the number of Filipino Chinese has been changing. After the independence of the Philippines, although it took a strict immigration policy, the number of Filipino Chinese has been increased, at the same time, the Chinese began to integrate into the local area, and the Chinese society changed from an immigrant society to a civil society. At the outset, for convenient management, Spanish colonial government took steps to restrict personal residence of Filipino Chinese, which led to the beginning of the formation of the Chinese society in the Philippines. Afterwards, due to the successive establishment of the Overseas Chinese Group, Overseas Chinese Newspaper, and Overseas Chinese School, coupled with the protection of the home country's consul, the Chinese society has gradually matured. The first overseas Chinese school in the Philippines was co-founded by the Qing government's consulate and the Chinese society. Then, in order to promote overseas Chinese education, the Overseas Chinese Education Association was established to assist the Chinese society in setting up schools. The key to the Overseas Chinese Education Association's ability to play such an important role is that it coordinated the "additional education donations" of the overseas Chinese society, which was one of the important sources of funding for overseas Chinese schools in the Philippines before World War II.

Keywords: Overseas Chinese Education; Overseas Chinese School; Filipino Chinese; The Chinese Society

新加坡南洋华侨中学之倡议与创校始末

〔马来西亚〕 邱克威[*]

摘 要 南洋华侨中学从 1919 年建校至 2019 年已有 100 年。这所中学在南洋华人教育史上有着极其重要的意义：第一，它是南洋华人办学历史上打破方言帮群畛域的一杆重要旗帜；第二，它标志着南洋华人基础教育学制与升阶上的完善化；第三，它标志着南洋华文学校教学与管理上的质量提升以及统一化与规范化。而这些重要意义，唯有重新检阅一百多年前先贤们倡办中学的呼吁与殷望才能真正体现出来。本文主要根据 1913 年至 1920 年的各种报章报道资料，分析当初南洋华人 "三度" 倡办中学时前赴后继的努力。本文通过梳理这一系列南洋华人倡办中学运动的历史脉络，希望由此还原这所中学真实的历史定位。

关键词 新加坡南洋华侨中学 华中校史 华文教育 南洋华侨

一 引言

坐落于新加坡的南洋华侨中学创建于 1919 年，至 2019 年恰值 100 年。2019 年 3 月 21 日一百周年校庆日，在新加坡武吉知马校园隆重举行了 "万人宴"，并由新加坡总理李显龙主持开幕。[①] 晚宴的同时推出《百年华中情》[②]，从历史纪事到回忆文章等方面记述了南洋华侨中学这 100 年的校史

---

* 邱克威，厦门大学马来西亚分校中文系副教授。
① 黄伟曼：《华中庆百年，总理吁本地学府巩固多元文化国家身份》，《联合早报》2019 年 3 月 22 日，第 2 版。
② 寒川主编《百年华中情》，华中董事部、华中校友会联合出版，2019。

历程，尤其《波澜起伏在山岗——华中 100 年纪要》①《二战前新加坡中华总商会对华侨中学的贡献》②《华中倡办人陈嘉庚》③等篇，对南洋华侨中学创办的历史进行了不同角度的梳理。

整体而言，《百年华中情》在处理这百年历史上前轻后重，乃其编纂策略，无可厚非。然而对于还原 100 年前南洋华人创建这所中学之真实历程及其连带之历史定位，则《百年华中情》都不免欠缺；其中如对于 1918 年以前整个南洋华人筹办中学的历史过程，以及 1918 年成立筹办会以至 1919 年中学开学的发展大体阙如。总之，《百年华中情》的整体缺憾，关键在于无法体现这一所"与我海外侨胞之成败存亡，大有最密切最重要之关系"④ 的中学之历史定位及其历史意义。

《百年华中情》是一部纪念南洋华侨中学一百周年庆的校史记录，但从创校历史的梳理而言实在不如叶钟铃近 30 年前所作的《南洋华侨中学的创设：概念的产生、演进与实现》⑤。《百年华中情》不论是史料的掌握还是史实的洞见，当然更包括历史叙述的视野与格局都不如叶钟铃的上述文章；虽然叶钟铃的上述文章本身也难免有一些史实失准之处。

至于《百年华中情》，其具体史实上的错误也有不少，如杨绍强文章载：

> 董事们在 1918 年 6 月 13 日开始，每逢星期二、星期五下午出街劝捐。⑥

实则 1918 年 6 月 15 日才成立临时董事会，此前不可能有"董事们"；况且"每逢星期二、星期五下午出街劝捐"其实是 1919 年 6 月 2 日正式董事会第四次会议上的议决，这也是林义顺接替陈嘉庚担任董事会主席所主持的第

---

① 杨绍强：《波澜起伏在山岗——华中 100 年纪要》，载寒川主编《百年华中情》，华中董事部、华中校友会联合出版，2019。
② 李秉蒆：《二战前新加坡中华总商会对华侨中学的贡献》，载寒川主编《百年华中情》，华中董事部、华中校友会联合出版，2019。
③ 黎运栋整理《华中倡办人陈嘉庚》，载寒川主编《百年华中情》，华中董事部、华中校友会联合出版，2019。
④ 《实行筹办南洋华侨中学之通告》，《振南日报》1918 年 6 月 8 日，第 4 版。
⑤ 叶钟铃：《南洋华侨中学的创设：概念的产生、演进与实现》，《亚洲文化》第 16 期，1992。
⑥ 杨绍强：《波澜起伏在山岗——华中 100 年纪要》，载寒川主编《百年华中情》，华中董事部、华中校友会联合出版，2019。

一次会议。其记录云：

> 添举入佘来吉、蔡日升、李合兴、蔡嘉种、李玉阶、陈赞朋诸君为劝捐员，并定于每逢拜二拜五下午二点半齐到总商会，预备摩托车四辆，计谦益号、林义顺、黄有渊、吴胜鹏各一，依期毕集，同出募捐。①

又如杨绍强文章载：

> 1918 年 6 月 8 日，陈嘉庚联合马六甲培风学校、本坡端蒙、养正、启发、爱同等一共 15 校总理，在《叻报》发布《实行筹办南洋华侨中学之通告》。15 日，陈嘉庚假中华总商会召开会议，参加的侨众代表55 人，皆是各帮的领袖。陈嘉庚慷慨激昂说……。大会请黄炎培……延聘校长。各帮的领袖在 1918 年 7 月选出临时董事 54 人。②

这里的错误较多。第一，1918 年 6 月 8 日的《实行筹办南洋华侨中学之通告》（以下简称《通告》）联署应为 16 人。③ 参照 7 月 3 日公布的《南洋华侨中学筹办员总录》中的名单所列为 16 人。其中问题是《叻报》6 月 8 日（LP0010660④）的《通告》签署人中少了应新学校总理陈梦桃，然而到了 6月 14 日（LP0010664）以后，签署人中就开始补上"陈梦桃"了。这种情况与《振南日报》所载完全一致，所以绝对是供稿人自己的手误。因此 6月 8 日《通告》的联署人应为 16 人。第二，参加 6 月 15 日会议的代表，根据上述《南洋华侨中学筹办员总录》总数为 56 人，杨绍强文章所说"55

---

① 《南洋华侨中学校正式校董第四次议案》，《振南日报》1919 年 6 月 4 日，第 3 版。按：本文所征引报章报道多重复见于《叻报》，然而由于《振南日报》主编丘菽园更多亲身关注于南洋华人教育，尤其身任筹办会临时董事，且受托参与拟定"学校章程""校长任务规章""校董职务规章"，因此《振南日报》所见筹办中学与南洋教育相关报道更集中，于是本文所征引材料以《振南日报》为主。

② 杨绍强：《波澜起伏在山岗——华中 100 年纪要》，载寒川主编《百年华中情》，华中董事部、华中校友会联合出版，2019。

③ 这份《通告》由 16 位学校总理联署，叶钟铃早已讲过，若《百年华中情》在编写时进行过参考，应该就不会犯错。

④ 新加坡国立大学中文图书馆所扫描《叻报》，每份均标上序列刊号，本文凡引《叻报》，除注明日期，也同时标示刊号。

人"是错的，而谓"侨众代表"更是不准确。第三，所谓"大会请黄炎培"并非 6 月 15 日的会议提出的，而是 7 月 6 日的第二次董事会会议，记录云"公决延聘校长，……应由陈总理函托上海教育会会长黄炎培先生，审慎访聘"①。第四，"各帮的领袖"一句错误很严重。首先，1918 年 7 月 3 日公布的临时董事名单是于 6 月 26 日的第一次董事会会议上选定的，人数为 56 人，其中选定带职务的董事 4 人；更重要的是这些都是"各校总理"，而非"各帮的领袖"。其次，所谓"各帮的领袖"及其人数分配，则是在 1919 年 2 月 18 日第五次董事会会议上"提议取消临时董事，改选正式校董之规定"中议决的，② 且于 4 月 4 日选出正式校董 60 人。③ 最后，正式校董选出"各帮的领袖"名额为"三江四名、琼州二名、福建十三名、广府五名、潮州九名、大埔一名、嘉应二名"，一共是 36 人，这与当初议决的人数分配是一致的；然后再加上"各校总理二十四名"，所以正式校董总人数共 60 人。④

除了杨绍强的文章，其余篇章中也有错处，比如：

> 陈嘉庚倡办的华侨中学，是全南洋第一所华文中学，以后南洋各地才有雨后春笋般的华文中学的出现，他的大胆开拓精神，堪为时代先驱。⑤
>
> 因此，成立一所南洋华侨的最高学府，便成为新加坡华侨多年的夙愿。⑥

当中所谓"全南洋第一所华文中学""新加坡华侨多年的夙愿"等都有失准确。

首先关于"全南洋第一所华文中学"。实则陈嘉庚在南洋华侨中学开学典礼的致辞中就提到"槟城亦办中学"⑦。这是指先于新加坡南洋华侨中学

---

① 《南洋华侨中学第二次董事会议案》，《振南日报》1918 年 7 月 9 日，第 3 版。
② 《南洋华侨中学第五次董事会议案》，《振南日报》1919 年 2 月 19 日，第 3 版。
③ 《新加坡南洋华侨中学校初选正式校董总录》，《振南日报》1919 年 4 月 9 日，第 4 版。
④ 《新加坡南洋华侨中学校初选正式校董总录》，《振南日报》1919 年 4 月 9 日，第 4 版。
⑤ 黎运栋整理《华中倡办人陈嘉庚》，载寒川主编《百年华中情》，华中董事部、华中校友会联合出版，2019。
⑥ 李秉蔼：《二战前新加坡中华总商会对华侨中学的贡献》，载寒川主编《百年华中情》，华中董事部、华中校友会联合出版，2019。
⑦ 《南洋华侨中学开校纪事（续）》，《振南日报》1919 年 3 月 26 日，第 4 版。

一星期开学的槟城华侨中学①。1918年5月在新加坡同德书报社召集人员筹办中学的同时，槟城平章会馆也接到刚升任不久的槟榔屿领事戴淑原的通知召集人员筹办中学，其通告云："本会馆接奉戴领事函嘱召集会议，倡办中学，事关系本埠教育前途甚大，兹订本月廿四日下午三点钟，在本会馆开议。"②可见其正式会议早于新加坡，更且率先于1919年3月15日开学，"计学生到者三十五人，报名未到者尚有六人，教员职员约三十人"③。其首任校长许克诚④，曾与南洋华侨中学首任校长涂开舆初抵新加坡数日后之1919年2月11日联合举行教育研究演讲会。⑤

实则印尼爪哇地区华人早在1910年就已向当时清政府请款办中学，但延至1911年6月才正式开学。这一点叶钟铃的文章就已提及。⑥ 此外，上述槟城戴淑原在1914年曾与视学官熊长卿联署呈请中国教育部兴办中学，其公函中就提及："荷属爪哇中学，粤省前有岁助二千元之举。"⑦ 又熊长卿1917年一篇谈"侨学"的文章也说："七年以前，祖国对于侨学，颇事奖进。视学员常驻此间，宣慰使随处劝导。……拨款二万两，为爪哇中学开办费，岁复由闽粤江南三关，拨款二千，以为常费。"⑧

无论如何，南洋华侨中学都不是"全南洋第一所华文中学"。

其次是关于"新加坡华侨多年的夙愿"。实则从倡议策划至集资招生，

---

① 关于槟城华侨中学的创建以及戴淑原在槟城华文教育史上的贡献，已经有许多人进行过研究；专门研究者有叶钟铃《槟城华侨中学校史》（《中教学报》第19期，1993，第65～76页），至于研究戴淑原而涉及槟城华侨中学者如黄贤强《客家领袖与槟城的社会文化》（载周雪香主编《多学科视野中的客家文化》，福建人民出版社，2007）、李叔飞《民国领事戴淑原与槟城华人社会》（互联网文献：http://seekiancheah.blogspot.com/2009/05/blog-post_8871.html）。但都未明确指出槟城华侨中学开学的具体日期，比如黄贤强的论述最具代表性，其云："虽然有关槟城华侨中学正式上课时间及中学的管理运作的情形尚需进一步挖掘资料厘清，但上述证据足以证明它是槟城所成立的第一所华文中学。"

② 《星槟同时各筹中校》，《振南日报》1918年5月4日，第6版。

③ 《中学校开幕》，《振南日报》1919年3月21日，第4版。

④ 根据《振南日报》1919年2月13日《教育研究纪要》所记载，校长名字为"许克诚"。然而黄贤强《客家领袖与槟城的社会文化》却记录校长为"林克诚"，据其文章所引《槟城新报》1919年2月14日之报道《中学之校长已至》只云："教育部派充槟城中学校长教员两人，已偕黄君炎培，于本日假道怡保乘火车到槟。"却并未提及姓名，黄贤强的文章应另有所据。

⑤ 《教育研究纪要》，《振南日报》1919年2月13日，第9版。

⑥ 叶钟铃：《南洋华侨中学的创设：概念的产生、演进与实现》，《亚洲文化》第16期，1992。

⑦ 《熊视学与戴领事之关心学务》，《槟城新报》1914年6月5日，第5版。

⑧ 熊长卿：《祖国政府对于侨学》，《振南日报》1917年11月14日，第4版。

筹办中学是整个南洋华侨的殷切期望，且如1918年6月8日发布的《通告》所云"南洋华侨中学，不容不办，不容不亟办，而尤不容不合办"，其后筹办会上陈嘉庚就任临时董事会主席的演说也重申："故南洋中学，尤不容不合办也。"①此外该《通告》还提到"夫南洋之应设华侨中学也，已十年于兹矣"。可见南洋华侨中学须由全体合办，是长久以来的共识。尤其1918年筹办会的契机正是国风幻境剧社遍历马来半岛九个城镇演剧筹款所得17000元的银款，这九个城镇分别是"麻坡、马六甲、吉隆坡、巴生、金保、安顺、怡保、太平、槟城"②；而嗣后1918年8月起的"致各埠华校招生统表"，其生源范围涵盖新马印尼各地，乃至包括缅甸仰光。

至于建校地点择定新加坡，这是1918年临时董事会的议决结果；当然主要是由于新加坡本身的客观优势条件。即如上述《通告》所总结："星洲一埠，为南洋群岛之总汇，各埠学校林立，学风趋向，俱视此地为转移"；再以1917年11月9日公布的《侨学成立之校数》所列数据比较，新加坡共14所学校，学生总数1756人，为新马各埠之冠，槟城与霹雳紧随其后，学生总数分别为874人和782人，均不及其半。因此南洋华侨倡办中学，校址择定新加坡自是顺理成章；甚至1917年厦门暨南总局曾提议助南洋华侨办中学，亦言及"移助新加坡，创办华侨中学"③，又同年中国教育部更将"新加坡中学"列入当年的年度预算中。④ 于是第一次筹办会讨论后的表决结果即称"表决中学校地点，指定新加坡"，且"表决定名曰，新加坡南洋华侨中学"⑤。

总之，南洋华侨中学之校址择定新加坡，这是最初筹办会权衡一切条件之后的议决结果⑥，即筹办会成立会议议程的第一点就是："讨论中学校地点是否以新加坡为适中"⑦。

---

① 《筹办南洋华侨中学大会议之情形（续）》，《振南日报》1918年6月19日，第4版。
② 《侨胞筹办本坡中学》，《振南日报》1918年5月3日，第3版。
③ 《又有裁撤福建暨南总分局之消息》，《振南日报》1917年6月1日，第7版。
④ 《勉哉南洋教育家》，《振南日报》1917年9月5日，第6版。
⑤ 《筹办南洋华侨中学大会议之情形（四续）》，《振南日报》1918年6月22日，第3版。
⑥ 历史不能假设，我们也未见到当时完整的会议记录。但当时槟城也在筹办中学，这一消息新加坡中学筹办会诸人是非常清楚的。我们试一设想，当时如果槟城未筹办中学，南洋华侨中学校址的议决是否会有不同结果。
⑦ 《筹办南洋华侨中学特别大会传单》，《振南日报》1918年6月12日，第4版。

因此正确把握南洋华侨中学对于整个南洋华人社会乃至华文教育发展的非凡意义，需得通盘系统而细致地梳理南洋华人倡办中学的整个历史过程，包括当时的客观环境与条件，否则将无从理解如 1918 年 6 月 8 日发布的《通告》所云："凡我英荷各埠闽粤诸同胞，须知南洋华侨中学，与我海外侨胞之成败存亡，大有最密切最重要之关系。"

《百年华中情》于此等关节难免缺憾，尤其 1918 年成立筹办会以前南洋华人各界"十年于兹"的呼吁和努力近乎阙如，以及同时期其他关键人物的努力与贡献，包括其后一系列发展乃至汇成 1918 年筹办会的历史脉络，亦付之阙如。实则 1918 年陈嘉庚就任筹办会临时董事会主席的第一次会议演说就提及：

> 回忆数年前，鄙人曾具意见书倡办中学，无有应之者。嗣复有人提倡此举，鄙人又首先签名赞成，乃竟徒托空言。不久即无声无臭，心灰意冰，亦只空唤奈何耳。[1]

即此已简要概括了南洋华人倡办中学，一路走到 1918 年成立筹办会，经历了多重的曲折起伏；其中展现出南洋华人维持与发展华文教育的坚毅精神，更集中体现出一所南洋华侨中学对于当时华人的重要意义。

二 1918 年前之"三度"倡办中学

上文提及南洋华人在 1918 年成立中学筹办会之前经历了"十年于兹"的呼吁和努力，叶钟铃在分析南洋华人倡办中学"概念的产生、演进与实现"时，将之分为七波，即：一、1912 年刘士木与白苹洲合著《筹划南洋华侨教育草案》；二、1913 年南洋英属华侨学务总会发表《南洋英属华侨学务总会规划学务草案》；三、1914 年总领事胡惟贤巡视马来亚时的宣传与呈文中国教育部；四、1916 年章太炎在槟城与吉隆坡等地演讲倡议设立华侨中学；五、1917 年福建省议员数人倡议设南洋福建华侨中学；六、1917 年谢碧田任吉隆坡华侨代表呈请总统在新加坡设立中学；七、1913 年与 1917

---

[1] 《筹办南洋华侨中学大会议之情形》，《振南日报》1918 年 6 月 18 日，第 3 版。

年陈嘉庚等人几次倡议设立中学。[①]

　　叶钟铃所整理的不可谓不细，然而作为历史脉络的叙述略嫌割裂，[②] 其所列举的七波倡议有的难说是推动，如 1917 年福建省议员倡议的一波，具体来说反而是遭到南洋华人的普遍反对。原因就在于以撤掉厦门暨南总局的代价太大，更何况其年费补贴一万元，论者直谓之"星坡办学不患无费，何必计此区区"[③]。再如其云 1913 年《南洋英属华侨学务总会规划学务草案》有些不准确的地方：其一，该草案刊登于《叻报》1912 年 12 月 5—7 日，并非 1913 年[④]，而其中"筹设普通中学及商业学校"一则乃见于 12 月 6 日（LP009207）；其二，学务总会于 1912 年 8 月始设立筹办处于总领事馆，初名"南洋英属中华学务总会"，"华侨学务总会"之名乃 1913 年才改的，上述草案仍以"中华学务总会"名义刊布。又如其云 1914 年胡惟贤的宣传活动似乎不应与学务总会割裂来谈。其一，学务总会 1912 年筹办，但却迟至 1914 年 2 月 23 日才宣告成立，其拖延的主因乃"当选者不愿就职"，而即使 1914 年成立后之第一年内仍因人事纠纷"以故一事未举"[⑤]；其二，1913 年"胡惟贤初抵驻领任，即自拟中校章程，条列华英文多节，印刷几千张，意欲大办"[⑥]，而且从胡惟贤在总领事任上的工作，上述"草案"或与时人所称其"自拟中校章程"相关，又或者至少应将之看作胡惟贤学务工作的其中环节。此外，1912 年的这份"草案"后来经扩充并定案为 1915 年 3 月《振南日报》所连载之《学务总会意见书》。又再如 1916 年章太炎

①　叶钟铃：《南洋华侨中学的创设：概念的产生、演进与实现》，《亚洲文化》第 16 期，1992；1922 年《南洋华侨中学校第一届毕业纪念册》（新加坡南洋华侨中学，1922，第 34～36 页），涂开舆校长首次整理的南洋华侨中学校史分为两大时期，即"创办时期""实施教学时期"，云："自光绪三十一年提倡创办起，至民国八年三月廿一日本校开学日止。"其中以"光绪三十一年"谈起，其实是指清末南京暨南学校开办而鼓励南洋华人子弟升学为南洋华人倡办中学的起始点。

②　叶钟铃文中似乎是将其所掌握的关于新马华人倡办南洋华侨中学的资料尽数列举。然而其中却漏了槟城领事戴淑原的倡议活动。戴淑原有几次重大的倡办中学活动，较重要的是两次：一、1914 年与熊长卿联署呈请中国教育部设立中学，与胡惟贤同时；二、1918 年去函平章会馆促其兴办中学，这一次直接成功于 1919 年办起槟城的第一所华文中学——槟城华侨中学。

③　《暨南局之救星》，《振南日报》1917 年 9 月 6 日，第 7 版。

④　叶钟铃文中指《南洋英属华侨学务总会规划学务草案》见于 1913 年 12 月 5 日《叻报》，其实应是 1912 年。

⑤　《学务总会意见书》，《振南日报》1915 年 3 月 4 日，第 3 版。

⑥　《中学堂新旧帐》，《振南日报》1916 年 12 月 20 日，第 6 版。

南来演讲，10 月 2 日在新加坡南顺会馆演说具体谈及"非筹设中学不可"①，叶钟铃上述文章却未言及于此。②

无论如何，叶钟铃文中指出这是一场前赴后继地推动的办中学运动，这是很准确的定位；即这是整个南洋华人多年的夙愿，而经过前后多人多年的前赴后继，让华文教育的火种持续燃烧，终于在 1918 年当一切客观条件都成熟时即刻引爆。唯有如此，我们才可以明白 1918 年 6 月才成立筹办会，竟在短短 10 个月后的 1919 年 3 月 21 日就正式开学。

实际上若根据当时人的总结，包含 1917 年 4 月正开展着的一次，南洋华人之"倡办中学校，于今三度矣"③，即指南洋华人社会中"三度"公开号召且具备动员力地倡议筹办中学。而历数目前资料所见，这"三度"是指分属从 1913 年至 1917 年的三次公开倡导兴办中学运动；其分由不同人所倡导，然而始终贯穿其中的一个关键人物则当属陈嘉庚；此外，当时的中国驻新加坡总领事胡惟贤虽未直接参与最后阶段的工作，但其前期的铺垫与筹划，乃至兴办学务总会的整体效应，包括提高社会认识、整合社会意见，确实功不可没。

（一）1913～1915 年的第一度倡办中学

关于南洋华人"三度"倡办中学，除了上文所引 1917 年文章所称，1916 年章太炎南来倡议办中学，《振南日报》即有报道称：

> 章太炎希望政府以数十万元来叻办中学，而亦知政府无此财力，徒托空想，欲求慰愿，不知何日。且中学之议，非太炎到叻，始能言之也。三年前胡惟贤初抵驻领任，即自拟中校章程，条列华英文多节，印刷几千张，意欲大办。后来自己遍历各埠仔返时，遂将印竣之章程搁起，放入故纸堆中，必有由矣。太炎拾胡领之唾余，以为席珍，今

① 《章先生演说词录（再续）》，《振南日报》1916 年 10 月 6 日，第 7 版。
② 《振南日报》1916 年 10 月 3～6 日连载章太炎在新加坡南顺会馆的演说词。其中记录的演说词与叶钟铃文章所引槟城的一次演讲完全一致。只是叶钟铃文章并未提及槟城演说的具体时间地点，也未提供资料依据。
③ 少界：《论筹办中学校应以节俭为正义及立法须久远着想勿使流弊》，《振南日报》1917 年 4 月 23 日，第 9 版。

尚有拾太炎之唾余者，与其自挖肠肚，绞脑筋，不如向领属字纸篓中，寻些旧时印刷品，照录翻版之尤易耳。[①]

很显然，1917 年社会认定曾形成舆论且受关注的"三度"倡办中学，即：第一度，1913 年胡惟贤之倡议且自拟章程；第二度，1916 年章太炎之演讲宣导兴办中学；第三度，1917 年陈嘉庚为代表倡办中学。

第一度即 1913 年，由胡惟贤倡议并开展广泛宣传。无独有偶，此时陈嘉庚也已同样提出了办中学的建议；如杨绍强文章载："1913 年 5 月，华中的倡办人陈嘉庚在家乡集美给石叻坡的中华总商会写了一封信，吁请商会建议组织一所中学。"并引述中华总商会 1913 年 6 月 7 日议决："唯本坡已有华侨学务总会。此项中学校自属学会范围。应行函复陈君，请其亲向学会请愿可也。"杨绍强文章其后则云：

> 研究陈嘉庚和华中历史的学者专家至今没有找到任何的证据显示陈嘉庚得到中华总商会回复之后，曾向华侨学务总会请愿。这意味着当时他的建议并没有得到积极的回响。[②]

然而如上文所述，1913 年 6 月南洋英属华侨学务总会仍处于筹办阶段，其筹办处自 1912 年 8 月就设于驻新加坡总领事馆，因此很显然，新加坡中华总商会 1913 年将办中学一事推给学务总会，其实就是婉拒其事；更何况学务总会由筹办到成立之初人事纠纷，乃至"开幕之后，总理易人，辗转需时，以故一事未举"[③]。

新加坡中华总商会当时的态度，也可据时任总商会理事蓝伟烈数年后的一番剖白略得佐证，其云："董同侨诸公孜孜营业，惟日不给，明知设立中学校为现在要着，甘捐出巨资以为开办，而以无有余暇可为董理之人。至稍观望，以为之俟，如鄙人者，亦又如是。"[④]

---

① 《中学堂新旧帐》，《振南日报》1916 年 12 月 20 日，第 6 版。
② 杨绍强：《波澜起伏在山岗——华中 100 年纪要》，载寒川主编《百年华中情》，华中董事部、华中校友会联合出版，2019。
③ 《学务总会意见书》，《振南日报》1915 年 3 月 4 日，第 3 版。
④ 《蓝君伟烈为筹办中学校事敬告侨胞书》，《振南日报》1917 年 4 月 12 日，第 7 版。

对此陈嘉庚肯定也明白，在后来追溯这段历史时他仅仅含糊其事地说：
"回忆数年前，鄙人曾具意见书倡办中学，无有应之者。"①后来他并未转向
学务总会去信，实在是情理之中。

当然，所谓"南洋英属华侨学务总会"，其最初筹办处设于胡惟贤的驻
新加坡总领事馆，而且胡惟贤本人就是学务总会的首倡者。因此，新加坡
中华总商会或许知道胡惟贤正在倡办中学，所以转推给胡惟贤。不论如何，
其婉拒推拖的态度应是显而易见的。实则更关键的是陈嘉庚之建言与胡惟
贤之倡议是否有关联。首先，胡惟贤对办学很有经验，自称："惟贤前曾在
上海办学，嗣服官江西，历任五县，无不以办小学中学为急务。"②而其初抵
南洋就曾"拟于新加坡华侨公学一所，课务仿上海南洋公学"③，因此这一
份印制分发的"中校章程"，对他来说本就是上海办学务的照本复制而已。
其次，他就任总领事后，对于南洋学务尤为关注，如其 1914 年 7 月的自述
云："自领新加坡，经年又半，细察侨务，今日亟宜注重者，提倡学务。"④
当然，自 1914 年初中国教育部颁布《领事经理华侨学务规章》规定当时华
侨教育事务统归领事管理，⑤"提倡学务"自当是分内之职，但胡惟贤自上
任时就关注南洋学务，到 1914 年 7 月就已"经年又半"，显然其关心学务
更在上述规章颁布之前。最后，胡惟贤 1912 年 9 月担任驻新加坡总领事，
其拟就章程并印制分发，进行宣传，或许可能是在陈嘉庚去函新加坡中华
总商会之后，但不太可能是受陈嘉庚之建议的影响；与之相反，不排除陈
嘉庚在总商会遭到冷遇后复听说胡惟贤倡办中学，而主动签署支持，即其
所云"嗣复有人提倡此举，鄙人又首先签名赞成"。更何况至晚在 1916 年，
陈嘉庚就曾担任学务总会的理事。⑥

当然陈嘉庚签署后的结果是"乃竟徒托空言"，即正与胡惟贤倡议运动
的结果相一致，即时人云："遍历各埠仔返时，遂将印竣之章程搁起，放入
故纸堆中。"⑦

① 《筹办南洋华侨中学大会议之情形》，《振南日报》1918 年 6 月 18 日，第 3 版。
② 《补录胡领事在吉隆坡商会演说》，《振南日报》1914 年 9 月 8 日，第 4 版。
③ 《胡总领事上教育部文》，《振南日报》1914 年 8 月 24 日，第 4 版。
④ 《胡总领事上教育部文》，《振南日报》1914 年 8 月 24 日，第 4 版。
⑤ 《领事通告》，《槟城新报》1914 年 1 月 8 日，第 3 版。
⑥ 《学务总会大会纪闻》，《振南日报》1916 年 6 月 3 日，第 4 版。
⑦ 《中学堂新旧帐》，《振南日报》1916 年 12 月 20 日，第 6 版。

胡惟贤在 1913 年的这一次倡议活动遇到的挫折确实不小。但综观这期间他所进行的一系列措施都没有白费，甚至是持续发挥着效应，在一定程度上汇集起了民意，最后则在 1918 年的中学筹办会工作中起到了积极作用。其中包括组建学务总会并开展一系列学校与学生的调查，如 1915 年 8 月公布的"华侨学校学生"总数、"华人在英文学校肄业之人数"①；此外，还有 1914 年呈报中国教育部倡议兴办南洋中学，并附录其意见书与章程。②

首先，我们看他"遍历各埠"的倡办中学宣传活动，目前所见记录只有 1914 年 9 月 1 日在吉隆坡商会的演讲，他提出三项"愿与商会商榷者"，其三就言及"故小学为当务之急，而中学益不可视为缓图"，且云：

> 惟贤尚拟明年在新加坡创设华侨公学一所，专收各埠小学毕业之学生，分中西文教授，数年毕业，俾直接入北京大学，与英京及香港大学。成否不可知。今刊布意见书及简章，如荷赞成，不难成立。③

其"意见书及简章"，应反映于 1915 年 3 月刊布的《学务总会意见书》中所单列之"中学校"一节，云：

> 兹拟调查本年高等小学毕业人数，如在三十名以上，则从速与各校总董筹商开设中学校，俾毕业者得有升学之地；如不及三十名，则按照部章，设补习科，以为此等毕业学生欲升入他校者，补修学科，兼为职业上之预备。④

此外，胡惟贤还更早在 1914 年 7 月 1 日上呈中国教育部一份建议书，其云："拟于新加坡华侨公学一所，课务仿上海南洋公学，中西并重。"⑤无独有偶，与此同时，槟城领事戴淑原与视学官熊长卿也联署呈文中国教育

---

① 《学务总会报告册》，《振南日报》1915 年 8 月 5 日，第 4 版；《学务总会调查华人在英文学校肄业之人数》，《振南日报》1915 年 9 月 2~30 日，第 5 版。
② 《胡总领事上教育部文》，《振南日报》1914 年 8 月 24 日，第 4 版。
③ 《补录胡领事在吉隆坡商会演说》，《振南日报》1914 年 9 月 8 日，第 4 版。
④ 《学务总会意见书（六续）》，《振南日报》1915 年 3 月 16 日，第 3 版。
⑤ 《胡总领事上教育部文》，《振南日报》1914 年 8 月 24 日，第 4 版。

部倡办中学，其中云：

> 槟榔屿实华人萃聚之区，高初两等小学，几已无埠无之。惟无中
> 学可升，故中途多失学，或转入西文学校。委员长卿，奉粤民政长令
> 前来调查学务，与领事培元晤商，均以速为本埠设立中学为宜。①

槟城的这份建议书直接提出"设立中学"，且其直呼"中学以上之教育，尤
为海外华侨当今急务"，殷切之情溢于言表，更何况还建议具体实施办法，
包括书籍筹办、经费补助。这一份呈文较之胡惟贤，明显更为分量十足；
毕竟胡惟贤虽也提"拟于新加坡华侨公学一所"，但其所云"今日亟宜注重
者，提倡学务"，其实仍主要是侧重于统一管理。

至于胡惟贤的倡议运动最终"遂将印峻之章程搁起，放入故纸堆中"，
大约应在 1915 年底，而其中"必有由矣"的原因乃与学务总会有关。看他
1914 年 7 月呈报中国教育部的函件中说初成立的学务总会"人各一心，事
各一见，主其事者，又难得深通中西教育之人"，更且"现有各级见广一
隅，统一匪易，非特别提倡，不能耳目一新"②。可见此时他对南洋华侨学
务已颇失望，乃希望中国教育部能有作为，能"特别提倡"以"耳目一
新"。尤其学务总会 1914 年 2 月正式成立不久就面临"总理易人，辗转需
时，以故一事未举"，直至当年 12 月才开始稳定；③ 此后即使 1915 年 3 月
公布的《学务总会意见书》中仍包含兴办中学的提议，但社会各界始终未
见任何动作，且学务并不见能统一团结。所以总结起来，胡惟贤 1913 年起
的倡办中学活动，历经 1914 年为止的各地宣传，乃至成立学务总会，这一
切的成效都不佳，南洋社会对此并不积极，这已足以使其心灰意冷。

然而细究其直接触发点，则还是 1915 年的学务总会人事风波及其后
续引发的胡惟贤与学校之间的争论。事缘于 1915 年养正学校学生演剧筹
款，而胡惟贤则发文批评此举影响学生学习且所演剧目意识不良；本是抒
发己见或则无伤大雅。但最终引发为持续一个多月的几番公开往来辩论，
且多处涉及个人，更甚者于当年 12 月竟由中华民国教育总长张一麐出具

① 《熊视学与戴领事之关心学务》，《槟城新报》1914 年 6 月 5 日，第 5 版。
② 《胡总领事上教育部文》，《振南日报》1914 年 8 月 24 日，第 4 版。
③ 《学务总会意见书》，《振南日报》1915 年 3 月 4 日，第 3 版。

饬令文以示发落。究其症结，即在于连同胡惟贤发起学务总会的宋木林，在1914年学务总会正式成立不久就与胡惟贤闹翻，而宋木林正是养正学校的校长。

整体而言，报纸和学校各界多站在养正学校一方，因此连日连番刊登反驳胡惟贤的文章，且涉及个人攻击；尤其宋木林回应中云："若胡领事之对于侨界学务之态度，别界之人，多未深悉，容日有暇，另行举出。知我罪我，是在读者。"①这番话暗指胡惟贤对南洋侨界学务的评价不佳，企图给胡惟贤的学务工作树敌；更何况还获得普遍响应，即有论者称"胡领事揭监视侨学招牌"云云，②意极嘲讽。至于12月中国教育部饬文，则是因胡惟贤的上报而下发，其完全维护胡惟贤，且指责"此次养正学校校长宋木林"的做法"均觉不合"，"自不得沿为惯例，致启弊端"；这引起了诸多不满，如《振南日报》刊登节录饬文前的一番评论已经充斥着愤愤不平，且在上引"养正学校校长宋木林"后加上按语云："按以校董之事，而诿诸校长，奇极。"③此言已摆明指责胡惟贤是专门针对于宋木林而寻衅诬告。

这一风波事态不小，至少极大打击了胡惟贤倡办中学的积极性。只是胡惟贤绝非因此就完全放弃，说其"放入故纸堆中"只是相对而言；我们可以较肯定章太炎1916年南来演讲提及"非筹设中学不可"，多少是受到胡惟贤的影响。关于胡惟贤及学务总会的各种工作及其作用，我们将在下文再作讨论。

南洋华人第二度公开且受到关注的倡办中学，是1916年章太炎南来演讲所引发。关于章太炎1916年南来在马来亚的几场演说会，许德发曾做过非常详尽的分析与阐述。④章太炎1916年10月17日在吉隆坡中国青年益赛会上的演说中云："故今日欲改良教育，非从小学入手，一律以国语教授不可；欲造成共和国民资格，非从速筹办中学不可也。"这一点在其10月2日新加坡南顺会馆的演说中就已提出："今欲高大生徒之志趣，非筹

---

① 《养正学校宋校长来书照录》，《振南日报》1915年10月14—15日，第4版。
② 《补录姚绍璜先生来信》，《振南日报》1915年10月22日，第4版。
③ 《教育部发饬学务总会纪略》，《振南日报》1951年12月13日。
④ 许德发：《国粹教育与域外流寓者——论章太炎在马来亚的演说》，《汉语言文学研究》2015年第4期。

设中学不可。"①根据上文引述，章太炎还曾建议中国政府拨款"以数十万元来叻办中学"。当然从 1913 年以来胡惟贤与陈嘉庚的经历所见，当时兴办中学的呼声颇受冷遇；即如章太炎及其追随者的建言也受到《振南日报》的嘲讽。然而却并非没有其正面影响的，比如 1917 年以陈嘉庚为代表倡议的第三度办中学运动期间，前述之新加坡中华总商会理事蓝伟烈即登报"敬告侨胞"，其云："前次章太炎先生南来，所至殷殷以此为言，鄙人缘是亟欲本素志，跃起而为，以慰章先生之厚望。"②

（二）1916～1917 年的第二、三度倡办中学

1916 年的第二度倡办中学，其时面对着 1915 年学务总会推动兴办中学尚受冷遇的前车之鉴，相隔不到一年，章太炎南来何以会如此积极倡议办中学，乃至招来《振南日报》讥讽为"拾胡领之唾余"。这当然也从某个侧面揭示章太炎未必对南洋华侨学务有深切认识，即其关于南洋华人教育一节云："近知华侨所设小学已达百余所，毕业亦颇有人，但小学知识究属有限，今欲高大生徒之志趣，非筹设中学不可。"③以下完全仅就中学之课程内容一节展开讨论，而未及于当时南洋华侨教育之其他，包括办中学的难度，以及当下小学学制与管理上之诸端。而其所谓"近知"则或为此番南来才得知。无论如何，章太炎南来演讲之独钟于"筹设中学"一节，多少应受到当时槟城和新加坡呼吁筹办中学的影响，尤其两地时任领事之戴淑原和胡惟贤正是个中主要推手；尤其胡惟贤在欢迎章太炎的致辞中就提到他与章太炎之间谈话，内容涉及"侨界之状况、侨业之情形、侨学之程度"④ 等。

尤其值得注意的是，章太炎南来几番谈及"非筹设中学不可"似都与其提倡国学相关。比如叶钟铃所引述章太炎在吉隆坡中国青年益赛会上的演讲，实则带有浓厚的"国学"意味，其云：

---

① 《章先生演说词录（再续）》，《振南日报》1916 年 10 月 6 日，第 7 版。按：叶钟铃的文章中称章太炎"在游历槟城、吉隆坡期间"公开演讲，据其引述"非筹设中学不可"的一段演讲内容，实则与《振南日报》所载新加坡南顺会馆演说完全一致。然而叶钟铃的文章中关于这一段演讲，却未指明具体是槟城或吉隆坡的哪一个地点。

② 《蓝君伟烈为筹办中学校事敬告侨胞书》，《振南日报》1917 年 4 月 12 日，第 7 版。

③ 《章先生演说词录（再续）》，《振南日报》1916 年 10 月 6 日，第 7 版。

④ 《胡总领事欢迎章太炎先生词》，《振南日报》1916 年 10 月 4 日，第 6 版。

吾向闻南洋华侨子弟，偏重西文，多有不识祖国为何名，本身为某省某县人者，此非其子弟之过，实为父兄者不讲国民教育之过，惟设立中学，则有地理历史之科目，使知其身与祖国有密切关系，自能感发其爱国心，而养成其国民之资格也。①

这一段话似乎针对于当时英文学校"偏重西文"之教育而提倡"设立中学"。更何况，说中学"则有地理历史之科目"，但目前所见当时华文小学课程内本就有地理历史之科目，而且对于中国地理与历史教学之程度匪浅，举 1914 年端蒙学校高等小学毕业考试的地理与历史二科试题为例，地理试题如"我国沿海诸省，通商口岸凡有几处？外国租借地又有几处？""长城、运河均为我国最大工程，起迄何处？经行何省？世界工程之足以比拟者，又有何工程？"②而历史试题则如"杜太后临崩，语太祖以何辞？试详述之"，"仁宗问置相于王素，其后相继为相者为谁？试详言之"。③

其实章太炎于新加坡南顺会馆提倡之"非筹设中学不可"，其理由也与这里说的"则有地理历史之科目，使知其身与祖国有密切关系"如出一辙。其云：

所有课程，可就教育部规定者，斟酌地方情形，略微变通办法，而于本国历史，本国地理及普通法学，尤宜注重。……海外办学，并宜使生徒知国内情形，故中国地势物产风俗人情，与夫历代之治乱兴亡，及圣贤豪杰各事业，均宜深晓。……诸君子筹设中学，俾底于成，则为福南洋子弟，当匪浅甚。④

非常明显，章太炎之谈南洋华人办中学的理由，与胡惟贤、戴淑原、陈嘉庚等人都不甚一致，却与其提倡之"国学"相关。这个"国学"课题，其实也是包括胡惟贤在内的许多人对于南洋学务之所极为关心者，且并以

---

① 叶钟铃：《南洋华侨中学的创设：概念的产生、演进与实现》，《亚洲文化》第 16 期，1992。

② 《端蒙学校第三次高等生毕业考试题目》，《振南日报》1914 年 8 月 14 日，第 2 版。

③ 《端蒙学校第三次高等生毕业考试题目（续）》，《振南日报》1914 年 8 月 19 日，第 2 版。

④ 《章先生演说词录（再续）》，《振南日报》1916 年 10 月 6 日，第 7 版。

"中学"称之，而与"西学"相对；如胡惟贤于学务总会开幕演说辞中云："中学之造诣，既邃且密；西学之程度，既高且深。"①

当然，此中并不排除南洋华人之倡办中学始终都是与对抗"西学"有所牵连的。比如学务总会1915年8月公布在新加坡华文学校"华侨学校学生"总数为1955人，② 而同年9月2~3日统计公布的"华人在英文学校肄业之人数"总数则为5283人。③ 而且报告的统计仅限于15所政府学校和教会学校，并云："其余英文私立学校，不下十余所，所收中国学生甚多。"④ 因此维持华人子弟中华文化教育之"中学"确实也是当时倡办华文中等学校的一种呼声，同时，当时的人确实也认为未设华文中学是华人学生在英文学校人数众多的一个原因；但从当时整体讨论来看，这绝非重要因素，更何况倡办中学者，包括胡惟贤本人也都十分强调"中西并重"。

上述少界文中所提及的"三度"倡办中学，⑤ 其第三度实则是紧接着章太炎演讲后的余波而起；也就是上引《振南日报》讥之为"太炎拾胡领之唾余，以为席珍，今尚有拾太炎之唾余者"。根据新加坡中华总商会理事蓝伟烈1917年4月所述：

> 前次章太炎先生南来，所至殷殷以此为言，鄙人缘是亟欲本素志，跃起而为，以慰章先生之厚望。然虑斯事体大，恐非孤掌所能鸣，不得不先自游说始。何幸迩日陈君嘉庚、简君英甫，亦因此事急欲出而提倡，

---

① 胡惟贤：《南洋英属华侨学务总会开幕演说辞》，《振南日报》1914年2月25日，第5版。
② 《学务总会报告册》，《振南日报》1915年8月5日，第4版。其统计具体为1792名男生、163名女生。
③ 《学务总会调查华人在英文学校肄业之人数》，《振南日报》1915年9月2~3日，第5版。这里各校的所有数据都与上一年进行比较，可以看出两年之间的华人学生人数相差不大，这应该是当时相当稳定的数据。1915年具体统计的各校总人数如下：礼佛英文学校237人、礼佛英文女学校63人、石垄岗英文学校105人、圣约瑟英文学校744人、美以美英文学校1178人、美以美英文女学校218人、域多利亚桥初等小学420人、区口林律英文初等小学480人、修道英文女学校168人、圣晏吨呢英文学校175人、圣晏吨呢英文女学校24人、亚利干教会英文学校408人、华英自由英文学校501人、美田英文女学校327人、中国英文女学校235人。
④ 《学务总会调查华人在英文学校肄业之人数（十二续）》，《振南日报》1915年9月3日，第5版。
⑤ 少界：《论筹办中学校应以节俭为正义及立法须久远着想勿使流弊》，《振南日报》1917年4月23日，第9版。

而坡中负人望诸公，亦各有此心，缘是觉时机已至，弗可再延。①

可见 1917 年的倡办中学运动是接续章太炎的演讲而发起的，而且是由当时社会上颇具声望的富商们倡议的。由于这次多人联合倡议乃至其后续之 1918 年的筹办会成立，陈嘉庚都是其中最关键的核心人物，我们称这一次是以陈嘉庚为代表的倡议。

关于这一次倡办中学运动，叶钟铃文章中有过较为详尽的论述：

> 到 1917 年 4 月，陈嘉庚在道南学堂毕业典礼的演词中，透露了道南学堂堂长熊向父对创办中学的热忱及广帮首领、养正学堂正总理简英甫（南洋兄弟烟草公司的老板）的推动。熊校长曾往英属各地进行一项调查，结果显示，迄 1917 年止，新马二地有近百名小学毕业生，具备报读中学的资格。随着这项调查的公布，创办一间中学的主张死灰复燃，在简英甫倡议及陈嘉庚附和下，曾经召开一次会议，作为初步的行动，惟会议未取得任何成果。后来，简由于业务关系返国。此事亦就搁置下来。②

而有趣的是，在陈嘉庚等人筹办中学的同时，蓝伟烈也因受到章太炎的感召在心里持续发酵，且在这时爆发并与陈嘉庚等人汇流一处。

无论如何，从 1913 年以来的一系列倡议宣导活动，到 1917 年 4 月社会对于兴办中学的认识已蔚成风气；其显然与 1913 年胡惟贤倡议时期很不同。尤其我们对比 1913 年新加坡中华总商会接获陈嘉庚建议书后的婉拒，以及 1917 年陈嘉庚、简英甫、蓝伟烈等人无一不是总商会理事；其前后姿态之不同，乃至 1918 年及其后的中学董事会董事逾半数同属总商会成员；③ 即此应可体会蓝伟烈之自嘲当初 "至稍观望，以为之俟，如鄙人者，亦又如是"。

其实，1917 年之所以成为南洋华人筹办中学运动的一个里程碑，乃至催生 1918 年的筹办会，叶钟铃文中确实提到了其中的关键因素，即这一年

① 《蓝君伟烈为筹办中学校事敬告侨胞书》，《振南日报》1917 年 4 月 12 日，第 7 版。
② 叶钟铃：《南洋华侨中学的创设：概念的产生、演进与实现》，《亚洲文化》第 16 期，1992。
③ 参看《中校董事函》，《振南日报》1919 年 4 月 26 日，第 4 版。

南洋学校高等小学毕业生人数的急增。如以最具代表性的道南与端蒙二校为例：道南学校 1906 年办学以来至 1914 年始有首届高等班毕业生，然当年也仅有 8 人；[①] 端蒙学校 1914 年第三批高等小学学生毕业，当年毕业生人数也仅为 8 人。[②] 但无论如何，积累至 1917 年不仅中学生源储备了不少，而且各学校开设的高等班也有所增加。此即 1917 年底冯右铗所慨叹："且年来所得高等小学毕业之学生，竟不在少，其间必有抱进求高深之希望，以谋职业之技。然南洋群岛之中，又无中等程度之学校，供其需要，回国求学，事非易易。人才之损失于无形中者，又当不在少也。"[③] 此外，还有一点不得不提的是，1917 年 5 月中国政府委派黄炎培等人南来进行三个月的华侨教育考察，尔后黄炎培写成《南洋华侨教育商榷书》，其中写道："时势所趋，舆论所迫，今后政府必重视华侨教育。"[④] 这必然也极大地鼓舞了南洋办学诸公。

当然即如上引叶钟铃文中所云"此事亦搁置下来"，1917 年的倡议也未见真正落实，而是延至 1918 年当同德书报社带着国风幻境剧社遍历马来半岛九个城镇获得踊跃支持并筹得第一笔 17000 元的捐款，这极大地鼓舞了筹办中学的信心。其中的关键点当然不会是那一万余元的捐款，而是南洋各地各界如此广泛的向心力与支持度；毕竟当同德书报社带着这个消息找陈嘉庚商谈时，陈嘉庚仅是通过身边人的走动，不到一个月就筹集了 3 万余元。[⑤]

此外，还有一点应予注意的是，即南洋华人倡办中学声浪中实则还包含别样一种设想，即"小学兼办中学"，而从陈嘉庚 1918 年 6 月 15 日筹办会演讲中不难看出这种提议仍然存在。而陈嘉庚始终力排其议，坚持独立设一所中学，这也是他在这场南洋华人倡办中学运动中的重要贡献之一，其云：

> 若小学兼办中学，无论其力办到与否，第以鄙人梓里所经历学校

① 《道南学校高等生毕业纪盛》，《振南日报》1914 年 8 月 19 日，第 2 版。
② 《端蒙学校第三次毕业生姓名》，《振南日报》1914 年 9 月 1 日，第 2 版。
③ 冯右铗：《南洋宜速办师范书》，《振南日报》1917 年 12 月 4 日，第 6 版。
④ 黄炎培：《南洋华侨教育商榷书》，载余子侠编《中国近代思想家文库·黄炎培卷》，中国人民大学出版社，2015，第 170 页。
⑤ 《筹办南洋华侨中学大会议之情形》，《振南日报》1918 年 6 月 18 日，第 3 版。

之经验观之，断然不合。盖中学小学两部份教员之资格，既各互异，而学生之年龄，又相悬殊，种种困难，不胜枚举。两校不宜混合，必须距离，方为两便。①

总之上述"三度"倡办中学运动和 1918 年成立筹办会，实则在一定程度上是前呼后应的一个整体运动，而贯穿前后乃至最终促成其事的关键人物自然是陈嘉庚，但胡惟贤及其倡办之南洋英属华侨学务总会的推动作用也应重视。尤其胡惟贤自 1913 年以来的各方宣传疏导，以及为筹划中学所进行的一系列调查与资料整理工作，尤其学务总会联络当时南洋华人的教育界，强调统一与合作精神，这些都不断持续扩大影响，乃至 1917 年形成了南洋华社的向心能量、促成了社会态度的变更，南洋华人认识水平的提升，学务总会居功不小。

三 1918 年前倡办南洋华侨中学的环境条件

陈嘉庚在 1918 年成立筹办会上的讲话，称其多年倡议无果，"心灰意冰，亦只空唤奈何耳"的心情，估计是当时关心南洋华人子弟教育未来的同仁所共同经历的。包括 1916 年时人追述 3 年前初抵新加坡的总领事胡惟贤多方宣导办中学，且自拟定中学章程，亦谓之："后来自己遍历各埠仔返时，遂将印峻之章程搁起，放入故纸堆中。"失望之余难免揪心，因此新加坡中华总商会理事蓝伟烈在多次倡办中学未果之后乃疾呼："今年不能开办，明年亦然，年复一年，中学必无成立之期矣。"②

然而视乎当初南洋华人办中学的客观条件，某些人的迟疑与观望也并非无因。总结各方意见，包含经费、生源、师资，而 1918 年 6 月 8 日发布的《通告》上则归纳为"有二原因在焉"："其一则以巨大之经费难筹也"；"其一则以及格之生徒难集也"。实则我们分析当时整体形势，似应还有一层内因，即当时社会方言帮群各自畛域分明，而小学亦分属各帮掌管，而欲设一机构凌驾所有小学之上，且对其教学内容、教学质量多所牵制，难

①　《筹办南洋华侨中学大会议之情形（续）》，《振南日报》1918 年 6 月 19 日，第 4 版。
②　《蓝君伟烈为筹办中学校事敬告侨胞书》，《振南日报》1917 年 4 月 12 日，第 7 版。

免会受到冷遇。于是我们能明白中学临时董事会 1919 年 2 月讨论正式校董的名单时，最后议决是"本坡男女各校之正总理若干名"，另外则是"由各帮再行补举计闽帮十三名、广帮五名、潮帮九名、客帮三名、琼帮二名，闽粤之外另有各省侨胞应选四名，合计五十多名，为正式校董，任期一年"①。这也正是上述《通告》开宗明义就指出南洋华侨中学"尤不容不合办"的道理。因此这个包含各方言帮群以及各帮所属小学的正式校董名单，极具针对性地妥善处理了帮群分立的障碍，确保了南洋华侨中学成立初期的顺利发展。②

当然，历经多次多人倡议未果，但合力办学的认知已颇成共识，然而分析 1918 年契机的一个关键客观因素，就是根据 1917 年的各方意见当年高等小学毕业生人数已达到一定积累。这在当时已有很多人提出来。例如叶钟铃指出 1917 年道南学堂堂长熊向父"曾往英属各地进行一项调查，结果显示，迄 1917 年止，新马二地有近百名小学毕业生，具备报读中学的资格"③。再如黄炎培 1917 年南来考察华人教育也肯定注意到这个情况，于是回国后积极复办南京暨南学校，并在 1918 年 3 月就正式开学，同时他还极力主张"今后政府必重视华侨教育"。④

整体而言，由陈嘉庚所领导的筹办会、临时校董会，以及初期的正式校董深谋远虑，对于当时整体形势的判断具超凡的认识。除了上述董事，当时多数人于经费一节多盲目乐观，例如 1917 年时人论及筹办中学经费一节云："新加坡为南洋总枢纽，华侨百余万，热心公益者亦实繁有徒。光复

① 《南洋华侨中学第五次议案》，《振南日报》1919 年 2 月 19 日，第 3 版。
② 叶钟铃文末总结南洋华人屡次倡办中学失败的原因，云："在陈嘉庚号召各帮首领创办华侨中学以前，南洋英属学务总会曾发表筹设中学及业学校的意见，广帮领袖简英甫亦曾推动创小学，由于缺乏责任心和团结心，以致一筹莫展。只有在解决两个难题：巨大经费之难筹，及格学生之难集，海外华人在南洋设立一所华侨中学的愿望，才告开花结果。"这与本文所分析的原因一致，即：一、方言帮群不合作；二、经费维持有困难；三、符合素质要求的学生人数不够。当然我们还看到的是，社会各界对于合力办学的重要性与必要性的认识水平，在屡次倡议失败经验中逐渐积累起来，同时也提升了对于学制与课程统一标准化、强调教育与教学质量的认识水平，也是 1918 年能成功组成筹办会进而办起南洋华侨中学的重要因素。正是基于这一点，我们一再重申学务总会的功不可没。
③ 叶钟铃：《南洋华侨中学的创设：概念的产生、演进与实现》，《亚洲文化》第 16 期，1992。
④ 黄炎培：《南洋华侨教育商榷书》，载余子侠编《中国近代思想家文库·黄炎培卷》，中国人民大学出版社，2015。

时因闽省经费之支绌，筹备补助，一呼立应，不旋踵而汇归祖国者数十万，岂因一中学而少此区区之一万金乎。"①况且筹办会成立之初短短数天各方的捐资就达数万元，但陈嘉庚始终保持审慎态度，并语重心长地说：

> 现虽属有五万元，然以之供开办费，并两年维持费斯可耳，若更谋伟大之建筑，则必购数英亩之地，营宿舍讲堂数十座，容生徒数百人或近千人，核其经费，当在二十万元以上。似此区区，以内外各埠侨胞之踊跃捐输，实不难咄嗟之办。倘误视中学经已成立，便可谢却仔肩，则误矣。②

总之，南洋华侨中学的创建是南洋华人"十年于兹"的努力，更经过"三度"前赴后继地克服障碍，以其集思广益与精心策划而最终得以具体落实的成果，而其中1918年的各项客观环境条件成熟更是关键的一针催化剂。

（一）学务总会的承前启后作用

上文提过主催南洋英属华侨学务总会的中国驻新加坡总领事胡惟贤，自1913年以来在南洋各地乃至中国宣传推动兴办中学，更将其列入学务总会的重要工作议程，对于1919年成功办起南洋华侨中学有着重要的积极作用。其中一方面正是其宣导工作连接起上述南洋华侨"三度"倡办中学的呼吁，胡惟贤与学务总会在这场运动中当可看作是维持其薪火相续的灯芯。更重要的是其多年工作效应之挥发，不仅逐渐汇集起一帮办学人、提高民众对于办中学的期望，更整体提高了社会对于联合办学、统一学制、提升学务的认识，最重要的是，其进行的一系列普查工作与资料收集打好了兴办中学所应具备的一切基础，其中当然也包括兴办学务总会过程中遇挫的经验教训。因此我们称学务总会在这场南洋华人"三度"倡办中学的运动长跑中起着承前启后的作用。

南洋英属华侨学务总会，是民国伊始为了统摄南洋华人学校而设立的监管组织，最初的筹办处就设在中国驻新加坡总领事馆。最初1912年8月

---

① 《暨南局万岁（三续）》，《振南日报》1917年11月1日，第8版。
② 《筹办南洋华侨中学大会议之情形（四续）》，《振南日报》1918年6月22日，第3版。

设立筹办处，定名"南洋英属中华学务总会"，其后于 1912 年 11 月参考中国教育部的指令而通过决议将"中华"改为"华侨"；其工作宗旨是很明确的："联英属七洲之地，合闽粤等省之人，无畛域党派之分，惟学务扩充是望。"①

学务总会的最初发起人即时任驻新加坡总领事的胡惟贤与当时的养正学校校长宋木林。② 胡惟贤在该会开幕演说辞中称：

> 学务总会何为而设也。初非以南洋英属之学堂林立，势如散沙，各自为学，人自为师，而有所不满于中也。良以中学之造诣，既邃且密，西学之程度，既高且深，居今之世，为今之学，必欲精益求精。于是慎之又慎，乃设斯会以统一之、以研究之。③

对于成立学务总会的必要性与重要性，时人是有共识的，如 1920 年的一份公开意见书仍称："此会不仅为联络感情交换知识起见，直是南洋教育兴废盛衰存亡生死之关系。"④而分析此必要性之主因，即当时南洋学校缺乏统一监管，如云：

> 今华侨学校，虽有数十所，而课程办法，各自不同，所定章程，其中不免有失之迂谬，或失之繁重，且有视萌芽如枝干，视基础如栋梁者。他如名称之混淆，经济之困难，其影响于教育者，虽有大小之不同，而足以为进步之累者则一。⑤

> 南洋办学多年，各学校成绩何如，人各有耳目，似无容滥费笔墨，反类于刘四骂座。即有成绩优良者，亦皆各行其是，满盘散沙，绝少团结之力。⑥

虽然有此必要性，但如上文所述，学务总会自筹办至成立后始终命运

---

① 《英属华侨学务总会筹办处启事》，《振南日报》1913 年 6 月 2 日，第 3 版。
② 一郎：《教育总会演戏耶》，《振南日报》1920 年 4 月 24 日，第 7 版。
③ 胡惟贤：《南洋英属华侨学务总会开幕演说辞》，《振南日报》1914 年 2 月 25 日，第 5 版。
④ 职民：《对于南洋教育界意见书》，《振南日报》1920 年 9 月 9 日，第 4 版。
⑤ 《学务总会意见书（七续）》，《振南日报》1915 年 3 月 17 日，第 3 版。
⑥ 职民：《对于南洋教育界意见书》，《振南日报》1920 年 9 月 9 日，第 4 版。

多舛。从成立之初的 1914 年，胡惟贤呈书中国教育部就称："上年虽经公议，在新加坡拟设南洋英属华侨学务总会，希冀统一，今年春间，勉强成立，而人各一心，事各一见，主其事者，又难得深通中西教育之人，以致一无表见"①，乃至 1920 年讥者仍比之曰："坡中之有是会，亦告朔饩羊之例耳。"②从初期之艰难到后来乃成"告朔饩羊"，当中不免有其自身包括人事在内的诸弊端，但其中贯穿前后的关键客观因素，则 1914 年学务总会正式开幕之初就曾有人道破，其云："星洲学务总会筹办之始，福潮各校学董，未知有何必要。"③这段话已明言学务总会既然要打破帮群分隔的办学格局，那么其受到当时方言帮群的漠视，其活动与管理之遇阻则自在情理中。更何况学务总会 1915 年第一次刊布的《学务总会意见书》中还明确批评云："盖南洋各埠之学校，多为福潮客广琼等帮人所创设。甲帮之学校，往往不收乙帮之学生，丙帮之生徒，往往不能进丁帮之学校。"④

在很大程度上，面对当时方言帮群学校界限分明的社会环境，筹办一所南洋华侨中学与学务总会所遇到的困难是有其共性的；因此理解学务总会的困境，多少就能帮助理解南洋华人历次倡办中学都未果的原因。于是我们可以联系起来，1919 年南洋华侨中学议决成立正式校董会，规定各方言帮群按名额分配推举人选，但终因各帮人选未定造成正式校董会的成立一延再延。⑤ 当然相比之下，学务总会所遇到的阻碍绝对远远大于筹办中学。首先，学务总会作为教育监管性质的机构，难免与政治关系密切，尤其 1914 年中国教育部颁布《领事经理华侨学务规章》就是明显的中央权力的体现。而民国初期的政治动荡就注定其不免有政党政见的介入，因此其初期名称的数次更易，由最初"南洋英属中华学务总会"至"南洋英属华侨学务总会"，最终则"南洋英属华侨教育总会"，其中字词的替换也多少受到当时社会与政治意识形态的影响，即一郎所云：

> 初，胡惟贤为总领事官，养正学校校长宋木林氏，与其发起，名

---

① 《胡总领事上教育部文》，《振南日报》1914 年 8 月 24 日，第 4 版。
② 一郎：《教育总会演戏耶》，《振南日报》1920 年 4 月 24 日，第 7 版。
③ 旁观者：《告学务总会诸君》，《振南日报》1914 年 2 月 26 日，第 7 版。
④ 《学务总会意见书（二续）》，《振南日报》1915 年 3 月 9 日，第 3 版。
⑤ 《南洋华侨中学校推举正式校董》，《振南日报》1919 年 3 月 23 日，第 5 版。

为中华学务总会。嗣宋氏投降国民党，因讨好于同系，又将招牌改为华侨教育总会。暗占胡位，因是与之大生意见，几不谋面。①

这也正是学务总会筹办阶段迟迟毫无进展的原因，乃至于正式成立之后仍继续发酵，如学务总会于 1914 年 2 月底举行开幕礼，但 3 月 2 日就发通告云："本学会评议、治事两部长，宣告辞职。"②

其次，《领事经理华侨学务规章》规定总领事管理事项包括："一、对于各华侨学校宣达教育部法令；二、对于华侨学务上之纷争调停或处理之；三、遇必要之时得向各学校表示意见，指导改良。"③而学务总会成立之初发布的《学务总会意见书》，曾明确指出南洋华人学校管理上的一处弊端，云：

> 内地学校不设总理协理等职，校内行政，校长任之；华侨学校多由侨民中公举热心公益、明白事理者多名，以负筹款保护之责，名之曰董事。董事以人数众多，不得不互选一二人以总其成。故设总理一人或二人，以资表率。又以校务繁重，不可不另举二三人、或三四人为总理之辅助，故设副总理、协理等，以分其劳。此种办法，非不美善，但总董与校长教员，若之划分权限，则冲突之事，在所难免。④

而终乃言及学务总会的"指导改良"意见云："今欲清除积弊，必先明定责成，定限分权，实为今日学校改良入手第一办法。"⑤

仅凭这一点，就不难明白当时社会整体对于学务总会的隔阂乃至于戒心，特别是各方言帮群及其学校。因此我们说筹办中学与各方言帮群学校之间虽难免有间接利益冲突，但涉及面不大，各帮或许仅是不够积极热心，但不至于漠视，甚至大体上是乐观其成的。然而对于学务总会来说则涉及切身关系，尤其学务总会若筹划直接介入学校内部的行政管理，乃至教学与课程等，那就明显是直接而全面的利益冲突了。

---

① 一郎：《教育总会演戏耶》，《振南日报》1920 年 4 月 24 日，第 7 版。
② 《学务总会通告》，《振南日报》1914 年 3 月 2 日，第 3 版。
③ 《领事通告》，《槟城新报》1914 年 1 月 8 日，第 3 版。
④ 《学务总会意见书（二续）》，《振南日报》1915 年 3 月 9 日，第 3 版。
⑤ 《学务总会意见书（三续）》，《振南日报》1915 年 3 月 10 日，第 3 版。

于是学务总会始终未得到学校的普遍支持，议者多以此为学务工作无法开展的主因，如云："而向来会务，更无教育界之合群力以维持之，遂致空有其名，办法未善，精神缺乏，一蹶不振。"①乃至于结果即学务总会无以行使其使命，最终内外部组织也涣散了，如云：

> 教育会者，南洋教育之机关也。然星洲教育会，是否为英属教育界全体所合组，是否为英属教育界全体所公认，是否有名无实，等于告朔之羊，是否会自会，校自校，会不令于校，校不服从于会，识者谓教育界欲放异彩，重新组织，势不能免。②

更甚者，如 1920 年总数 19 名新加坡理事中的 13 名理事联名请辞之公开信称："现在星洲议员约十九名，多次开会，俱不足法定人数。"同时公开信中还揭示云："且查本坡如中学、道南、端蒙、南洋女校、华侨女校、爱同、应新、兴亚等校，亦未有议员。"③可见即使新加坡教育界内，对于这个统摄性质的学务总会，其内外态度都极度冷漠。

终于在 1920 年时人乃直接发文哀叹"呜呼教育总会"，只是其文中却将全部责任推于领导与管理，云："有经商之力，而无办学之才，可以致富巨万，而不能办一学务总会。吁嗟乎异哉。……呜呼教育总会，呜呼教育总会之职员，庶几改之，予日望乎。"④这虽不算错，但未道及问题的症结所在，只是这正是当时社会的普遍意见。

纵使学务总会始终艰难经营，但其宗旨与意义毕竟是获得一定社会认同的，这由其初期如 1916 年理事名单即能窥见一斑，其中除新加坡主要学校总理如林文庆、陈嘉庚、简英甫、林义顺、吴胜鹏等人之外，还包括马来半岛上的学校总理暨重要社会领袖如槟城的张弼士、戴春荣、胡子春、邱汉扬，吉隆坡的张煜材、陆秋泰、杨宜斋，马六甲的沈鸿柏、曾江水，还有麻坡的颜经文等人。⑤

---

① 何悟凡：《维持南洋英属华侨教育总会商榷书》，《振南日报》1917 年 11 月 2 日，第 9 版。
② 职民：《对于南洋教育界意见书》，《振南日报》1920 年 9 月 9 日，第 4 版。
③ 陈安仁等：《教育总会评议长及评议员退职通告书》，《振南日报》1920 年 9 月 8 日，第 7 版。
④ 一郎：《呜呼教育总会》，《振南日报》1920 年 5 月 29 日，第 7 版。
⑤ 《学务总会大会纪闻》，《振南日报》1916 年 6 月 3 日，第 4 版。

　　虽然上举 1920 年没加入学务总会的学校名单中包括南洋华侨中学，但可以肯定地说学务总会与中学绝非毫不牵连，至少在筹办中学的前后期间学务总会的一批核心领导，同时也都是筹办中学的重要干事。比如学务总会初期继宋木林去职引发混乱之后而起来重新组织的陈赞鹏与何国基，学务总会更名"南洋英属华侨教育总会"正由此二人，[①] 他们同时也是南洋华侨中学筹办会第一届临时董事。[②] 尤其值得注意的是，何国基本人就是当初国风幻境剧社的创办人及"该社之重要分子"之一。[③]

　　此外，1918 年与 1920 年的两届学务总会多位主要领导也都在筹办中学工作中起到重要作用，除上述二人之外，其他重要的人还有曾江水、何仲英、吴胜鹏，他们三人同时都是 1918 年 6 月最初公布成立中学筹办会的"南洋华侨中学筹办人小学总理"成员。[④] 其中曾江水、何仲英分别担任1918 年学务总会的副会长与财政，[⑤] 同时也是 1918 年中学筹办会临时董事以及 1919 年正式校董；[⑥] 而何仲英更是从筹办会到中学董事会都担任查账职务。至于吴胜鹏，则是 1920 年的学务总会会长，[⑦] 同时也是中学筹办会临时董事会的查账，[⑧] 更是第一届正式董事会的副主席。[⑨] 吴胜鹏同时也得到继陈嘉庚后升任中学董事会主席的林义顺的信赖，林义顺任董事会主席后第一次主持会议所提出的议案：定于每逢周二与周五下午四辆摩托车同出募捐，其中受委"预备摩托车"的人员中包括吴胜鹏。[⑩]

　　此外，若论更早则南洋华侨中学初期两任董事会主席陈嘉庚与林义顺也都曾担任学务总会 1916 年的理事，林义顺甚至还是当年的副会长。[⑪]

　　正如上文提及，学务总会在其集合各帮群学校之力以提升整体学务上

① 一郎：《教育总会演戏耶》，《振南日报》1920 年 4 月 24 日，第 7 版。
② 《南洋华侨中学筹办员总录》，《振南日报》1918 年 7 月 3 日，第 5 版。
③ 《国风幻境近况纪闻》《退社声明》，《振南日报》1915 年 12 月 8 日，第 4 版。
④ 《实行筹办南洋华侨中学之通告》，《振南日报》1918 年 6 月 8 日，第 4 版。
⑤ 《教育总会选举会长纪事》，《振南日报》1918 年 10 月 2 日，第 3 版。
⑥ 《南洋华侨中学筹办员总录》，《振南日报》1918 年 7 月 3 日，第 5 版；《新加坡南洋华侨中学校职员表》，《振南日报》1919 年 4 月 10 日，第 6 版。
⑦ 《教育总会开议》，《振南日报》1920 年 5 月 5 日，第 4 版。
⑧ 《南洋华侨中学第一次董事会议案》，《振南日报》1918 年 6 月 27 日，第 3 版。
⑨ 《南洋华侨中学校复选正式校董纪要》，《振南日报》1919 年 4 月 9 日，第 4 版。
⑩ 《南洋华侨中学校正式校董第四次议案》，《振南日报》1919 年 6 月 4 日，第 3 版。
⑪ 《学务总会大会纪闻》，《振南日报》1916 年 6 月 3 日，第 4 版。

之性质，与筹办中学的工作有其共性，包括当 1913 年新加坡中华总商会婉拒陈嘉庚之献议，与 1912 年以来学务总会始终处于筹办阶段，其面临的方言帮群畛域界限之社会因素是共同的，简言之即"福潮各校学董，未知有何必要"①。而自 1914 年学务总会成立以来，虽然各方态度冷淡，但是毕竟各学校须合力划一学务之重要性的意识已渐入人心，因此当 1918 年倡议"尤不容不合办"之中学筹办会即能一呼百应。尤其无法忽略的是学务总会正式成立初期的 1914 年胡惟贤所称侨学弊端，其云："所为富商捐资办学者，颇不乏人，苦于省自为界，人自为学，各操土音，都无远见。……且校舍既系公立，经费又属自筹，性质独立，不愿受局外之干涉"②，乃至于 1915 年学务总会理事"议决举办之事"所列之学务弊端，包括学制管理、课程讲授等节，与其所关切之小学之教学质量、教师培养诸问题，这些都与 1918 年后陈嘉庚等人所不断重申的南洋华侨筹办中学之必要性诸端有极大程度的重合。更为关键的还有提倡教育应该"合办"。1913 年胡惟贤倡办学务总会时就宣称："学务总会系联英属七洲之地，合闽粤等省之人，无畛域党派之分，惟学务扩充是望。"③嗣后仍多时多处一再重申，而 1915 年的《学务总会意见书》更明言："凡我华人，当皆以破除界限普及教育为念，学校招生，万不可各分畛域，聘用教员，只问其能否胜任，不当问其为何省何帮人也。"④而筹办中学的最初《通告》也称中学"尤不容不合办"，其后陈嘉庚在就任中学筹办处临时董事会主席的演说中也说："故南洋中学，尤不容不合办也。"⑤

最后，学务总会自成立以来所进行的诸项侨学调查与工作，最低限度上对于联系起各地学校校董、校长至少是能起到积极作用的。比如上文曾提及的"华侨学校学生"与"华人在英文学校肄业之人数"⑥，又且据其 1916 年的报告之总结云：

① 旁观者：《告学务总会诸君》，《振南日报》1914 年 2 月 26 日，第 7 版。

② 《胡总领事上教育部文》，《振南日报》1914 年 8 月 24 日，第 4 版。

③ 《英属华侨学务总会筹办处启事》，《振南日报》1913 年 6 月 2 日，第 3 版。

④ 《学务总会意见书（二续）》，《振南日报》1915 年 3 月 9 日，第 3 版。

⑤ 《筹办南洋华侨中学大会议之情形（续）》，《振南日报》1918 年 6 月 19 日，第 4 版。

⑥ 《学务总会报告册》，《振南日报》1915 年 8 月 5 日，第 4 版；《学务总会调查华人在英文学校肄业之人数》，《振南日报》1915 年 9 月 2~3 日，第 5 版。

南洋英属学务总会成立以来两年于兹，对于侨学应办之事，如调查私塾、调查中英学校、创办国语讲习所、设教育研究会、禀请教育部奖励热心捐资兴学侨商等。①

于是我们无法否认的是，学务总会自成立以来的种种措施与工作在倡办中学的运动中确实起着承前启后的作用，更重要的是为 1918 年的中学筹办工作铺垫了应有之条件，于是水到渠成，其后短短 10 个月内南洋华侨中学便得以顺利开学。

（二）1918 年以前的升学管道

1918 年筹办中学的《通告》宣称："凡我英荷各埠闽粤诸同胞，须知南洋华侨中学，与我海外侨胞之成败存亡，大有最密切最重要之关系。"②上文已经列举南洋华人办中学的必要性，在教育发展上关乎小学毕业生之升学、小学教师之培养，在学校管理上则是小学教育之质量、小学学制之统一等。

可以理解后二者是当时"性质独立，不愿受局外之干涉"的帮群学校所难免存戒心的；但对于前二者，尤其升学问题绝对是多数人极度关心的，包括各帮群学校的校董、校长。然而又何以筹办中学竟一延再延。究其原因除"合办"之难外，还应指出当时与升学相关的两方面情况：其一，整体而言，当时华文高等小学之真正毕业生人数少，比如 1915 年学务总会就提及："查各埠学生，中途退学者，大约十居其九。此九人中，因生计艰难，急于改业者，约得一人；随父兄归国，或往别埠者，约得一人；此外则改习洋文矣。"③因此其建议办中学，乃言："兹拟调查本年高等小学毕业人数，如在三十名以上，则从速与各校总董筹商开设中学校，如不及三十名，则按照部章，设补习科。"④1918 年筹办中学时生源人数也是最受关切的问题，且甚于经费，此中当然还包括学生素质问题。其二，实际上当时有几条升学管道供华文小学毕业的南洋华人子弟选择，其中虽也有些本地升学机会，但主要仍是在中国。以下略做介绍。

---

① 《黄总理之热心》，《振南日报》1916 年 2 月 23 日，第 2 版。
② 《实行筹办南洋华侨中学之通告》，《振南日报》1918 年 6 月 8 日，第 4 版。
③ 《学务总会意见书》，《振南日报》1915 年 3 月 4 日，第 3 版。
④ 《学务总会意见书（六续）》，《振南日报》1915 年 3 月 16 日，第 3 版。

首先是在南洋本地。① 上文提过，1915 年学务总会倡议办中学的时候就担心整个南洋高等小学毕业的学生人数太少，乃至于不足以支撑一所中学。这个担忧一直持续到 1919 年中学开学后仍是如此。然而我们若以 1915 年的数据分析，则学务总会所定 30 人的标准实在不算低，比如创校于 1906 年的道南学校，当年在新马堪称最大型且办学最受肯定的学校之一，其 1914 年首届高等小学毕业生人数仅 8 人，② 其 1915 年称"自开办以来学生名数以本学期为最多"的学生总数，按其当年中文班大考人数计算为：高等分二班共 21 人（1 人缺考）；初等分六班共 247 人（4 人缺考、1 人退学）；高等补习班 23 人（2 人缺考、1 人回国）；初等补习班共 29 人（1 人缺考、1 人告退）；高等补备班共 17 人；初等补备班共 37 人；此外，另有转学及告退者 12 人。③

从这份名单数据中可以明显看出当时高等小学与初等小学人数差距之大；即高等小学 21 人与初等小学 247 人的差比，即可体会学务总会所说的："查各埠学生，中途退学者，大约十居其九。"④其云"十居其九"实在一点不夸张。更何况当时多数学校都未设高等班。同时还应注意的是，同是道南学校 1919 年的高等小学毕业生人数也还是维持在 8 人。⑤

仅仅通过这样的数据，我们就可以明白 1913 年胡惟贤各处奔走以及同年陈嘉庚去函新加坡中华总商会倡办中学之时，各界不甚积极的反应多少是有其道理的。这就是我们上文总结历次倡办中学未果原因之一的生源问题。然而到了 1917 年陈嘉庚倡议办中学，客观条件已很不同了。这时期积累下来的高等小学毕业生已有相当的数量。

上文提及《学务总会意见书》提出若中学生源不及 30 人则设"补习科"，结果中学固然未办成，似乎连这个补习科亦未付诸实践。倒是《学务总会意见书》之后直接提出设立"国语讲习所"和"师范讲习所"，其中师

---

① 这里谈南洋本地小学毕业生之升学管道，专谈华文学校及华文教育范围内。上文曾提过新加坡华人学生在英文学校学习人数远远超过华文学校，其中包括英文中学的华人学生。但这里仅仅是讨论华文小学及其毕业后的华文教育升学管道。
② 《道南学校高等生毕业纪盛》，《振南日报》1914 年 8 月 19 日，第 2 版。
③ 《道南学校全体学生大考一览》，《振南日报》1915 年 8 月 17~19 日，第 2 版。
④ 《学务总会意见书》，《振南日报》1915 年 3 月 4 日，第 3 版。
⑤ 《道南毕业生》，《振南日报》1919 年 7 月 15 日，第 4 版。

范讲习所设于养正学校讲堂，① 1915 年 6 月 10 日就开课，首批"练习员计二十余名"②。这个师范讲习所是"为养成蒙学教师而设"，主要为"各私塾教员及有志教育者"③ 进修教育学。这不失为南洋子弟升学之所，但更关键的目的还是提升小学教师素质。同时随着小学数量日增，学生人数也跟着增加，其他学校也都跟着开设师范讲习科，如 1917 年南洋女子学校附设师范讲习科及专修科，招生目标中包含"初等小学四十名，高等小学四十名"④，又如同年冯右铗甚至呼吁"南洋宜速办师范"，其云：

> 且年来所得高等小学毕业之学生，竟不在少，其间必有抱进求高深之希望，以谋职业之技。然南洋群岛之中，又无中等程度之学校，供其需要，回国求学，事非易易。人才之损失于无形中者，又当不在少也。是今日者宜亟设师范以容纳之。一方为改良小学教育之预备，一方为小学毕业生谋一出路。计无有善于是者。⑤

这段话正道出了 1917 年南洋华人教育发展的一个关键问题，即上文所提及的，这一年的南洋学校高等小学毕业生人数剧增。

同在这一年，中国著名教育家黄炎培受公派南来考察华侨教育，并多番宣传其"职业教育"理念，如其于 1917 年 8 月在荷属学务总会演讲，提到"注重职业教育"⑥，又于同年 10 月写成《南洋之职业教育》；尤其他在《南洋华侨教育商榷书》中提及："吾因而确认南洋社会需要商业教育，实有非常迫切之情势，则非仅在小学略授以商业知识，如所谓预备商业教育者为克能满足其要求。"⑦在其号召下，南洋不少学校都增设商业科。比如 1918 年爱同学校增设商业科，论者雀跃云：

---

① 《师范讲习所定期开学》，《振南日报》1915 年 4 月 30 日，第 6 版。
② 《学务总会报告册（八续）》，《振南日报》1915 年 9 月 1 日，第 4 版。
③ 《南洋英属华侨学务总会倡办国语讲习所简章（四续）》，《振南日报》1915 年 3 月 25 日，第 3 版。
④ 《南洋女子学校附设师范讲习科及专修科招生广告》，《振南日报》1917 年 7 月 27 日，第 5 版。
⑤ 冯右铗：《南洋宜速办师范书》，《振南日报》1917 年 12 月 4 日，第 6 版。
⑥ 《黄炎培氏对于南洋荷属华侨教育界之演说》，《振南日报》1917 年 8 月 31 日，第 6 版。
⑦ 黄炎培：《南洋华侨教育商榷书》，载余子侠编《中国近代思想家文库·黄炎培卷》，中国人民大学出版社，2015，第 181 页。

　　然中学之倡办，迩来声浪，不为不高，徒以经费难筹，用人不易，至今尚无头绪。而学生之穷途如故也。为今之计，莫如多开乙种商业科，俾学生毕业后，或益进于学，或入工商各界。左之右之，无施无不可也。昨阅爱同学校改组商业科之宣言，及招生广告，关心教育者心目中，顿生无限之快感，以为爱同学校，善能审时度势，务所当急。①

　　1920 年新加坡单独成立了一所"南洋工商补习学校"，并获得社会普遍支持，时任中国驻新加坡总领事伍璜更出任该学校的名誉校董。② 当然，黄炎培考察南洋华人教育之后的最重要工作是回国极力倡议复办暨南学校，该校很快就在 1918 年 3 月开学，为南洋华人子弟升学开拓了另一条管道。这也在极大程度上显示出南洋子弟对于中等以上教育的热切需求，以及希望获得中国教育界的重视。

　　接下来讨论南洋子弟到中国继续升学的问题。1918 年最初公告筹办中学的函件就称："凡小学毕业欲升中学者，必回祖国，跋涉路程，诸多不便。"③可见除了南洋本土所设的一些专门课程，去中国继续升学是 1919 年办中学以前的唯一出路。在 1918 年暨南学校复办以前，中国多所学校实际上已在招收南洋学生，只是数量都不多，也算不上积极；包括北京大学、清华学校等也都有南洋学生。尤其在 1918 年以后，中国不少大学都优待招收南洋学生，比如北京的中国大学从 1919 年 7 月特别派人南来招生，并公告："本大学于今年九月，特设华侨预备班，按其程度，斟酌课程，以为侨生升入中学以上之准备。"④此外，当时的中国政府下令大学增收南洋学生，如 1919 年 5 月"（中国）外交部训令，清华学校增设南洋侨民学额，由各总领事招生在案"，且列明招生办法云：

　　本总领事定于六月十四日上午十钟，在本馆当面考试。兹特先登报俾周知。凡在南洋英属华侨子弟，年在十四岁与十五岁，尚未定婚，

① 《善哉爱同学校之改组》，《振南日报》1918 年 2 月 19 日，第 2 版。
② 友生：《南洋工商补习学校之乐观》，《振南日报》1920 年 9 月 30 日，第 5 版。
③ 《侨胞筹办本坡中学》，《振南日报》1918 年 5 月 3 日，第 3 版。
④ 《优待侨学生》，《振南日报》1919 年 7 月 17 日，第 4 版。

读过国文英文书籍，有志投考中等科肄业者，应届时到馆，由本馆领
事当面考试，以备录取送京。①

1918 年以前南洋子弟的升学优先选择，实则多集中于上海的学校，且
以复旦公学为最多。比如较早在上海成立的南洋华侨学生会即上海复旦公
学华侨学生会，其云："是用组织斯会，并附设招待部，为便利华侨子弟就
学此间而设。区区之忱，无非欲南洋同胞，尽沾祖国文明之化，用以改良
社会。"②紧接着又于 1918 年 3 月组建上海华侨学生会，并定期派委员"前
赴南洋总汇之区，劝令侨生回国求学"③；这个学生会急速壮大，甚至"北
京大学及清华学校华侨学生均来函，愿入本会为会员"④。

南洋学生到中国升学人数显著增多，主要是在 1918 年中国复办暨南学
校之后。上文提过，黄炎培 1917 年 5 月受委南来考察华侨教育，归国后极
力主张中国政府"必重视华侨教育"。其中一项措施就是恢复民国元年以来
就停办的暨南学校。1918 年 3 月暨南学校正式恢复开课，并由黄炎培担任
首任校长。⑤ 他在复办宣言中语重心长地说：

> 本校废止于今六年，兹者筹办规划之宗旨遍告我侨南同胞。近顷
> 以来，南洋华侨学校亦已进矣，而当局者困难之程度与之俱进。有毕
> 业生而无相当之升学机关，求良教员而无特设之培养机关，回国就学
> 者日渐发达而无指导之人，学科程度或有参差而无补习之地。此侨南
> 同胞所引为大憾，亦祖国朝野上下所共抱不安者也。今将原有之暨南
> 学校从（重）新恢复，扩充规模，改良办法，分设专科，并经营有利
> 于华侨教育之各种事业，总以华侨子弟回国者得受适宜之教育，造成
> 有用之青年，以增进华侨文明程度，发达华侨实业为宗旨。⑥

---

① 《总领事馆通告》，《振南日报》1919 年 5 月 7 日，第 2 版。
② 《上海复旦公学华侨学生会缘起》，《振南日报》1918 年 1 月 29 日，第 7 版。
③ 《教育通函》，《振南日报》1918 年 4 月 10 日，第 8 版。
④ 《上海华侨学生会纪闻》，《振南日报》1918 年 5 月 27 日，第 7 版。
⑤ 熊杰、夏泉：《试论民国初期华侨商科教育的创办与发展（1917—1927）——以暨南学校
为中心的考察》，《侨务工作研究》2010 年第 3 期。
⑥ 黄炎培：《暨南学校规复宣言并招生启》，《振南日报》1918 年 2 月 2 日，第 5 版。

其招生条件明列："凡年十四岁以上，有高等小学毕业证书，或虽无证书而有相当之程度者，均可来本校就学。"① 可见黄炎培很清楚华侨高等小学毕业生人数剧增正是当年复办暨南学校的重要且必要因素。

从课程上，暨南学校也多为南洋华人子弟量身定制，即最先以商业科和师范科为主；如黄炎培在《南洋华侨教育商榷书》中已明言"吾因而确认南洋社会需要商业教育"。至于师范则 1915 年以来学务总会就以多方强调培养优质师资对于南洋华人教育发展的必要性。正因如此，暨南学校在复办之初就深获南洋华人学生的青睐。如云：

> 暨南学校系中央教育部应南洋各属之要求而设，专收华侨子弟，教以南洋所须（需）要之知识技能，并发达其爱国思想。校址设在南京，为长江流域之中心。成立未及一年，学生已达一百六十人。②

其中"专收华侨子弟"难免太绝对，实则据其统计大约是"华侨学生居十分之七"，如 1918 年 10 月的数据统计云：

> 商业科学生三十人、师范（科）学生五十人，另有预备升入本校专科或他校之补习班学生三十余人，又有附属小学学生三十余人，计学生一百四十人。其中华侨学生居十分之七，国内学生居十分之三。③

当然，暨南学校获得南洋学生的大力支持更是因为受到了南洋教育文化界的推动。从目前所见，1918 年 3 月暨南学校正式复课，南洋社会对于学生深造入学极为关注，比如宽柔学校由校长亲自陪同当年的 6 名学生到南京报到，暨南校方来函云："柔佛宽柔学校校长林木卿君躬送学生四人回国，欲就学敝校，无任欣幸，至同行林朱二生，自当一体酌量程度，允其入学。"④另外，南洋英属华侨学务总会也宣传组织定期护送学生入学报到，如 1918 年 3 月"第一期由叻出发学生六名"，而"第二期拟定阳历四月内，

---

① 黄炎培：《暨南学校规复宣言并招生启》，《振南日报》1918 年 2 月 2 日，第 5 版。
② 《侨界学生须知（续）》，《振南日报》1919 年 2 月 21 日，第 5 版。
③ 《南京暨南校多华侨生》，《振南日报》1918 年 10 月 22 日，第 2 版。
④ 《教育通函》，《振南日报》1918 年 4 月 9 日，第 8 版。

筹送归国，如有志就学于暨南学校之侨生，祈往总会报名"。①

由此可见，黄炎培的判断是很准确的，即当他 1917 年南来考察南洋华人教育时，就意识到当时南洋高等小学教育已很稳定，社会已积聚了足够的生源发展中等以上之教育。而这也就是我们上文一再提及的，南洋华人倡办中学的一系列运动中唯独 1917 年始能获得较广泛支持且最终得以付诸实践，这个客观条件是关键的。

四 结语

南洋华人"十年于兹"地倡议兴办中学，1917 年终于形成足够的社会支持；但多数人还是只愿意充当支持者，如蓝伟烈所自嘲的"至稍观望，以为之俟"，即缺少一个挺身统领其事者。

究其主要原因仍是对于办中学的可行性存有疑虑。毕竟此前虽经多人倡议却丝毫未见实效，社会已有不少"徒托空言"的讥讽；具体到 1917 年前后的倡议亦然，如上文引述"今尚有拾太炎之唾余者"的嘲讽文章，其末尾即云："为学不在多言，顾实有如何，有志者其念之哉。"②再如 1917 年一波筹办中学运动倡议人之一的蓝伟烈，登报"敬告侨胞"以示决心的同时，仍不无焦虑地说，"惟恐单凭口舌"。③

对于 1917 年 4 月陈嘉庚领衔的倡议活动诸人，仅仅半年前章太炎南来倡办中学犹受人奚落，这对他们不能说没有影响，因此再度公开倡议时难免多一番踌躇。

由此可见，1918 年筹办会的成立，同德书报社和国风幻境剧社实际上仅仅是一星火花，但社会原就积蓄的强大燃烧力因此引爆。由其筹得的 17000 元首笔捐款，实在只是凤毛麟角，但足以触发接下来如火如荼的筹办进展，乃至于在短短 10 个月后中学就正式开课；具体分析，其二者的主要贡献绝非那 17000 元的捐款，而是带来了两方面积极作用：一是传达了马来半岛各地对于办中学的广泛支持与高度热情；二是挺身承担社会冷言的风险而充当急先锋打头阵。

---

① 《本坡学生有欲回国求学者乎》，《振南日报》1918 年 3 月 8 日，第 6 版。
② 《中学堂新旧帐》，《振南日报》1916 年 12 月 20 日，第 6 版。
③ 《蓝君伟烈为筹办中学校事敬告侨胞书》，《振南日报》1917 年 4 月 12 日，第 7 版。

考察 1918 年成立筹办会的过程，目前资料还是较为详尽的。首先是 1918 年由国风幻境剧社遍历马来半岛九个城镇演剧筹款，再经新加坡同德书报社主持其事，于 1918 年 5 月 3 日发出联合公告云：

> 故筹办中学，势难已已。前曾经数热心家发起倡办，着手进行，嗣因他事阻阻，不克早日成立。继得国风幻境诸君肩任，公同遍历各埠筹款，计所历九埠，承各该埠热心家赞助，已捐有的款约一万七千金。①

紧接着又于 1918 年 5 月 5 日召集会议共商筹办中学的办法，报道云：

> 南洋中学设立之事，酝酿经年，近始由热心诸子，于五月五日下午，假座同德书报社开会，筹商办法，到者四十余人，各团体均有。一时开会，五时散会，指名举出临时筹办员八人：徐统雄、吴炽寰、周献瑞、陶哲臣、袁舜琴、许柏轩、何仲英、曾汝平诸君，并指名举定临时书记一人顾钟华君；并议二星期后再开会筹议云。②

当然同德书报社会议诸人此前就已获得陈嘉庚的支持，云："况复得陈嘉庚先生应许热心赞助耶。所愿董其事者，慎重将事，俾天南教育前途放大光明。"③

此后由马六甲培风学校和新加坡 15 所学校总理组成 16 名成员的"南洋华侨中学筹办人"，于 1918 年 6 月 8 日刊发《通告》，公布 6 月 15 日下午 2 点在新加坡中华总商会召开特别大会；其时"到会者人数颇众，公举陈君嘉庚为临时主席"，且此时捐款已达 5 万元。④ 陈嘉庚在当天的演讲中说：

> 近因同德书报社诸员，特举代表，重以此事商之鄙人，而鄙人欲偿夙愿，遂不自顾绵薄，毅然为之而不辞。第恐经费无着，未敢冒昧，爰先谋之同志，得三万余元，合诸国风幻境演剧捐助万余元，共得五

---

① 《侨胞筹办本坡中学》，《振南日报》1918 年 5 月 3 日，第 3 版。
② 《冀望中学早日成功》，《振南日报》1918 年 5 月 6 日，第 5 版。
③ 《冀望中学早日成功》，《振南日报》1918 年 5 月 6 日，第 5 版。
④ 《筹办南洋华侨中学大会议之情形》，《振南日报》1918 年 6 月 18 日，第 3 版。

万之款。乃遍询各校总理得其同意，故刊发通告、召集大会。①

因此可以说，同德书报社和国风幻境剧社在马来半岛九个城镇筹得捐款之后的组织与筹划等工作基本由陈嘉庚领导。筹办会成立之后的发展如火如荼，很快就成立董事会、择定校地、聘任校长和教师、考试招生、备齐设施，乃至短短 10 个月后的 1919 年 3 月就正式开课。

南洋华侨中学创建于 1919 年，是南洋华文教育史上的一座丰碑，其历史重要性则必将之置于海外华文教育史的视野中才愈加显著。比如根据 1917 年底中国教育部的资料显示，包含"英属南洋各岛、荷属南洋各岛、日本、朝鲜、美国、美属南洋各岛、英属澳洲、英属缅甸、法属越南、英属加拿大"等世界各地的华文学校，其中仅"有中学一校"，以及"高初小学附设中学班者一校"②。

而在此后一年余的 1919 年 3 月，南洋华人就分别创设了"槟城华侨中学"和"新加坡南洋华侨中学"两所中学。这不得不说是南洋华人在世界华文教育史上的"丰功伟绩"。

南洋华侨中学是全体南洋华人经过多年多番前赴后继地共同耕耘而最终收获的历史果实，其最终得于 1919 年建立是由历史必然与偶然条件之无缝契合所致，即客观条件上：第一，1917 年南洋华人高等小学毕业生急速增加，包括此前已毕业之人数，中学的生源得以保障；第二，通过 1913 年以来前后多人倡议与策划的努力，办中学的意识及其建设上的诸多细节都已经过反复思考与讨论；第三，1914 年欧洲卷入第一次世界大战，南洋华人的整体经济实力得以大幅度提升，极大程度地解决了办学的资金问题；第四，中国学界与政府的支持，包括认同办中学的重要性与必要性，以及政府提供的资助，在一定程度上坚定了办中学的信心与意志；第五，民国初年以来强调办学统一化与规范化，以及破除方言帮群畛域的合力办学，尤其是学务总会的组织与活动形式，虽其未属成功典范，但毕竟提供了一个合力办学的初始平台。

因此当 1917 年以陈嘉庚为代表的南洋华人第三度倡办中学时，这些客

---

① 《筹办南洋华侨中学大会会议之情形》，《振南日报》1918 年 6 月 18 日，第 3 版。
② 《侨学成立之校数》，《振南日报》1917 年 11 月 9 日，第 2 版。

观条件都已齐备，唯独"只欠东风"，而这个偶然条件就是 1918 年同德书报社协助国风幻境剧社遍历马来半岛九个城镇演剧筹款，带回新加坡 17000 元的办学捐助。这笔金额虽不大，但表达了当时最为广泛的共同创办中学的普遍意愿，之后陈嘉庚召集马六甲和新加坡 16 所学校总理拟定并联署《通告》。

这一系列进程铺展开来即成一幅南洋华人苦心经营教育与文化事业而接棒式合力共进的历史长轴。这绝非仅仅是一所中学的创立，它实则是南洋华文教育史的一座丰碑：第一，它是南洋华人办学历史上打破方言帮群畛域的一杆重要旗帜；第二，它标志着南洋华人基础教育学制与升阶上的完善化；第三，它标志着南洋华文学校教学与管理上的质量提升以及统一化与规范化。

其中第一点尤其关键，它不仅是各方言帮群合力办学的成功典范，更是南洋华文学校舍弃方言而朝向"国语"教学的重要里程碑。

叶钟铃在叙述这一段历史进程时，所云"概念的产生、演进与实现"非常准确地把握了这段历史发展的实质，① 且其视野之开阔也抓准了创建南洋华侨中学的历史定位与意义。《百年华中情》在新加坡南洋华侨中学 100 年历史的梳理上前轻后重，纵是退而求其次，不诉诸史学范式之要求，但若使创建中学之历史格局缩于一人一地之小圈内，则难保几成历史负罪。

100 多年前新加坡南洋华侨中学的创设历史绝不仅仅是"陈嘉庚"一人或者"新加坡"一地；这就是开头引言所谓叶钟铃"不论是史料的掌握还是史实的洞见，当然更包括历史叙述的视野与格局"都远高于《百年华中情》的关键。叶钟铃很完整地介绍了 1918 年以前的几次倡办中学活动，然其分别论述，割裂其事，虽然文中明言前赴后继地推动，但由于缺乏对各次倡议活动的细致辨析，因此未能将其串联起来织成一幅倡办中学运动的历史长轴。当然，也正是由于缺乏针对各次倡议活动及其倡议人剥丝抽茧的解析，某些细节上的失准就在所难免。

本文通过 100 多年前南洋华人倡办中学前赴后继的一系列运动，包括当中经历的事态兴衰以及人事浮沉，进行了尽可能详实的叙述，其目的是要

① 叶钟铃：《南洋华侨中学的创设：概念的产生、演进与实现》，《亚洲文化》第 16 期，1992。

还原新加坡南洋华侨中学的真实历史定位：这是一所坐落于"新加坡"的全体"南洋华侨"前赴后继合力创建的"中学"。

The Proposal and Founding of The Chinese High School

〔Malaysia〕 Khoo Kiak Uei

Abstract：The Chinese High School in Singapore was established 100 years ago in 1919. This high school signifies an important milestone in the education history of Southeast Asian Chinese. First, it symbolized the significant achievement of a collaborated effort among all different dialect groups in Southeast Asia in its education history. Second, it symbolized the perfection of the Chinese elementary education system in Southeast Asia. Third, it symbolized the overall uplifting and standardization of the teaching and administrative processes in Southeast Asian Chinese schools. These significances are only apparent by looking back more than 100 years ago when the early Chinese urged for the establishment of a high school. This paper, with reference mainly to newspaper articles during the period of 1913 to 1920, analyzes the entire process of a "three attempts" to propose for establishing a high school. This paper, by means of a chronological description of the historical development of this middle school movement among Southeast Asian Chinese, aims to restore the true historical role and significance of this high school.

Keywords：The Chinese High School; Hwa Chong Institution History; Chinese Education; Southeast Asian Chinese

华侨人物

谭云山家族与中印文化交流[*]

蔡 晶[**]

摘 要 在中印文化交流史乃至国际文化交流史上，谭云山家族是一个独特的现象。湘籍华人谭云山旅印 55 年，不仅倾尽毕生精力致力于中印文化交流，并举家族之力成就此事业。谭氏家族出现了"子承父业"和两代"夫妻同行"的家学传统。谭云山、谭中父子两代华侨华人学者以治学搭建中印文化交流的桥梁，从"中印学"的历史建构到"中印大同"的宏大愿景，倡导新型地缘文明范式，逐步拓展中印研究和中印文化交流的空间与路径，实现中印两国思想之会通，力图打开中印两国互相理解的通道，共谋和谐发展，并惠泽世界和平。谭氏家族堪称华侨华人"文化报国"的典范，谭云山精神在当下焕发出新的生命力。以谭云山为代表的华人的天下情怀，以及"大同"理想亦当成为新时代华侨华人精神世界的航标。

关键词 谭云山家族 中印文化交流 中印学 中印大同

当今世界，文明交流互鉴成为主流话语。在中印两大亚洲文明古国对话的历史上，谭云山家族可谓一座丰碑，谭氏父子两代人在 90 多年的岁月里，不断探索中印在 2300 年历史长河中，在古代文化交流和现代文明回应中际会相契的文明对话，使"中国与印度"这一极富张力的话题历久弥新。谭云山乃一介书生，与政治上的救亡图存或经济上的实务报国不同，他主教育、兴学术，以"文化兴国""文化报国"为己任。谭云山家族在中印文化交流史上留下了不少美谈佳话，在国际文化交流史上也凸显出典型意义。

---

[*] 本文是 2020 年度温州大学（校级）特色研究培育一般项目"印度华侨华人与中印关系研究"（课题编号：06）的研究成果。

[**] 蔡晶，博士，华侨大学国际关系学院、华侨华人研究院、心理文化学研究所副教授，主要研究方向为中印关系、中印跨文化交流。

一 谭云山家族的中印情结

谭云山（1898—1983 年），祖籍湖南茶陵，生于一个官宦世家，书香门第。幼时家境殷实，但不幸父母早亡。九岁时便寄人篱下，由其父好友彭蔚仁收养。所幸养父待他十分亲善，并对他悉心栽培，从私塾到新学堂，他接受了极好的教育，并勤奋好学，成绩优异。1919 年，谭云山考入湖南著名学府——湖南省立第一师范学校，受到进步运动的思想、学术熏陶，积极投身新文化运动，组织过新文学社、茶陵学社，参加过新民学会、新文化书社，并创办了中兴学社。可见在骨子里，谭云山就是一位爱国、进步的青年。1924 年 7 月，他远赴南洋，当时的初衷是扩大视野，更好地从事新文化工作，但其传播中华文化的伟大事业便从那时开始。他在南洋教书、办文艺刊物，也从事文学创作。其间他认识了在他生命中最为重要的两个人。一位是陈乃蔚，她与谭云山既是同乡，又是同事，后来成为谭云山的夫人，成为谭云山的人生伴侣和灵魂知音。她为谭云山的事业提供了极大的理解、支持和帮助。另一位是印度大诗人泰戈尔。泰戈尔于 1927 年 7 月造访当时谭云山任教的麻坡中华学校，与谭云山一见如故，并邀请谭云到他所创立的印度国际大学去。1928 年 8 月，谭云山赴印，这一去，便在印度扎下了根。他在印度国际大学教授中文，同时也学习梵文、钻研印度文化，并对佛学研究投注了极大的热情。他为国内的《东方杂志》写稿，介绍印度国际大学，也介绍印度文化，受到中国和印度两国学人的关注。为了进一步推进中印文化交流，他多次往返中印之间，在政府和社会各界中斡旋游说，先后于 1933 年、1934 年分别在中国和印度发起和组织"中印学会"和"Sino-Indian Cultural Society"，成为中印文化交流的重要组织。中印学会 1935 年在南京正式成立，陆续向印度捐赠了 10 万余册图书和近 4 万卢比的建设款项。1937 年 4 月，著名的"中国学院"在印度国际大学正式成立，成为中国文化在印度的阵地，至今仍是印度的中国学术和文化中心。1968 年，谭云山在这里光荣退休。1979 年，印度国际大学授予他文学博士学位，这也是该校最高荣誉学位。1983 年 2 月 12 日，谭云山在印度佛教圣地菩提迦耶逝世。他举必生之力致力于中印文化交流，有七大功绩：创建中国学院；建立印度首个中文图书馆；在印度成立中国语言文学专业；

组织中印学者和学生交流；组织中印名人政要互访；沟通中印民族，为抗战服务；著书立说，出版刊物。① 尤其是在著书立说、与中印两国政要论道、推动两国社会各界人士往来方面，谭云山发挥了巨大的能量，成就卓著，成为印度人眼中的"中国圣人"和中国人眼中的"现代玄奘"。

谭云山的中印文化交流事业的顺利开展离不开夫人陈乃蔚的全力支持与帮助。陈乃蔚也堪称一代奇女子、新女性。她读师范学校出身，在久负盛名的陶龛学校教过书，后来受华侨邀请到马来西亚教书办学，曾任柔佛州峇株巴辖的爱群女校校长，是马来西亚华文教育的先行者。她十分仰慕谭云山的诗情，后与谭云山喜结连理。但新婚不久，谭云山便去了印度。谭云山在印度国际大学工作初期是不拿工资的，衣食用度有赖陈乃蔚薪金。谭云山奔波于中印两地，为筹建"中印学会"奔走募款之际，陈乃蔚与子女住在中国，于1939年才离开中国，全家在印度团聚。因为曾辗转于新加坡、马来西亚、缅甸从事教育，并身处泰戈尔创办的印度国际大学，深受泰戈尔"世界同聚一个鸟巢"这一包容博爱理念的影响，谭云山夫妇也怀有捐资兴学、教育报国的愿望。在陈乃蔚的主张下，1948年，夫妻二人在家乡湖南创办了一所以"大同"为名的学校。大同学校校址在长沙，建校办学所需资金主要由谭云山夫妇捐出积蓄及变卖祖上家产筹得。大同学校最初的构想是，建立一个从幼儿园教育到研究生教育的完整的人生教育体系。这其实就是泰戈尔印度国际大学办学理念的一种投射。从某种意义上来讲，大同学校本身就是中印文化交流的一个客观成果。陈乃蔚在这里一年有余，管理学校，重拾她青年时代执教的热情与挚爱。1953年，大同学校更名为"大同小学"。大同小学建校已有60多年，目前已成为长沙市示范性学校。

谭云山夫妇共育有七个孩子，两个女儿、五个儿子，其中有三个孩子诞生于印度国际大学所在的圣蒂尼克坦。他们分别是第五个孩子、次女谭元，泰戈尔为她取名"Chameli"（茉莉花）；第六个孩子、四子谭吉（印度名字"Aujit"）；第七个孩子、五子谭同（印度名字"Arjun"）。在这七个孩子中，长子谭中子承父志，积极致力于中印友好交往的事业，并将其在中

---

① 郁龙余：《谭云山：殖民时期中印关系的伟大智者》，《湖南科技学院学报》2014年第11期，第36页。

印两国的土地上发扬光大。谭中出生于马来西亚峇株巴辖。姓名中的"中"字寓意了谭云山对中国的深厚情感。谭中在印度工作了45年，先是在浦那教中文，后来调入德里大学，并在德里大学取得硕士学位和博士学位。谭中与夫人黄绮淑也是同行，二人曾一同在德里大学执教中文。1971年，谭中担任德里大学中国研究系（现为"东亚研究系"）主任。1978年转职进入新德里尼赫鲁大学，任中文系教授，将5年制的中文硕士班发展为尼赫鲁大学乃至全印的特色兼高水平中文研修班。1990年，印度中国研究所（Institute of Chinese Studies，ICS）在德里成立，谭中被推为主席之一。谭中一直活跃于印度的中国问题研究领域，常年奔波于中印两国之间，致力于中印友好往来与文明对话。他在退休后定居美国，是芝加哥大学访问学者，笔耕不辍，出版中英文图书20多部。谭中于2013年获得印度国际大学最高荣誉学位，继其父谭云山之后，被载入该校史册。2010年印度政府授予谭中"国家二等莲花奖"，莲花奖是印度政府颁发给本国公民和少数有突出贡献的外籍公民的最高荣誉。同年，时任中国国务院总理温家宝在新德里授予他"中印友好贡献奖"。2015年，谭中获得第三届"世界中国学贡献奖"，这是当下国际中国研究的最高奖项。可见，谭中不仅在中印两国享有盛誉，也是具有国际声望的华裔学者。

谭云山的长女谭文，精通孟加拉语，获得了孟加拉语文学博士学位。她曾在德里大学教授孟加拉语文学，后来随印裔丈夫定居美国，2003年病逝。谭云山的次女谭元嫁给了印度一位著名画家，定居印度。

由此可见，中印文化交流是谭云山家族的事业，而且谭云山家族本身便是中印文化交流与融合的象征，诠释了中印合璧的意义。这不仅体现在谭云山家族致力于中印文化交流的学习、探索和实践，也体现于谭云山家族对中印两个国家同时倾注的深厚情感。在为这个事业奋斗的过程中，谭云山家族成员更是表现出了极大的奉献和牺牲精神。谭云山的夫人陈乃蔚是放弃了自己华侨教育事业的理想来支持谭云山的。她任劳任怨地照顾有七个子女的家庭，还充当热情的贤内助，与谭云山一起接待来自中印的众多访客和契友。"她从来没有享受过和七个子女团圆的全家福，她一直受到与子女悲欢离合的折磨，却不让折磨妨碍她贤妻良母的重任。"[①] 谭中、谭

---

① 谭中、郁龙余主编《谭云山》，中央编译出版社，2012，第249页。

文在学术领域的耕耘也非偶然，而是谭云山极力培养的结果。因此，谭云山神圣的中印文化交流事业凝聚着家族共同的心血。

二 谭云山家族对中印文化交流的贡献

季羡林曾评价谭云山是真正构建中印友谊金桥的人。[①] 谭云山乃一介书生，以教书和研究为本业。他不是叱咤风云的政客，也不是家财丰厚的富商大贾，他的家族成员也都是"文化人"。但正是学者身份和学术研究的成就，为谭云山中印文化交流的家族事业建立了不平凡的功勋。

（一）学者的作为：非囿于书斋，而诉诸同道

谭云山之所以义无反顾"白马投荒"只身前往泰戈尔所在的圣蒂尼克坦，是因为他与泰戈尔志同道合。共同的爱国情怀、博爱理想、崇高的使命感使谭云山和泰戈尔成为至交。泰戈尔在印度本身就是声名显赫的文豪、圣哲、社会活动家，与泰戈尔的交往使谭云山在印度很快积累了大量的人脉。甘地、尼赫鲁都与谭云山私交甚笃。谭云山志趣所在是学问。他最显赫的功绩之一，是建立中印学会和筹建中国学院。为此他不辞辛苦，奔波往返于中印之间、印度与东南亚之间，四处游说、募款、为图书馆筹措书籍，在中国学院成立后，又精心打理，组织和执行学院的学术活动。这些机构的成立，均是与学问有关。有了这些组织和机构，就有了学术研究的平台和机制，中印语言、文化、历史、哲学等研究才能充分展开，中印之间的文化交流才能够可持续发展。事实也证明了谭云山的睿智和高瞻远瞩。

谭云山在印度国际大学中国学院成立中国语言文学专业，讲授中文和中国文化，成为印度中国学研究的重要根据地和师资来源。在当时，中国学院就像是一个中印交流的会客厅，中国的高级学者、政要造访印度，中国学院是必访之地。1940年，太虚法师率中国佛教代表团访印，戴季陶率中国高级友好访问团访印；1942年蒋介石夫妇访印；1943年顾毓琇率文化团体访印；1957年周恩来总理访印；这些访问谭云山在其中都做了一些贡

---

① 谭中编《谭云山与中印文化交流》，香港中文大学出版社，1998。

献。徐悲鸿、徐梵澄、陈翰笙、巴宙、金克木、周达夫、巫白慧、叶浅予、冉云华、李开物等学者，也都曾在中国学院钻研学问，获得进益。谭云山也积极促成印度高级学者赴中国访问，比如，1944 年印度著名哲学家拉达克里希南（Sarvepalli Radhakrishnan）赴华讲学，首开印度学者赴中国讲学先河。

中印学会也成为知识分子、精英汇聚之所。"翻开 1943 年中印学会的名单，它的名誉主席是（1）圣雄甘地，（2）蒋介石元帅，（3）奥罗宾多（Aurobindo）先知（由独立运动知识分子一变而为超人式的师尊），（4）戴季陶院长，（5）尼赫鲁，（6）蒋夫人宋美龄，（7）奈都夫人（Sarojini Naidu）（有'印度夜莺'盛名的诗人和政治家，紧跟圣雄甘地的杰出女领袖）。"①1950 年印度共和国成立后的第一任总统普拉萨德（Rajendra Prasad）、第二任总统拉达克里希南（Sarvepalli Radhakrishnan）、第三任总统侯赛因（Zakir Husain）等都是印度中印学会的会员，很多其他会员后来也都成为印度政界的重要人物，并投入中印两大文明的现代交流事业。

谭云山与中国、印度政要均有非比寻常的友谊。但他所开展的中印文化交流事业是超越政治的，他所期待的中印文化交流应当是持续发展，不因政治变迁而左右的。因此，他积极与两国政要打交道，并始终将自己的学者身份独立于政治关系之外。他不屑于披着学者的外衣从事政治活动，认为这有损文化与学术事业的"清高尊严"，也是"自损人格"的表现。如此，便失去了讲学的资格。对于中国官员访问中国学院，谭云山认为，这是对中国学院的"同情爱护"，也是出于对文化学术的尊重。从性质而论，纯属"游历参观"，而绝非与政治相关。②

谭云山的长子谭中亦颇有其父之风。他与印度不少政要、官员熟识，也活跃于中印社会各界之间，如果说谭云山是中印之间的非官方文化大使的话，谭中则可谓印度政府非官方顾问。父子二人以学问立身，治学不脱离躬身践行，以学者风范成就文化、学术交流的阔达境界，充分发挥学术资源的最大效能，形成一个范围更广、联结更紧密的学术共同体。

---

① 谭中、郁龙余主编《谭云山》，中央编译出版社，2012，第 46 页。
② 谭云山：《谭云山与国际大学中国学院》，《南洋商报》1950 年 9 月 7 日；转引自牛根富主编《谭云山现象与 21 世纪中印文化交流》，文化艺术出版社，2015，第 28 页。

（二）学术研究的意义：文化交流的根基与灯塔

谭云山父子学术研究的功绩集中体现在两个方面：一是中印学的建构；二是"中印大同"话语体系的建构。

前文已述，中印学会的建立和中国学院的创立都是服务于"学问"这一目的的。这学问就是"中印学"。所谓中印学，按照谭云山的构想，就是把以佛教为纽带的中印文化交流从世界文化交流史中独立出来，成为一门专门的学问。研究范畴可以涵盖历史、文化、社会、政治、经济、哲学、文学、艺术、宗教研究等诸多领域。通过"中印学"的系统研究进入到中印两大文明的核心层面，通过对比、审思，最终落脚到更深层地理解和把握中国文化发展的方向。① 可见，"中印学"体系的建构，始终是立足中国立场和中国情怀的。从实践的层面而言，谭云山还创办了《中印学报》《中印学刊》等学术刊物，作为"中印学"的思想阵地。

谭云山撰写了一系列著作，丰富了"中印学"的研究内容。比如：《印度与中国的文化交流》（1937）、《今日中国的佛教》（1937）、《中国宗教是什么》（1938）、《印度对中国文化的贡献》（1942）、《印度的中国研究》（1942）、《现代中国》（1944）、《中国、印度与第二次世界大战》（1944）、《印度与中国文化的精神》（1949）、《世界大同与亚洲联合》（1949）、《中印文化中的"不害"精神》（1949）、《中印关系》（1950）、《中国语文及文学的历史》（1952）、《觉醒：圣哲奥罗宾多对世界的启示》（1957）等。这些著作均用英文写成，并将中国文化放置在中印比较、参照的视野中呈现出来，这对印度广大民众理解真实的中国、理解中印文化之间的相似相通起到了很大作用。谭云山在对中印文化的梳理和研究中，逐渐形成了其"中印文化"观，即发展中印之间以互识互补为目的的共同文化。

谭云山、谭中等致力于中印两国文明对话的学者被印度学界称为"印中文明派"（civilizational school of India-China wallahs）。后来，印度经济学家，也是谭中的好友杰伦·兰密施创造了一个新的概念"Chindia"②，主要

---

① 谭中、郁龙余主编《谭云山》，中央编译出版社，2012，第 201 页。

② Jairam Ramesh, *Making Sense of Chindia*: *Reflections on China and India*, New Delhi: India Research Press, 2005. 该书中译本，〔印〕杰伦·兰密施：《理解 CHINDIA：关于中国与印度的思考》，蔡枫、董方峰译，宁夏人民出版社，2006。

是从经济和现实政治的角度来形容中印关系。谭中最初将"Chindia"翻译成"中印理想"，并强调了这个中印是去掉了 Sino-Indian 中间连接号的中印，凸显这两大文明之间绝无仅有的文明亲属关系；后又把它译成"中印大同"，将中印对话的文化场域以这样一种文化符号固定下来。按照谭中的解释，中印大同应包含这样几方面内涵：（1）捐弃前嫌，重新开始；（2）文明挂帅，见利思义；（3）取长补短，共同繁荣。①"中印大同"这一概念所代表的是一种新的"地缘文明"范式，超越了现代国际关系所强调的"地缘政治""地缘经济"因素，把中印关系放置于地缘文化的视角下进行考量。谭中还提到了"喜马拉雅文明圈绿洲"这一"文明共同体"的概念。事实上，这种基于"天下大同"的地缘文明话语体系的建构不是一种想象，而是一个在历史发展中不断被丰富的开放性概念。中印大同思想基于对中国"天下大同"和印度"世界一家"理想的认知、对历史上中印文化交流的考察、对西方侵略下中印共同命运的反思。中印文化大同这一理念应当是谭云山和泰戈尔的一种共识和共同理想，这在谭云山的"中印文化"观以及捐建"大同学校"的行为中已有明确体现，而谭中则从话语和实践两个方面将其发扬光大。

谭中多年来持续关注中印关系，并积极倡导中印间的相互理解，为"中印大同"造势。1994 年，他受印度文化关系委员会（ICCR）委托担任《印度地平线》（*Indian Horizon*）特刊《印度和中国》主编，专门探讨中印之间的交流，强调了文化对话在中印关系中的重要性；1998 年，谭中主编的《跨越喜马拉雅鸿沟——印度试图了解中国》一书出版，汇集了印度学者观察、研究中国的成果，集中呈现印度学界在试图全面理解中国方面所作出的努力；2006 年，谭中与北京大学学者耿引曾合著的《印度与中国：两大文明的交往和激荡》问世，强调了中印民众通过交流跨越心理障碍，实现"中印合璧"的理想。2007 年，谭中主编的《CHINDIA／中印大同：理想与实现》发行，中印大同的话语由学界铺开，越来越多地出现在舆论中。尤其值得一提的是，Chindia 在印度学术界受到关注，在商业领域，以"中印"冠名的网站大量涌现，这在印度并不容易。近代以来，出于特殊的历

---

① 谭中：《"CHINA"加"INDIA"等于"CHINDIA"》，《国际政治研究》2005 年第 3 期，第 145 页。

史原因，印度精英倾向于对本民族传统和西方价值的双重认同，而对中国的了解也多限于西文文献。因此在印度，传播由华人建构的话语体系显得极为重要，使印度人能接受这样的话语体系则更加重要，这是实现中印两国民心相通的前提和基础。从这个角度来讲，谭中先生"中印大同"的话语建构和实践是成功的。

实现中印大同，关键在于心灵相契，思想会通。这也是谭云山父子的治学目标和理念。在实现思想会通的过程中，谭氏父子也实现了话语的重建，并发现了新的价值。从"中印学"到"中印文化"观，再到"印中文明派"倡导的中印文化交流，以及中印理想、中印大同所强调的新型地缘文明范式，一脉相承的话语建构成就了一种"新文明"宏大愿景。另一位旅印多年的中国学者徐梵澄也曾精辟指出，"学术会通"是实现世界大同的前提和基础。学术会通方得思想和谐，二者皆可由义理互证、融通、契合而实现。① 这也道出了知识分子和学术研究在文化交流中的重要意义。唯有深谙两国国情与文明的精髓，方能高屋建瓴，发掘两国文化交流的契机与路径，发现两国文化交流的价值，并发展为一种世界情怀，烛照两国文化交流的前路。

三　谭云山精神的现代意义

在印度，像谭云山这样常驻印度的华侨极少，有着深厚中印友好情结的华侨更是凤毛麟角，以家族之力孜孜以求致力于中印文化交流事业的华侨则可谓绝无仅有。谭云山家族正是中国文化和中国思想的化身，在印度传播中国文化的亲和力，使印度发现中国的重要性，为中印文化交流提供资源和条件，创造机会。如今，谭云山已经故去，谭中业已老去。然而谭云山精神更加弥足珍贵，凸显非凡的价值。

（一）谭云山精神的时代性与生命力

谭云山被誉为"现代玄奘"，是因为他一方面秉持了中国古代高僧大德艰难求法的精神，抱着"朝圣"之心前往印度；另一方面则延续了知识分

---

① 徐梵澄：《徐梵澄随笔：古典重温》，北京大学出版社，2007，第31页。

子主动探索研究、传播中国文化的传统。玄奘、法显、义净这些前往西域求法的高僧舍身求法、敢为人先、坚守信仰、大智大善的精神与情怀在谭云山家族得以重彰。同时，谭云山始终执着于教书与做学问，他追随心中理想，在学术研究与个人游历中，传播中国文化，为当下中印两国的民间交流提供了可资借鉴的路径。

谭中与中国著名印度学学者、中国印度文学研究会会长郁龙余先生一道，以韵文形式生动阐释了"谭云山精神"：

"献身中印友好，立意天下大同；

修齐治平弘毅，难行能行终身。"①

谭云山侨居印度的半个多世纪，经历了中国的国势飘摇，经历了中印关系的曲折颠簸，但他始终心系祖国。在抗战的艰难岁月里，他不断地写时评、写檄文，发动在印华侨华人积极团结，一致抗日，并与泰戈尔一道引导社会舆论站在支持中国的立场，为国内抗战助威，亦疏解后方压力。谭云山一家身处印度，游离于母体文化之外，能够避免"只缘身在此山中"的局限，同时又有对印度文化的切身体认，避免"隔靴搔痒"的缺憾和刻板印象的误导，因此，无论是向中国言说印度，还是向印度传播中华文化和价值观，都有明显的优势。谭云山是中国思想和中国精神的代表，他和他的家族俨然成了中国文化的符号。这对传播良好的中国形象起到了积极的作用。谭云山还为南洋的报刊写文介绍印度国际大学和中国学院，他期望将中国学研究、中印交流拓展提升至世界语境，他本人也成为华侨文化、华侨爱国精神的化身。

谭云山中印学研究的理想可以从他为中印学会和中国学院定下的宗旨中窥见："研究中印学术、沟通中印文化、融合中印感情、联合中印民族、创造人类和平、促进世界大同。"② 在当下看来，这 36 字宗旨可谓箴言，非但并不过时，反而超越时代，表现出蓬勃的生命力。

1933 年，谭云山在《印度周游记》中曾表达过中印两国之于世界、人类的重要性。他把中印两国称为"姊妹国家"，认为两国之间的关系可谓"重之又重"，如果没有中印两大民族的联合参与和共同努力，人类亲善、

---

① 郁龙余：《谭云山：殖民时期中印关系的伟大智者》，《湖南科技学院学报》2014 年第 11 期，第 43 页。

② 谭中、郁龙余主编《谭云山》，中央编译出版社，2012，第 175 页。

世界和平、人类文明等目标将无从实现。① 以当下的视角来看，谭云山家族何尝不是"一带一路"的先行者，也是中国对外文化交流，中国形象传播的"国家名片"。而熔铸了泰戈尔、尼赫鲁、谭氏父子等中印精英思想的"中印大同"所代表的地缘文明范式，其内核正是民族性与国际性的多元交融、互鉴，正是仁爱、和合，以及命运的休戚与共。

（二）谭云山家族在中印文化交流史与国际文化交流史中的典范意义

首先，谭云山家族的学术传统与学术遗产堪为中印文化交流史上的丰碑。

谭云山在印度国际大学开中文班，做研究，推动中印交流，筚路蓝缕，条件艰苦，他不为功名，全凭一腔爱国热忱，将中国学院办得有声有色。尤其是在培养中文教育和中印学人才方面，可谓功在千秋。许多印度人把谭云山视为"圣人""师尊"，这在印度是至高的尊荣，对大多数在中国学院修学的中国学者而言，中国学院亦为精神圣殿。

谭云山旅印 50 多年，是诸多重大历史事件的见证者，他与两国政要、名流的通信，以及他的学术成果成为研究现代中印文化交流史极为珍贵的文献。2006 年 3 月，谭云山的长子谭中教授将"谭云山文献"捐献给深圳大学。其中包括谭云山著作、谭云山 20 世纪 30~60 年代的书信、谭云山刊发于报刊的部分文章及一些孟加拉语文献。同年，深圳大学启建谭云山中印友谊馆，并于 2008 年 11 月 21 日正式开馆，成为谭云山研究和中印研究的重要学术机构；此外，长沙大同小学凝聚着谭云山夫妇的赤子之情；印度国际大学的中国学院也仍然延续着谭云山时代的部分传统，积极组织推动中印之间的一些学术交流。2009 年 4 月，北京怀柔成立了"继光书院"，教学层次涵盖育婴院、小学、大专、本科教育，这种教育体制和理念一方面强调国学传统，另一方面与泰戈尔和谭云山的办学理念颇为相似。继光书院也向印度国际大学中国学院派遣学员，进行学习、交流。在中印学界，谭云山已然成为一种"现象"，得到研究者的关注，以谭云山为主题的学术研讨会也渐成机制，学术交流在增进中印之间对话交流中的重要性越来越得以强调。

---

① 谭中：《"Chindia"中印大同，前景光明》，《对外传播》2008 年第 4 期，第 36 页。

其次，谭云山家族在华侨华人国际文化交流中极具典型性和典范性。

谭云山家族不仅是中印文化交流中在印华侨的杰出代表，也是世界范围内华侨华人"文化报国"的典范。谭云山家族是书香世家，谭云山、陈乃蔚夫妇的姻缘是从南洋华侨教育开始的。谭云山远赴印度后，成为近代以来最早的在印度身体力行传播中国文化的华侨，也是传播中华文化、促进中印交流最著名、最有成就的华侨。谭氏家族中，谭中子承父业具有重要意义。谭云山一人一时之力毕竟有限，家族传承则成气候。若无谭中，谭云山的理念和抱负将局限于一时一地，谭中则在传承家学的同时，紧扣时代的脉搏，将谭云山精神的价值和生命力发展到极致。除了谭中，在孟加拉语文学方面颇有造诣的谭文也算是谭云山的同行，延续了谭云山的学术理想。谭氏兄弟中，还有身在加拿大的谭立、在美国亚特兰大当工程师的谭吉、在亚拉巴马州做大学物理教授的谭同。谭云山家族身在海外，赤子情怀全负载于文化与学问。在国际文化交流的层面，谭云山家族亦凸显典型意义。中国的和平发展，文化复兴是前提，也是应有之义；中国的发展，更需要借文化作为沟通和联结世界的纽带。科学与文化在不同文化间的沟通是增强互信的重要途径，也是打造华侨华人精神家园的重要阵地。

四　结语

一大家族，两代文人，近百年的事业，中印大同的愿景。这种以学术融通实现话语建构并引领社会活动的方式成为中印文化交流史上的一大创举。"中印大同"倡导的是一种共生互鉴的良性交往模式，这种模式与当下国际秩序中的功利主义、霸权主义、单边主义判然有别，却与中国倡导的命运共同体理念、亚洲文明对话机制等交相辉映。这种和平交流以促进和谐为主旨，可为亚洲乃至世界范围内的文明交流提供典型范例，充分实现文明的因素在世界新秩序建构中的积极作用。或许可以为推动人类命运共同体建构的伟大构想，实现新的全球时代东西方话语、价值、秩序共构的新格局提供有益的借鉴。这不仅关乎世界秩序、关乎人类和平，也将全世界华人的根脉更紧密地联结在一起。从这个角度看，谭云山精神、以谭云山为代表的华侨华人的天下情怀，具有世界性意义；发掘中印在大国博弈与竞争中文化精神的共享价值，具有深远的意义。而这种"大同"的理想也应当成为新时代华侨华人国际文化交流的航标。

Tan Yunshan's Family and Cultural Communication Between China and India

Cai Jing

Abstract：Tan Yunshan's family could be seen as a unique phenomenon in the history of Sino-India cultural communication and even in the history of international cultural communication. Living in India for 55 years, Tan Yunshan was completely devoted to Sino-India cultural communication, and accomplished the scared career with the support of his family. In Tan's family, the son followed father's career and the couples engaged in same career within two-generation. Tan Yunshan and Tan Zhong, as two generations of overseas Chinese scholars, built the academic bridge of Sino-Indian cultural communication. From the historical construction of "Sino-India studies" to the grand vision of "Chindia", Tan's Family advocated the new geographical civilizational paradigm, gradually developed the space and path for Sino-India research and Sino-Indian cultural communication, realized the complete understanding of thoughts of both countries, attempted to open the way of mutual understanding for both countries, sought harmonious co-development, and benefited the world peace. Tan's Family built the example of "Serve the country with culture" among overseas Chinese, and the spirit of Tan Yunshan is now coruscate new vitality. The feelings for the world among overseas Chinese represented by Tan Yunshan and the idea of "Da Tong" (great unity) should become an object of inner world of overseas Chinese in the new age.

Keywords：Tan Yunshan; Sino-India Cultural Communication; Sino-India Studies; Chindia

马六甲华人甲必丹陈起厚生平事迹之补遗[*]

〔马来西亚〕阮湧俰^{**}

摘 要 陈起厚为马六甲华人甲必丹。然而，在马来西亚华人历史典籍中，较少有关陈起厚的记载。不过，笔者在 2018 年于福建省厦门市海沧村进行考察时，发现海沧村历史与陈起厚祖籍地（沧江）有着密切关系。同时，也在吧城华人公馆的《公案簿》中，发现与陈起厚相关的记载。因此，本文将会依据在厦门海沧的考察情况以及《公案簿》里的一些线索，为陈起厚的生平事迹进行补遗。上述所做的厘清与分析工作，或许可成为同仁未来研究陈起厚的依据之一，并进行深入研究。

关键词 陈起厚 马六甲 华人甲必丹 厦门海沧 《公案簿》

一 前言

陈起厚（1748—1794 年），讳淳廉，字德馨，谥英毅，原籍中国沧江（今福建省厦门市海沧村），为马六甲华人甲必丹①。然而，回顾有关马六甲

* 本文是 2019 年 11 月 8—10 日，由暨南大学国际关系学院/华人华侨研究院与中国华侨华人研究所等联合主办的世界海外华人研究学会第十届国际会议（ISSCO X）："全球视野：华侨华人与中国"的会议论文。

** 阮湧俰，厦门大学历史学博士，现为马来西亚华社研究中心研究员，研究方向为马来西亚华人历史、华人甲必丹、华人碾米业、华人族谱等。

① 甲必丹：葡萄牙语 capitao，荷兰语 kapitein，英语 captain，马来语 kapitan，原意为上尉军衔、船长。甲必丹制度为历史上西方殖民者在东南亚各地对不同族群（包括当地土著、华人、印度人、阿拉伯人等）实行的种族隔离管理制度。葡萄牙人 1511 年在马六甲首设甲必丹，首要任务是管理马六甲的土著或其他外地聚居者，但非由各族的族长来担任，而是由葡萄牙贵族充当的官职，此即为马来半岛早期的甲必丹原型。1641 年，荷兰人殖民马六甲之后，甲必丹一职转变为一个族群的公认首领、领袖或头目，并赋予其可施予 （转下页注）

华人甲必丹之研究成果，华人甲必丹陈起厚的生平事迹常被学者们所忽略。尤其在早期，无论叶华芬的"The Chinese of Malacca"、张礼千的《马六甲史》、Victor Purcell 的 *The Chinese in Malaya*、黄存燊的 *A Gallery of Chinese Kapitans* 等著作，在提及马六甲华人甲必丹之系谱中，皆无提及任何有关陈起厚的生平事迹。[①]其中，叶华芬更在其文章提及陈承阳之后，继承甲必丹一职的华人领袖为蔡士章，却没有提及陈起厚。[②]

直至 1963 年至 1965 年间，叶华芬的说法被日本学者日比野丈夫证实是错误的。当时，日比野丈夫开始对马六甲华人甲必丹历史资料展开收集与调查，于 1969 年发表《マラッカのチャイニーズ・カピタンの系譜》（《马六甲华人甲必丹系谱》），并收入京都大学东南亚研究中心的《東南アジア研究》（《东南亚研究》）。在该论文内容中，日比野丈夫以青云亭中的匾额——"慧眼观世"为依据，并提及该匾额清楚记录了"乾隆丙午年（1786 年）小阳春毂旦，知六甲政事陈起厚立"（见附图一），说明这牌匾足以证明陈承阳之后，继承甲必丹一职的是陈起厚，并非如叶华芬所指的蔡士章（任期大约于 1794—1802 年）。[③]同时，日比野丈夫更在马六甲青云亭发现陈起厚以及其两位夫人——张淑命与叶贞慎的神主牌。不过，日比野丈夫仍未掌握到更多有关陈起厚的祖籍地或生平事迹的史料，导致无法对陈起厚的生平事迹展开更深入的研究。

另外，1987 年，沈墨义在马六甲阿依丽丽（AyerLeleh）发现陈起厚与蔡士章的墓碑，并报道于《南洋商报》。有关陈起厚的墓碑具体位置，是在阿依丽丽里路的诗里歌德国民中学（SMK Seri Kota）与诗里班达国民小

（接上页注①）本族群人士身上的某种执行权、行政权或司法权，使甲必丹在当地不同族群社会中拥有着崇高的地位。直至英国殖民马六甲之后，甲必丹制度被"主簿法庭"（The Recorder's Court）的形式取代，才停止在马六甲委任华人领袖为甲必丹。据统计，从 16 世纪至 1826 年，马六甲至少有 13 位闽籍华人领袖受委任为华人甲必丹。

① Yeh Hua Fen, "The Chinese of Malacca," in *Historical Guide of Malacca*, Malacca：Malacca Historical Society, 1936, pp. 71 – 83；张礼千：《马六甲史》，新加坡：郑成快先生纪念委员会，1941；V. Purcell, *The Chinese in Malaya*, Kuala Lumpur：Oxford University Press, 1975；C. S. Wong, *A Gallery of Chinese Kapitans*, Singapore：Government Printing Office, 1963.

② Yeh Hua Fen, "The Chinese of Malacca, " in *Historical Guide of Malacca*, Malacca：Malacca Historical Society, 1936, pp. 71 – 83.

③ 〔日〕日比野丈夫：《マラッカのチャイニーズ・カピタンの系譜》，《東南アジア研究》第 6 卷第 4 号，1969，第 88 ~ 108 页。

学（SK Seri Bandar）的公路对面，大约 200 米。由沈墨义的新发现得知，陈起厚的墓碑上部刻有"沧江"二字（见附图二）。^① 而后，该地名则被日比野丈夫认为是福建省漳州府海澄县，但未进行进一步说明。^② 然而，在 20 世纪 90 年代，随着当地发展的因素，陈起厚墓碑更遭到挖掘及破坏，现已不存在。^③

在缺乏史料记载的情况下，有关陈起厚的研究仅能依靠其神主牌及墓碑的文字进行论述，导致学者们往往无法展开针对性的研究。在这种情况下，陈起厚的生平事迹，甚至其祖籍地保有着一丝的神秘感。不过，笔者在 2018 年于福建省厦门市海沧区海沧村进行考察，并了解海沧村和沧江的历史后，可以确定陈起厚祖籍地（沧江）就是现今的海沧村。另外，从吧城华人公馆的《公案簿》中，也发现与陈起厚相关的文字记载。因此，本文将会依据海沧村和沧江的历史以及《公案簿》里的一些线索，对陈起厚的生平事迹进行补遗，以期能填补马六甲华人甲必丹历史的不足之处。

二　马六甲华人甲必丹陈起厚祖籍地之探析

18 世纪末，陈起厚继承了陈承阳之甲必丹一职，成为马六甲华人甲必丹。然而，有关陈起厚的史料记载，却寥寥无几，仅有神主牌、匾额，以及墓碑（已遭挖掘）的文字证明其曾担任过马六甲华人甲必丹一职。其中，陈起厚的墓碑刻有"沧江"两字，是唯一记载其祖籍地的线索。所幸，笔者经过在厦门海沧区管辖的海沧街道进行实地考察后，可以肯定"沧江"源自海沧之河流名称。因此，接下来将会介绍海沧村和沧江的历史及其港口角色，以期让后人更了解关于陈起厚之祖籍地的历史。

有关海沧村的历史，可追溯至唐朝时期。海沧村始为海滨聚落，濒九龙江入海口，与龙海市相望，港口则设立在沧江之上。由于港口三面为海，

---

① 日比野丈夫：《马六甲华人甲必丹——关于近年新发现的资料》，潘明智译，《亚洲文化》第 15 期，1991，第 191 页。

② 日比野丈夫：《马六甲华人甲必丹——关于近年新发现的资料》，潘明智译，《亚洲文化》第 15 期，1991，第 191 页。

③ 《另一甲必丹墓被挖》，《联合晚报》1995 年 11 月 17 日，第 18 页。

故以"海"为名，最初称之为海口，后改称为海沧，又作海仓。① 宋朝时期，海沧属龙溪县新恩里一都、二都、三都。明嘉靖四十五年（1566 年），置海澄县，并管辖海沧。清朝时期，该区域属于海澄县三都，设有永昌保、集兴上半保、集兴下半保、崇隆保。1958 年，海澄县与龙溪县合并为龙海县，原属海澄县的海沧、新垵乡划归厦门市郊区，2003 年则设立厦门市海沧区，位于厦门市西部。②

海沧之名主要取自于古地名——"海口"，以及当地重要的河流——"沧江"。由于海沧村地处九龙江的北岸，有船舶前来海沧港口从事对外贸易，因而成为九龙江重要港口之一。发展至明朝时期，海沧港更是闽南的重要城镇之一，与月港齐名，流经海沧旧街的沧江，船来船往，两岸皆有私商和外国商人前来贸易。有关海沧的地位，从《漳州府志·谢骞传》"近海如月港、海沧诸处，多货番，为盗"③ 可知。此外，陈全之也在《蓬窗日录》提及："漳之龙溪县海沙（沧?）、月港者，夷货毕集，人烟数万。"④ 从以上古籍记载得知，海沧与月港齐名，曾为九龙江重要的对外港口之一，当地人口上万，多以海上贸易为生。同时，该地区还曾设有巡检司、安边馆等机构，主要工作是打击当地的走私活动及维护正常的商旅往来等。⑤

对于海沧港的崛起，主要与海沧的河流——沧江息息相关，因为该河流是当地村民与外国贸易和文化交往的重要通道之一。因此，沧江对当地村民而言，极其重要，甚至常把海沧村称为沧江镇，发展至今更被当地村民称为"沧江古镇"。在海沧村的江上有一座桥，建于宋代时期，最初称为"黄公桥"，后又称为"沧江桥"。⑥ 另外，村里的海沧中心小学内曾有一间书院，建于明代时期，名为"沧江书院"。⑦ 当时，沧江书院占地两亩多，主要建筑有奎星楼及三座讲堂，今仅存奎星楼。虽然沧江书院已不存在，但当地村民仍对该书院存有一份情怀，1917 年当地村民在沧江书院的基础上创办沧江小学，即现在的海沧中心小学。之后，村民也在海沧社区新街

---

① 厦门市民政局编《厦门市地名志》，福建省地图出版社，2013，第 69 页。
② 厦门市民政局编《厦门市地名志》，福建省地图出版社，2013，第 189 页。
③ 《漳州府志》，嘉庆十一年（1806），补刊本，第 402 页。
④ （明）陈全之：《蓬窗日录》，上海书店出版社，2009，第 40 页。
⑤ 《漳州府志》，嘉庆十一年（1806），补刊本，第 409 页。
⑥ 《漳州府志》，嘉庆十一年（1806），补刊本，第 595 页。
⑦ 《漳州府志》，嘉庆十一年（1806），补刊本，第 672 页。

设立康乐家园大讲堂，并以"沧江书院"命名，以供当地村民推广文化之用。此外，在海沧村内还能看到一些与"沧江"有关的建筑物，例如：沧江三都瑞青宫、沧江幼儿园、厦门沧江剧院、厦门沧江会展中心、沧江路等。由此可见，"沧江"对海沧村村民而言，该河流不仅孕育了该地区的文化，同时也带动了当地商业的繁荣，因此沧江的历史与文化内涵已成了海沧村特有的社区文化符号，甚至成为当地村民的一种记忆共同体。

除此之外，据现今海沧区人口统计数据，陈姓人口约 114000 人，为海沧第二多的姓氏。在海沧街道的陈姓人口则有 1976 人，多分布于渐美、温厝、锦里、后井、海沧、困瑶、青礁、古楼等村落。其中，海沧村的陈姓人口有 348 人，而且在海沧新街、海沧旧街及海沧村洪厝社皆建有陈氏家庙。① 据考察发现，位于海沧新街的陈氏家庙，堂号为"宛在堂"，建于清代时期。陈氏家庙中有一对联写着："庙貌聿新圭海衣冠推鹊起，家声丕振沧江科第更蝉联"（见附图三），内容清楚地反映了沧江在陈氏族人心中的地位。

虽然现今已无法寻获与马六甲华人甲必丹陈起厚相关的陈氏族谱，来证明陈起厚与海沧村陈氏族人之间的关系。但从以上各种关于海沧历史与地名演变的探析中，可以证明陈起厚的祖籍地——沧江，是指现今福建省厦门市海沧村之河流"沧江"，其故乡就是位于现今福建省厦门市海沧一带。至于陈起厚移居马六甲的原因，极可能是受到海沧经济发展的影响。因为在海禁未开之时，明朝政府已在海沧一带设立巡检司、安边馆等机构，以打击当地的走私活动及维护当地商贸活动。明隆庆时期，开放海禁之后，海沧、月港与曾家澳（为今曾厝垵）成为海上丝绸之路的重要商埠。当时，洋舶进出皆要经过海沧，再转至曾家澳，因此有许多船舶停留在海沧进行补给与添载，使海沧一带的居民活跃于对外海上贸易。但是在 17 世纪，月港受到清朝政府与郑成功对峙的影响而实施迁界，导致沿海三十里的土地划为"弃土"，使月港迅速没落。② 随后，月港的海上贸易地位被海沧半岛前半部沿九龙江经海沧湾延伸到马銮湾南岸的地区，以及厦门港取

---

① 廖艺聪编著《海沧姓氏源流》，厦门大学出版社，2016，第 116 ~ 121 页。
② 乐智强：《从明代海澄边界看月港的跨江布局》，载厦门市海沧区政协文史委员会编《厦门海沧文史资料》（第八辑），2016，第 142 页。

而代之。① 因此，在 18 世纪，九龙江一带开始出现大规模的人口通过海沧下南洋谋生，并在马六甲、槟榔屿、新加坡，以及东南亚等各国的经济发展上扮演着重要的角色。

总而言之，马六甲华人甲必丹陈起厚的故乡应为现今福建省厦门市海沧村，由于其故乡地处九龙江北岸，陈起厚有机会与外国商船接触或进行贸易。最终，陈起厚选择将其经济活动转移到南洋，并定居于马六甲，而后还继陈承阳之后担任甲必丹一职，成为马六甲华人甲必丹。1794 年，陈起厚与世长辞，葬于马六甲阿依丽丽，并有两位夫人——张淑命与叶贞慎，生有一男显宗，以及四女爱（良）娘、选娘、珠娘、述（术）娘。② 然而，随着马六甲的发展，陈起厚墓碑于 20 世纪 90 年代遭到挖掘及破坏，现已不存在。谈及有关陈起厚的生平事迹，相关史料记载的缺乏，导致陈起厚在马六甲华人甲必丹的研究中常是被忽略的一位。所幸，近期在吧城华人公馆的《公案簿》中，发现少数记载有关陈起厚的经济活动的历史文献。因此，接下来将会依据《公案簿》里的一些线索，对陈起厚的生平事迹进行补遗。

三 有关《公案簿》对陈起厚的记载

《公案簿》为吧国（又称吧城，巴达维亚的简称，今印尼雅加达）华人公堂（吧城华人公馆）重要的历史文献，记载年份介于 1787 年至 1964 年，为吧城华人自己处理民事纠纷的历史记录。《公案簿》内容主要涉及华人经济、政治、社会、历史、法律、宗教等方面，每个案件有原告、被告、证人、审问及判决过程记录，由当地华人甲必丹、雷珍兰等组成民事法庭负责审理，朱葛礁负责记录并抄写存案。其中，在 1789 年至 1791 年之间的吧城唐人出府与欠款遁逃案方面，有一宗国际性的生意纠纷案件，清楚地记载了马六甲华人甲必丹涉及其中。

谈及有关案件，主要是跨国性贸易纠纷，跨越巴达维亚、马六甲、登嘉楼、宋卡、安南等多个区域。其中，涉及案件的有关人物或公司包括巴

---

① 乐智强：《从明代海澄边界看月港的跨江布局》，载厦门市海沧区政协文史委员会编《厦门海沧文史资料》（第八辑），2016，第 142 页。

② 庄钦永：《新甲华人史史料考释》，新加坡青年书局，2007，第 34～35 页。

达维亚的洪艳，酒廊官蔡藏兴、林熊，林跳，马六甲的华人甲必丹，甲必丹弟弟陈奕，双层公司，以及船主洪鳌。当时，登嘉楼是此案件的主要审判地点，但在情况不明、难以判决的情况下，于1788年9月致书给吧城华人甲必丹，请求协助审理，有关内容如下：

接叮几宜国史丹书

其词曰：

叮几宜国史丹望思，致书于甲必丹大（甲必丹蔡敦官）同列位甲必丹（此指雷珍兰）鉴察：

窃谓泾渭之清浊未分，冰鉴之妍媸可辨。兹本年有麻六甲船收风敝国，船上有一货客兼亲丁洪艳官，系船主洪鳌官之宗亲。因鳌官卒于安南，账目糊混不明，艳官又与公司人等不睦，欲向公司清算货银，搭船回吧。公司答以并无货物落舱，一文不与。两边相控，公请嘧喳唠不谷传唤甲必丹同众佳夷及众船主，秉公讯问。

据洪艳官口供云，伊表亲林跳官在吧认出酒一百桶，内中五十桶道郎公司，二十五桶道郎船主，二十五桶做艳官本额，约定到麻六甲发兑，将银尽交艳官领回到吧清还。又艳官有自置冰糖、药材、蒜头等货，附搭落舱，嗣后船到宋卡，酒货倚公司发兑。今与公司不睦，若同往甲，必受欺凌，故欲就叮会算，转搭别船回吧。

据双层公司人等口供，尽云艳官并无货物落舱。

于是取其公司《日清簿》查勘：在宋卡兑酒，明有艳官字号，其中孰是孰非，灼然可辨。后因麻六甲大令弟陈奕官到敝国口称，吧之酒廊官蔡藏兴与林熊等现在寄单往甲，取讨酒银，甲之甲大已经寄银入吧清还，岂有一债两偿之理？至于艳官所云另有冰糖等货，但《舱口簿》失落，无可为证，公司安肯坐账：必欲清算此账，请艳官往甲，亲向甲大清算。当时艳官云，这船未曾回甲，吧之酒廊纵有寄单讨账，甲之甲大未必寄银清还，况此酒明系林跳官认出，即系林跳官所买酒廊，止能对跳官清账，安能寄单往甲讨银？如此无情之语，安得相欺？在此公众之所，尚且谋财，若同往甲，必遭害命。决当就叮清算。搭船回吧。

当日甲必丹等公议，据两边所言，各成其是，秉公处置，合将酒一百桶的宋银八百九十八元，暂且寄贮散库，待不谷移文到吧，候甲必丹大同列位甲必丹传唤林跳、林熊、蔡藏兴等质讯，谁曲谁直，回文到叮，以便发给，庶无冤枉情弊。至于艳官另有冰糖等货，待艳官回吧请列位秉公嘧喳唠。

此谕。

天运戊申年（1788 年）九月　日①

《接叮几宜国史丹书》中，清楚地记载着马六甲华人甲必丹也涉及其中。按当时年份，就是 1788 年，可以肯定陈起厚为时任马六甲华人甲必丹。同时，根据《公案簿》的记载，陈起厚与其弟弟陈奕在马六甲经营一家公司，名为"双层公司"，主要从事集散贸易。当时，洪鳌为马六甲双层公司的船主之一，其任务是协助双层公司销售货品至东南亚各地。不过，洪鳌于 1788 年不幸在安南逝世之后，因其账目混乱不明，促使一些交易在清算款项过程中出现争议。其中，洪艳受牵连较大，其为洪鳌的货客兼亲属，经常交托马六甲双层公司代理销售巴达维亚的货品，不过他本身与马六甲双层公司之间的关系并不和睦，导致双方在清算货品款项上出现争执，最终闹上公堂。

针对双方当时的口供，洪艳坚称自己的货物除协助林跳销售的 100 桶酒之外，还有其自置冰糖、药材、蒜头等货物，这些商品主要是通过洪鳌的船务交托马六甲双层公司代理销售。当时，洪艳的货物除在马六甲销售之外，还有部分货品销售至宋卡。然而，在结算货品款项时，陈起厚与陈奕所经营的双层公司则称洪艳无货物落舱，因而无须交付任何费用给洪艳。同时，陈奕还声称巴达维亚之酒廊官蔡藏兴和林熊已寄账单至马六甲讨取酒银，并且马六甲甲必丹陈起厚也已经按账单数额寄银至巴达维亚清还款项。至于洪艳自置的冰糖、药材及蒜头，《舱口簿》丢失，导致无可为证，促使双层公司负责人不愿承认该款项。

对双层公司的说法，洪艳非常不满，因为按双层公司的《日清簿》记载，在宋卡销售的酒，明有艳官字号，灼然可辨。同时，洪艳还质疑当时

---

① 〔荷〕包乐史：《公案簿》（第一辑），吴凤斌校注，厦门大学出版社，2002，第 167～168 页。

船仍未回到马六甲，就算有巴达维亚酒廊寄账单讨账，马六甲甲必丹未必寄银清还账目。况且，100 桶酒都是洪艳向林跳取货，即林跳所卖的酒廊，因此仅能对林跳清账，并非由蔡藏兴与林熊寄账单往马六甲讨银。但由于其亲戚洪鳖已逝世，加上其与双层公司之间的关系不和睦，担心到了马六甲之后会遭遇不测，当船到了登嘉楼之后，洪艳决定把这宗生意纠纷带上当地公堂办理，之后再转搭其他商船回巴达维亚。

此案件的主要审判地点为登嘉楼，但是双方各说其词，使案件较难审理，因此登嘉楼苏丹寻求巴达维亚华人甲必丹的协助。当时，巴达维亚华人甲必丹召林熊与蔡藏兴到公堂面讯，并厘清两人与林跳之间交易的来龙去脉，以及是否致书给马六甲甲必丹讨酒钱。有关召问林熊、蔡藏兴的内容如下：

召问林熊、蔡藏兴存案

召问林熊有付林跳去酒否，林熊答曰："家跳前有去酒五十蜜桶，每桶价钱一十二文行，有还来钱，除外尚欠去钱一百余文。"又问熊有致书往麻六甲讨酒钱否，熊答曰："无致书。如欲讨钱，当就家跳理取，岂有近之不取，取之千里乎？"

召问蔡藏兴："有付林跳去酒否？"兴答曰："前有付林跳去酒，其钱经已还明。"又问有致书往甲讨酒钱否，兴答曰："无致书，其酒钱已明，欲致书乎何有？"[①]

从以上内容可以发现，林熊与蔡藏兴在追讨酒钱的过程中，已清楚表明他们俩只会与巴达维亚的林跳进行交涉有关事宜，并没有致书给马六甲甲必丹讨酒钱的打算。因此，两人的口供可以证明双层公司负责人之一陈奕有伪造文件之嫌疑，以企图逃避清还洪艳之账目。

当巴达维亚甲必丹完成案件调查之后，再写回复函给登嘉楼苏丹，并告知有关林熊与蔡藏兴在公堂面讯的结果。《复叮几宜国史丹望思书》的内容如下：

---

① 〔荷〕包乐史：《公案簿》（第一辑），吴凤斌校注，第 168 页。

复叮几宜国史丹望思书

吧国唐人甲必丹蔡（蔡敦官）暨雷珍兰等，谨复书于叮几宜缎史丹殿下：

禀者恭承钧谕叠颁，蒙委查林熊、蔡藏兴卖酒等情。殿下有此婆心爱民，不侫能不奉承王命哉？谨将谕禀知本国主承命查讯，即于本年五月廿四日，即和（荷兰）1789 年 6 月 17 日，召林熊、蔡藏兴到公堂面讯。

林熊等咸称，酒钱林跳早已还明；纵使酒钱未明，熊等自向林跳取讨，致书于呷，将欲向谁而取哉？

据林熊等所供，理之所有，如麻六甲有代还钱，情之所无也。

伏惟殿下才莫江山，明并日月。如此是非，天心自己了然矣，不待问之而后知也。

至于冰糖等货，有林熊确证，果是洪艳之物，现无侥吞之人难以察夺。

谨此禀。

乾隆五十四年闰五月初六日，即和（荷兰）1789 年 6 月 28 日冲①

据以上内容可发现，巴达维亚华人甲必丹还协助登嘉楼苏丹厘清有关洪艳是否自置冰糖、药材及蒜头等货品。因为林熊在公堂面讯时，除告知甲必丹其与林跳之间酒钱清还情况之外，还向巴达维亚华人甲必丹证实船上的货品，有洪艳自置的冰糖、药材及蒜头等货品。所以，林熊的口供可以证明当时船上确实有洪艳的货品，但有关货品在船主洪鳌去世后，却遭他人侵占，现已无法查明是何人所为。

1789 年，有关洪艳与马六甲双层公司的生意纠纷案件，终于结案，共耗时一年多。当时，登嘉楼苏丹还特意写书函通知巴达维亚甲必丹有关此案件的审判结果。从《接叮几宜国史丹望思书》得知，由于人证、口供与物证皆有利于洪艳，因此决定将之前寄贮在库的酒钱，共 898 元，归还洪艳。该书函内容如下：

---

① 〔荷〕包乐史：《公案簿》（第一辑），吴凤斌校注，第 177～178 页。

接叮几宜国史丹望思书

叮几宜国炎缎望思致书于吧国列位甲必丹文几：

缘戊（申）年（乾隆五十三年，1788 年），洪艳同麻六甲双层公司人等嘧喳唠货银一案，经将洪艳银额拟寄入库，批候核实发给。

兹据列位甲必丹回覆，确证洪艳理直，合将寄库之银，交洪艳领回。但麻六甲有公班衙竖班，无公班衙字印记，恐麻六甲甲必丹借口为词，不肯心服。

拟候洪艳向公班衙给字印记到日，将寄库之银尽交洪艳领回。

列位甲必丹其谅之。

天运己酉年（乾隆五十四年，1789 年）拾月　日①

综合以上文献记载，有关洪艳与马六甲双层公司之生意纠纷案件的起因有二：第一，巴达维亚船主洪鳌于 1788 年逝世于安南后，其账目不清；第二，其亲信洪艳与马六甲双层公司之间的关系不和谐，导致双层公司试图否认洪艳有船货，并且陈奕制造假证据，以侵占他人货物。② 除此之外，在此案件的审判过程中，虽然以记载巴达维亚商人洪艳与马六甲双层公司之间的商业纠纷为主，但由于双层公司持有人为马六甲华人甲必丹陈起厚，其生平事迹得以进一步地填补。

总而言之，巴达维亚之《公案簿》对陈起厚生平事迹的记载虽不多，但从以上分析可以得知，陈起厚与弟弟陈奕在马六甲一同经营双层公司，该公司主要从事集散商业活动，并拥有商船，长期接受来自不同的地方的商人委托，协助他们在马六甲或其他地方销售酒、冰糖、药材及蒜头等货品。因此，当双层公司收集好各类货品之后，除会安排在马六甲销售之外，还会安排商船载送客户货品至周边国家销售货品，其商业网络分布在巴达维亚、登嘉楼、安南、宋卡等地。然而，在 1788 至 1789 年之间，双层公司负责人之一陈奕有伪造文件的嫌疑，企图逃避清还洪艳的账目，甚至侵占他人货物，导致双层公司惹上官司。虽然，在此案件中，无法肯定马六甲华人甲必丹陈起厚是否也在该交易纠纷案件中，使用不当的手段导致与客

---

① 〔荷〕包乐史：《公案簿》（第一辑），吴凤斌校注，第 245～246 页。
② 〔荷〕包乐史、吴凤斌：《18 世纪末吧达维亚唐人社会》，厦门大学出版社，2002，第 153 页。

户之间的关系不睦。但是，可以肯定的是陈起厚从中国海澄沧江南来至马六甲之后，靠着海上贸易发迹，随后还在当地创立双层公司，因而逐渐在马六甲建立起其经济地位以及影响力，随后更成功担任马六甲华人甲必丹一职。

四　结语

18 世纪末，陈起厚继承了陈承阳的甲必丹一职，成为马六甲华人甲必丹。但在马来西亚华人历史典籍中，较少有关于陈起厚生平事迹的史料记载，甚至出现言人人殊、各执一词的情况。在这种情况下，陈起厚的生平事迹，甚至其祖籍地保有着一丝的神秘感。不过，笔者通过厦门海沧的考察所见，以及结合吧城华人公馆的《公案簿》与其相关的记载，为探讨陈起厚的身世提供了有力的证据，以填补马六甲华人甲必丹历史的不足之处。

首先，谈及陈起厚祖籍地，其墓碑刻有"沧江"两字，这是唯一记载了其祖籍地的线索。不过，在厦门海沧区管辖之海沧街道进行实地考察之后，笔者可以肯定陈起厚的故乡为现今福建省厦门市海沧村一带。至于在陈起厚逝世之后，墓碑上选择使用"沧江"两字，极大可能是因为沧江为海沧村重要之河流，不仅孕育了该地区的文化，同时也带动了当地商业的繁荣。发展至明朝时期，海沧港因地处沧江，位于九龙江北岸，因而迅速成为闽南的重要城镇，并与月港齐名，成为当地村民与外国贸易和文化交往的重要通道之一。同时，海沧村的桥、寺庙、学校、礼堂，多以"沧江"命名，由此可见沧江的历史与文化内涵已成了海沧村特有的社区文化符号，甚至成为当地村民的一种记忆共同体。因此，陈起厚的墓碑上刻有"沧江"两字，应来自其家族对祖籍地的记忆，并说明他们祖辈最初是从沧江出洋，最终来到了马六甲定居。

其次，有关陈起厚的生平事迹，从《公案簿》的记载中可以肯定陈起厚依靠海上贸易起家，随后与其弟弟陈奕在马六甲一同经营双层公司。当时，陈起厚在马六甲主要是从事集散商业活动，并拥有商船。陈起厚的商业网络以马六甲为基地，同时还拓展至巴达维亚、登嘉楼、安南、宋卡等地。由于陈起厚在集散贸易中拥有强大的跨国商业网络，双层公司长期受到来自不同的地方的商人委托，以期协助他们在马六甲或其他地方销售酒、冰糖、药材及蒜头等货品。因此，以上的背景促使陈起厚成功地在马六甲建立起强大的经济地位及影响力，从而让其顺利当上马六甲华人甲必丹一职，并领导马六甲华人社会。

总之，经过在厦门及漳州一带的考察，笔者不单对当地历史有进一步的了解，而且还得以厘清有关马六甲华人甲必丹陈起厚祖籍地之谜。与此同时，本文通过整理巴达维亚的《公案簿》资料，对陈起厚的生平事迹取得了突破性的补遗，以填补马来西亚华人历史研究的不足之处。此外，从《公案簿》的内容中，还可以了解到早期华人在马六甲，甚至东南亚的经济活动的发展，这或许能成为以后值得深入探讨的课题之一，以探讨华人移民在东南亚的经济活动的历史面貌。

A Supplementary Note on Tan Ki Hou, the Chinese Kapitan of Malacca

〔Malaysia〕Yon Weng Woe

Abstract：Tan Ki Hou（1748 – 1794），the Chinese Kapitan of Malacca. He came from Haicang Village，Xiamen City，Fujian Province. However，in the history of Malaysian Chinese，Tan Ki Hou's life story has less historical records. Until 2018，a field investigation in Haicang Village，Xiamen City，Fujian Province，it is found that the history of Haicang Village is closely related to Tan Ki Hou's place of ancestral origin. At the same time，in the *Gong An Bu*（Chinese Council of Batavia Archives）also has record related to Tan Ki Hou. Therefore，this article will be based on the field research in Haicang Village and *Gong An Bu*，to write a supplementary note on Tan Ki Hou. The above clarification and analysis may serve as a reliable basis for the future studies of Tan Ki Hou for in-depth research.

Keywords：Tan Ki Hou；Malacca；Chinese Kapitan；Haicang Village；*Gong An Bu*

附　图

附图一　青云亭匾额——"慧眼观世"

资料来源：笔者自摄，地点为马六甲青云亭，日期为 2018 年 12 月 23 日。

附图二　马六甲华人甲必丹陈起厚之墓（已遭到破坏）

资料来源：日比野丈夫《马六甲华人甲必丹——关于近年新发现的资料》，潘明智译，《亚洲文化》第 15 期，1991，第 120 页。

附图三　陈氏家庙中一对联："庙貌聿新圭海衣冠推鹊起，
家声丕振沧江科第更蝉联"

资料来源：笔者自摄，地点为福建省厦门市海沧街道，日期为 2018 年 11 月 27 日。

宗教信仰

马来西亚槟榔屿的拿督公崇拜

〔马来西亚〕 陈耀威 *

摘 要 拿督公源自马来世界的"科拉迈"（Keramat 或 Dato Keramat）崇拜，槟城古老的科拉迈可溯自 18、19 世纪，一些科拉迈还受马来人、印度人、华人膜拜。华化的拿督公崇拜从碑铭可知早在清朝光绪初年就出现了。槟城华人对拿督公的崇信不亚于大伯公，住宅、街巷、山林海边处处可见拿督公神龛。拿督公非只一尊，在槟城有名号可辨的至少有 27 位，其中 5 位是华人拿督公。拿督公很合群，往往数位一龛，而最常见的范式就是拿督七兄弟。本文主要以田野调查的方式分析槟岛拿督公的分布，兼探讨拿督公在槟岛被华化的程度和发展。

关键词 槟岛 科拉迈 拿督公 七兄弟 华人拿督

前 言

拿督公崇拜在槟城的普遍令人习以为常，和大伯公一样，拿督公在华人社会几乎无所不在，一个在室内，一个在宅外，都是被视为安家保境的神明。人们似乎忘了拿督公曾是马来人、印度人、华人三大族群共同尊崇的"科拉迈"，现在有中文译名的拿督公几乎都被视为既是番也是唐人神，有名号的拿督公不只一尊，而且有的拿督公拥有华人名字，到底槟城的拿督公崇拜是否具有质与量上的本土特性？本文主要以田野调查的方式分析槟岛拿督公的分布，兼探讨拿督公在槟岛被华化的程度和发展。

---

* 陈耀威，文史建筑室主持人，华侨大学建筑学院博士研究生。

一 科拉迈

马、新、印尼华人崇拜的本土神拿督公，本来属于马来世界的"科拉迈"，称 Keramat 或 Dato Keramat，它的范围非常广，从菲律宾棉兰老岛横跨印度洋和大西洋到南非的开普敦，都有科拉迈的踪迹。[①] 马来文 Keramat 是指"灵位""圣迹"或"圣人"。[②] 圣迹通常是圣者的墓地，而圣灵是圣迹的主人，一般是有智慧的长者、酋长、将领武士、哈芝或拥有超能力者，其生前对社会、王室或宗教有功，受人敬仰，死后被奉为圣灵。

由于 Keramat 也包括山川自然精灵，有人认为这是在未受到伊斯兰教甚至是印度佛教影响前，马来社会本身就有的万有精灵崇拜。[③] 至于我们今天所认识的 Keramat，实际上大多数是马来地区在 15 世纪以后伊斯兰教化的产物，因此可叫出名字的 Dato Keramat 几乎都是穆斯林。根据 Sumit K. Mandal 的研究，15~18 世纪，来自中东或印度的穆斯林，尤其是自称为先知穆罕默德后裔的哈德拉米族（Hadhrami）[④]，移民东南亚经商、传教或当学者，其中有许多智者死后被家族墓祭，从而成为当地人膜拜的 Keramat。[⑤]

虽然马来社会自 15 世纪摆脱印度教的影响，转为信奉真主安拉的伊斯兰教社会，然而在日常生活中依然保有巫术和 Keramat 崇拜，直到 20 世纪 70 年代因保守的伊斯兰教施行，马来西亚的马来人才逐渐放弃这种传统的信仰。华人移民在中国原乡历代以来有土地神的崇拜，移民之初就本着敬畏土地神之心而随当地的马来人祭拜科拉迈，如今更是承接这信仰，并且加以发扬光大。

---

① Sumit K. Mandal, "Popular Sites of Prayer, Transoceanic Migration, and Cultural Diversity: Exploring the Significance of Keramat in Southeast Asia," *Modern Asian Studies*, 2012, p. 358.

② 梅井：《马来风俗与文化》，新加坡国家语文局，1963，第 265 页。梅井译 Keramat 为"格拉默"。

③ 梅井：《马来风俗与文化》，第 266 页。

④ 哈德拉米族（Hadhrami）是生活在也门哈德拉毛（Hadhramaut），操阿拉伯方言的族群。他们自认是先知的后裔，并在世界各地形成离散族群。参见 https://en.wikipedia.org/wiki/Hadhramaut。

⑤ Sumit K. Mandal, "Popular Sites of Prayer, Transoceanic Migration, and Cultural Diversity: Exploring the Significance of Keramat in Southeast Asia," *Modern Asian Studies*, 2012, p. 358.

二　拿督公

传统马来社会的 Keramat、Tok Keramat 或 Datok（Datoh）Keramat，华人称为哪啅公、篮啅公、哪督公、拿/嗨督公、那陀公。念成 Na To Kong（闽、潮方言发音）或 La To Kong（粤、客方言发音），前取 Datok 音译，后加"公"，以示是神明"尫公"。这应该是福建人最早的叫法。福建人喜欢俗称神明为某某公，如清水祖师叫祖师公，广泽尊王叫圣王公，玄天上帝叫上帝公，张公圣君叫法主公等。

对华人来说，拿督公是一方土地之守护神，管理范围小的在一宅院之内或一条巷子，管理范围稍微扩大一些可达一条路，再大可以是一个街区、住宅区、农场或园坵。祂的所在不限于河海陆地或山区，在有人居住的环境也不拘于乡郊或城镇，只是普遍上属于小范围。拿督公的神职属于镇宅，保佑地方的居住安宁，出入平安，在农场保佑五禽康生，在矿场保持水土稳定。不过大约自 20 世纪中期以来，信徒求财心切，拿督公增加了施财的职能，也逐渐向财神行列靠拢，这可以从神位或神龛对联看到当今拿督公神职的写照："拿管地方兴旺，督理财源广进"[1]、"拿扶财丁旺，督庇合家安"[2]、"拿得东西南北时，督守前后左右福"[3]、"拿管山岛平安，督理财源旺发"[4]。

三　槟岛拿督公历史

拿督公作为圣迹或土地保护神在槟城的历史可说是源远流长，在槟岛就有叫 Datuk Keramat（也称柑仔园）的地名。在大路后（Perak Road）一段，到目前还是马来人和 Jawi Pekan[5]（印度马来混血族群）的聚居地，那里有个 Keramat Tuah，别名 Fakir Melanad，圣墓的主人来自印度马拉巴

---

① Batu Lanchang 峇都兰章市场拿督公龛。
② Pitt Street 椰脚街后巷拿督公龛。
③ No. 48，Sungai Ujong Road，巷子拿督公龛。
④ 槟岛垄尾拿督公龛。
⑤ Jawi Pekan 是 Melayu yang hidup di pekan，在市镇生活的马来人，也是槟城 Jawi Peranakan 的别称。

（Malabar）的 Sangli Perappa，据说该圣墓可追溯至 1715 年，[①] 可以说是槟城最早的科拉迈。离丹绒武雅西北海岸约半英里的鼠屿（Pulau Tikus），有印裔哈芝 Seyad Mohamed Kuddoos 的坟墓（见图 1），这个有圣迹的岛被华人称为"拿督公屿"，而槟岛郊外的峇都眼东（Batu Gantung）巨大悬石下，也有 Allahyarham Kabul Ali 的坟墓科拉迈（见图 2）。

图 1　Pulau Tikus 小屿印裔哈芝 Seyad Mohamed Kuddoos 的科拉迈
（2019 年 8 月 19 日　陈耀威摄）

图 2　Batu Gantung 巨大悬石下，Allahyarham Kabul Ali 的科拉迈
（2007 年 4 月 14 日　陈耀威摄）

Katharine Sim 1949 年在 *Some Kramats of Penang* 中写道，Pulau Tikus、

---

① D. Vinesh, K. Kasturi Dewi, "Indians in Penang," *The Star*, 29 - 11 - 2001.

Batu Gantung 加上 Muka Head（姆加角，槟岛西北岬角）的一处岩石，以及升旗山的 Chinana，这四处圣迹或圣墓，是槟城著名的科拉迈，圣迹主人是来自印度马拉巴的四位穆斯林。其中的两位欲乘船去麦加朝圣时不幸沉船溺毙于 Muka Head，第一位哈芝托梦给第三位哈芝将之埋葬于鼠屿，而第三位哈芝后来也葬在峇都眼东。从文中还可知道，Pulau Tikus 和乔治市的 Datuk Koyah（调和路）两处科拉迈在 20 世纪 40 年代，可说是华人、马来人、印度人三大族群都会去祭拜的热门宗教场所。①

从石碑、牌匾或香炉调查获知，有文字显示槟城华人拿督公崇拜可溯至清朝光绪年初（见表 1）。目前最早的记录是青草巷水龙宫拿督亚齐，华人立亭宇在圣墓（Keramat）上祭祀之，名"水龙宫"。亭旁有石碑志："光绪四年（1878 年）起至十三年（1887 年）再修理"（见图 3）。其次是亚依淡极乐寺山脚下的黑水涧（Air Itam）七姐妹拿督庙石香炉（1887 年）（见图 4），②和鼠屿拿督公屿石香炉（1889 年）（见图 5）。而浮罗山背双溪槟榔（Sungai Pinang）港脚罅督公（见图 6）③、城隍街海陆七兄弟大红袍拿督公，以及美湖哪啅公分别志于 20 世纪初的 1905 年、1906 年和 1909 年，也就是清光绪末年及宣统初年。

表 1　槟城拿督公祭祀物铭刻年表（1950 年前）

编号	年份	地点	物件
1	1878	水龙宫篮啅亚齐	石碑
2	1887	黑水涧七姐妹拿督庙	石香炉
3	1889	拿督公屿（Pulau Tikus）（石香炉目前是在庙外约 30 尺的地上）	石香炉
4	1905	双溪槟榔港脚罅督公	牌匾
5	1906	城隍街海陆七兄弟大红袍拿督公	石香炉
6	1909	美湖哪啅公	石香炉
7	1909	黑水涧篮卓公	石香炉

① Katharine Sim, "Some Kramats of Penang," *The Straits Times*, 19 – 05 – 1949.
② 亚依淡极乐寺山脚下的黑水涧（Air Itam）七姐妹拿督庙（Keramat Lubang Batu Air Itam），有一大石前摆置 7 个石香炉代表 7 位拿督，光绪十三年（1887 年）的炉刻"福德"，其他炉有刻"篮卓公"和"那陀公"。
③ 罅督公的罅读 xia，不过客家话读 la。所以罅督公读为 La tuk gong。感谢张爱强协助解读音。

续表

编号	年份	地点	物件
8	1917	美湖篮啅公（拿卓公邦利玛依淡）①	石香炉
9	1944	土桥尾篮啅亚里	石香炉

图3　水龙宫石碑（2019年3月2日　陈耀威摄）

图4　黑水涧七姐妹拿督庙石香炉（2002年2月23日　陈耀威摄）

① 陈爱梅：《拿督公碑铭的生命史》，“田野与史料调查：拿督公研究研讨会”，未正式出版论文，2019。

图 5　鼠屿拿督公屿石香炉（2019 年 8 月 19 日　陈耀威摄）

图 6　双溪槟榔港脚罅督公牌匾（2019 年 10 月 2 日　陈耀威摄）

槟城华人对拿督公的崇拜非常热衷，可以说不亚于对大伯公的崇拜。两者都被槟城华人视为顾家保地方平安的神明，只是拿督公的神位不进家里。

（一）拿督公的祭祀

拿督公祭祀场所有公立和私设之分，私设的龛位位于家户的门外、院内、院外、路旁、巷子，尤其是后巷内。一般来说，私设的拿督公龛颇小，约 2 英尺见方，高约 3 英寸半。近 10 年来，流行专门为拿督公制造的小龛屋，造型为中式的翘角屋脊屋顶，通身漆红，还印制金字"拿督公"额名和对联（见图 7）。

早年的拿督公祭祀场所多数没设龛，而是以石头、土丘、蚁窝或老树为对象（见图 8），华人也像马来人那样相信自然界奇特之物或岁长龄久之物是拿督公的栖身之地或化身，如鳄鱼、四脚蛇和老虎。祭拜日子久了，华人会体恤神明为之搭盖木板或锌板的小神龛，以让拿督公有龛屋可居。祭拜对象也以香炉加插三角色旗、挂宋谷或哈芝帽、放拐杖或立木牌书拿督公神位；最近这十几年，流行在砖瓦筑成的拿督公龛或小庙内增设拿督公金身神像。安神像的同时也会摆设旗帜增加拿督公的代表物。

图 7　私设拿督公龛（2019 年 8 月 17 日　陈耀威摄）

图 8　拿督公土丘或蚁窝（2017 年 2 月 4 日　陈耀威摄）

公立的拿督公（见图 9）在城乡多数设在村口桥头桥尾、路头街边巷口、建筑工地、工厂、公寓小区，华人宫庙神坛也多数有拿督公龛相伴。至于乡郊野外则立在河边海口或山脚林边，可以说槟岛的拿督公神龛或祭祀场所近乎无处不在，不计其数（见图 10、图 11、图 12、图 13）。规模较大的神坛或拿督公小庙（人可容身的），多分布在乔治市、海墘一带、槟岛中部，以及亚依淡垄尾区。

图 9　公立拿督公庙（2008 年 5 月 22 日　陈耀威摄）

图 10　海边拿督公（2018 年 3 月 18 日　陈耀威摄）

图 11　园丘拿督公（2007 年 7 月 14 日　陈耀威摄）

图 12　路口拿督公（2019 年 10 月 3 日　陈耀威摄）

图 13　后巷拿督公（2019 年 1 月 1 日　陈耀威摄）

（二）祭品

上面提到的祭品有宋谷帽和拐杖，如有加沙笼（Sarung）或上衣、花串等物，多数是属于信徒孝敬拿督公的谢礼（见图 14）。据笔者观察，华人祭拜拿督公通常是在周四或周五、拿督公的圣诞日和其他大日子（Hari be-sar），如华人的冬至、春节、中元节，伊斯兰教的开斋节、哈芝节等。祭拜的物品主要是鲜花、清水、槟榔、石灰、栳叶和烟草（见图 15）。还要点上蜡烛（应该用白烛）、油灯、香（一支或三支）和甘文烟①（Kemayan）。平日最基本的是鲜花、清水和一支香，大日子祭拜可增加各类水果（香蕉、黄梨、椰子）、糕点（尤其是马来糕点）、黄姜饭和咖喱鸡（见图 16）。至于烧拜方面，可增加元宝形的"拿督公甘文烟"和"拿督公金"（纸钱）（见图

① 甘文烟是源自印度教祭祀用的熏香。

17），这是专门为拿督公打造的祭品。

图 14　献给拿督公的宋谷帽和上衣（2019 年 10 月 4 日　陈耀威摄）

图 15　槟榔、石灰、栳叶和烟草（2018 年 12 月 22 日　陈耀威摄）

图 16　黄姜饭、咖喱鸡、马来糕点等食物祭品（2018 年 12 月 29 日　陈耀威摄）

图 17　拿督公金（2008 年 11 月 13 日　陈耀威摄）

四　槟岛拿督公分布

拿督公是神职的尊称，祂一开始也许就不止一位，而又不断有新的拿督公加入各地的拿督公阵营之中，目前在马来西亚叫得上名字的拿督公恐怕有超过 50 位①。普遍上槟城信众祭拜的多数是没有特定书写拿督公名字的拿督公，据统计，目前有名字可辨认的拿督公有 27 位②，见表 2 及图 29。

表 2　槟岛拿督公分布

编号	中文/马来文名	令旗	性别	族群	圣诞/庆日*	龛庙地点	数量
1	拿督依淡 （拿督邦利玛依淡） Datuk Hitam （Datuk Panglima Hitam）	黑旗	男	马来人		·红灯角拿督巴黎马里依淡 ·姓林桥拿督哈沙邦里玛依淡 ·发林百宝庄拿督依淡（3 位组） ·发林 Desa Delima 邦理玛依淡 ·湖花园嗥督巴里玛依淡 ·美湖拿卓公邦利玛依淡	6

① 依田调和报章文献不完全统计。
② 这数目很难确定，因为有一些只是口头上有名字，没立名，如 Tok Jawa、Tok Rimau 等。此外同一个名字的拿督公也可能是不同的人/神，或不同名字却是同一个神。

续表

编号	中文/马来文名	令旗	性别	族群	圣诞/庆日*	龛庙地点	数量
2	拿督布底/布弟/布爹（拿督邦利玛布底）Datuk Putih（Datuk Panglima Putih）	白旗	男	马来人	十月十二日	·汕头街后巷 Datuk Putih ·汕头街小巷拿督布弟（3 位组） ·新街头万山 Datuk Puteh（2 位组） ·爱民路法主公白拿都 ·发林 Desa Angsana Datuk Putih ·甘榜比桑拿督布爹 ·亚依淡水坝拿督布底（3 位组）	7
3	拿督依爪（拿督邦利玛依爪）Datuk Hijau（Datuk Panglima Hijau）	青旗	男	马来人	五月十二日	·汕头街小巷拿督依爪（3 位组） ·峇都兰樟路巴刹 ·天德园区老伯公哪啅依爪（3 位组） ·发林百宝庄拿督依爪（3 位组） ·发林百宝庄后路拿督依爪 ·动物园路 Datuk Hijau ·吡叻冷福天宫拿督依爪（2 位组） ·吡叻冷 11 号拿督依爪（3 位组）	8
4	拿督美拉（拿督邦利玛美拉）Datuk Merah（Datuk Panglima Merah）	红旗	男	马来人	6 月 23 日→	·新街头万山后巷 Datuk Merah（2 位组） ·汕头街小巷拿督美拉（3 位组） ·峇都丁宜泗山清福德祠拿督公邦里玛美拉（2 位组） ·垄尾歹仔间拿督美拉 ·水坝拿督美啦（3 位组）	5
5	拿督古吟/拿督仁丹（拿督邦利玛古吟）Datuk Kuning/Datuk Jihtan（Datuk Panglima Kuning）	黄旗	男	马来人	四月十五日→	·天德园区老伯公哪啅古吟（3 位组） ·发林百宝庄拿督古吟（3 位组）	2

续表

编号	中文/马来文名	令旗	性别	族群	圣诞/庆日 *	龛庙地点	数量
6	拿督亚里 （拿督邦里玛亚里） Datuk Ali （Datuk Panglima Ali）	蓝或浅蓝	男	马来人	九月二十二日 九月二十二日	·土桥尾篮啅亚里 ·姓李桥嗱督亚里 ·姓林桥外路边哪啅邦里玛亚里（2 位组） ·姓林桥嗱督班里僆亚里 →二奶巷小巷嗱督亚里 ·贼仔巷 Datuk Ali →沓田仔后巷哪卓亚里 ·头条路后巷哪啅亚里（2 位组） ·三条路路头嗱督亚里 ·六、七条路巷仔嗱啅亚里 ·西日落洞凌虚殿拿督亚里（3 位组） ·峇都兰樟巴刹拿督亚里 ·跑马场 Datuk Ali ·嗱督亚里安乐村 617 ·海墘新路龙海宫 Datuk Ali ·丹绒武雅拿督亚里 ·浮罗山背善云寺嗱督亚里	17
7	拿督咪素 Datuk Bisu	咖啡色或蓝色	男	马来人		·西日落洞凌虚殿拿督咪素 ·青草巷水龙宫篮啅亚齐 Dato Bisu ·天德园区老伯公拿督公哪啅咪嗦（3 位组）	3
8	拿督奶奶/娘娘/呖呖/叻叻/卓阿玛 Datuk Nenek/ Datuk Nie Nie	粉红	女	马来人	三月十五 三月一日	→海墘新路龙山堂对面拿督奶奶 ·唐人街后巷 →新街头万山 Datuk Puteh Sama Nenek Ashna（2 位组） ·新街万山后巷 Datuk Nenek（3 位组） ·调和路圆宝坛拿督呖呖 ·西日落洞凌虚殿拿督奶奶（3 位组） ·西日落洞巴刹后 328C 拿督奶奶 ·大路后龙凤宫前拿督奶奶（9 位组） ·青草巷水龙宫亚齐篮啅奶奶 ·打枪铺拿督奶奶（2 位组） ·发林 Medan Angsana Dato Nenek ·发林 Desa Delima Tuk Nenek ·峇都丁宜泗山清福德祠拿督（2 位组）	13

续表

编号	中文/马来文名	令旗	性别	族群	圣诞/庆日*	龛庙地点	数量
9	拿督哈山/阿山 Datuk Hasan		男	马来人		·吥叻冷99号拿督阿山 ·吥叻冷飞云宫拿督哈山 ·发林百宝庄拿督哈山	3
10	拿督亚旺/亚华 Datuk Awang		男	马来人	九月初十一→	·红灯角哪啅亚旺 ·生活公市拿督亚华	2
11	拿督亚齐/亚姐 Datuk Aceh		男	亚齐人	五月八日→	·生活公市拿督亚姐 ·青草巷水龙宫篮啅亚齐 ·峇都兰樟公塚拿督亚齐	3
12	拿督姆山 Datuk Musang		男	马来人	三月初三	·海客园成化堂拿督姆山	1
13	拿督哈芝大 Tok Haji Tua Datuk Haji		男	马来人	六月十三日→	·红灯角Tok Haji Tua ·刘富仔巷拿督督哆 （7位组） ·打枪铺PBA公寓Datuk Haji	3
14	拿督哈末 Datuk Ahmad		男	马来人		·刘富仔巷拿督哈末 （7位组）	1
15	拿督哈达 （无马来名）		男	马来人		·刘富仔巷拿督哈达 （7位组）	1
16	拿督哈芝主王 （无马来名）		男	马来人		·刘富仔巷拿督哈芝主王（7位组）	1
17	拿督七兄弟 Datuk Tujuh Adik Beradik		男女皆有	马来人	十二月十五日→	·海墘新路189B拿督七兄弟 ·海墘新路小巷拿督亚里七兄弟 ·大伯公街35号Datuk Panglima Hitam dan Tujuk Adik Beradik ·台牛后后巷拿督公 ·大顺街哪啅公七兄弟 ·汕头街电房拿督七兄弟 ·姓王公司后拿督七兄弟 ·吥叻路受天宫边拿督公 ·城隍街海路七兄弟大红袍拿督公 ·大路后相公园大红袍七兄弟 ·大路后龙凤宫前拿督七兄弟 ·打枪铺福德柯拿督公 ·宝屿仙岩大伯公拿督公	20

续表

编号	中文/马来文名	令旗	性别	族群	圣诞/庆日*	冕庙地点	数量
17	拿督七兄弟 Datuk Tujuh Adik Beradik		男女皆有	马来人	十二月十五日	·极乐寺黑水涧拿督七姐妹 ·亚依淡桥头顶 Tok Hitam 7 Adik Beradik ·安乐村地伏宫阴阳殿拿督公 ·垄尾 GL 花园拿督七兄弟 ·垄尾山脚拿督公 ·炮台山拿督亚里七兄弟 ·浮罗山背拿督公	20
18	（无中文名） Datuk Halim		男	马来人	四月初四	·甘榜比桑 Datuk Halim	1
19	拿督其里 Datuk Kiri		男	马来人	11 月 23 日	·海墘新路嗙啅其里	1
20	东方拿督 （无马来名）					·丹绒道光海珠屿村	1
21	拿督亚呀大 （无马来名）		男	印度人	四月十五日	·三条路路头哪啅亚呀大	1
22	拿督粦峇 Natuk Rimba		男			·亚依淡水坝拿督粦峇	1
23	拿督大，老拿督大 Tok Tua		男	华人	八月初一→	·头条路后巷哪卓大（2 位组） ·青草巷水龙宫亚齐哪啅大 ·吡叻冷福天宫拿督大（2 位组） ·吡叻冷 11 号拿督大（2 位组） ·龙尾宝石花园老拿督大	5
24	拿督亚伯 （无马来名）		男	华人	八月二十日	·社尾桥头哪啅亚伯 ·头条路内巷哪啅亚伯	2
25	拿督 Tiang-Tiang 伯 （无中文全名）		男	华人	九月二十四日	·土桥尾拿督亚里内	1
26	拿督刘财见 （无马来名）		男	华人	九月二十四日	·姓周桥哪啅刘财见	1
27	胡须发与乌龙 （无马来名）		男	华人		·七条路海尾菩提树下拿督依爪九兄弟	1

　　*中文为农历，阿拉伯数字为公历，各色令旗是拿督公身份的代表。X 位组表示该拿督公冕是几位拿督公一起被奉祭。拿督七兄弟不加标 7 位组。

27 位之中，7 位是古老的拿督，即拿督依淡（Hitam）、布底（Putih）、依爪（Hijau）、美拉（Merah）、古咛（Kuning）、亚里（Ali）和咪素（Bisu），这 7 位往往合称"拿督公七兄弟"（见图 18、图 19）。拿督七兄弟的活动范围不限于槟州，而是马来西亚全国，还包括新加坡和印度尼西亚的部分地区。

图 18　拿督公七兄弟是最常见的组合（2019 年 3 月 9 日　陈耀威摄）

图 19　拿督公七兄弟（2019 年 8 月 24 日　陈耀威摄）

七兄弟的前五位都号称邦里玛/邦利马，Panglima 是马来文将领的意思，表示生前是将领武士，而且分黑、白、青、红、黄五色邦里玛。根据 Freddie Aziz Jasbindar 的研究，自 18 世纪起，马来王国其实都有服务于苏丹的 Panglima Hitam。Panglima Hitam 不是个人的名字而是职称。有记录的霹雳 Panglima Hitam 原名 Tengku Daeng Kunning，是武吉斯（Bugis）王子的儿子。来自苏拉威西（Sulawesi）望加锡（Makassar）的他拥有高超的马来武术，曾带六个师兄弟到马来半岛分别担任不同州的苏丹的御用将领。另外，由于他们常穿黑衣，就被称为 Panglima Hitam。① 不知上述的 Panglima Hitam 是否死后被奉为 Datuk Keramat②，而流传成北马广泛被祭拜的五色拿督五兄弟公或拿督七兄弟？

拿督亚里也往往被称为邦里玛，在七兄弟组合中被认为是大哥。③ 不过在槟城的拿督七兄弟中，个性比较凶的拿督依爪和依淡多被奉于尊位或排行第一。槟城的拿督七兄弟组合除五色拿督公和拿督亚里之外，还有个拿督咪素或卑素，马来文 Bisu 意为哑巴，如果降乩起来是不说话的。值得一提的是，为了区分拿督公七兄弟，华人用色旗代表他们的身份，黑白青红黄分别给五色 Panglima，超出这传统五色之外的就用蓝色或咖啡色代表，没有严格规定。

拿督亚里（见图 20）在槟城颇受信徒崇拜。共有 14 处独立神龛和 3 处共处神龛，祭祀圈包括海墘市区到浮罗山背，乔治市海墘一带尤其是祂的"地盘"。其次是被形容为青脸的拿督依爪，其神龛共有 8 处，多在槟岛的中部和东部，特点是多与其他拿督组合。五色拿督中被认为最年长的拿督依淡和拿督布底各有 6 处和 7 处神龛，拿督美拉有 5 处神龛，范围分布在槟岛东边 50% 的地区。拿督古咛较低调，有 2 处神龛，而且都是共处神龛，没有独立神龛。

拿督神系里，有一位女性拿督公 Tok Nenek。Nenek 是婆婆或年长的女人之义，华人尊称为拿督奶奶、叻叻、唎唎，也叫拿督亚麻，神像被塑成土地婆或披头巾的老奶奶的样子，因为拿督奶奶是女性，就用粉红色为代表，祂的令旗或披袍都是粉红色的（见图 21）。有时候拿督奶奶也会列入七兄弟的组合里，这种情况下拿督奶奶就会取代拿督咪素或亚里二者中的一位，维持 Datuk 7 Adik Beradik，马来文不管兄弟或姐妹都是 Adik Beradik，不分性别。然而槟岛有个女性的七拿督，那是在亚依淡黑水涧的七姐妹拿督庙，七个姐妹是谁？是否拿督奶奶为长？可惜该庙几近被毁，无从得知。

---

① 互联网文献，Freddie Aziz Jasbindar，"Siapakah Gerangan Panglima Hitam Dalam Sejarah Perak?" https://www.orangperak.com/siapakah-gerangan-panglima-hitam-dalam-sejarah-perak.html。

② Panglima Hitam Tengku Daeng Kunning 的墓尚存于吡叻太平 Jalan Pokok Assam，Kampung Tupai。

③ 根据吡叻冷 11 号屋的骆先生的讲述，拿督亚里是阿窿（Chettiar）。2019 年 10 月 9 日采访。

图 20　拿督亚里（2018 年 11 月 21 日　陈耀威摄）

图 21　拿督奶奶（2019 年 3 月 2 日　陈耀威摄）

从表 2 中可知，拿督奶奶是华人信徒熟悉的拿督，祂的独立神龛计 7 处，组合龛 6 处，祭祀圈包括槟岛市区、槟岛中部以及东北部。

　　拿督亚齐有墓可考，位于青草巷（Green Lane）山谷小溪旁，祂的分香可见于乔治市和峇都兰樟（Batu Lanchang）。拿督亚齐和拿督其里据信徒说都来自印尼的亚齐（Aceh），[①] 而拿督哈山是来自吉兰丹。[②] 其他信众较少的拿督为拿督亚旺、拿督姆山和东方拿督，分散在各处，而刘富仔巷就集

---

① 2018 年 12 月 18 日在海墘新路访问陈玉锦女士。
② 2018 年 12 月 16 日在吡叻冷 99 号拿督阿山访问一位不愿透露名字的理事。

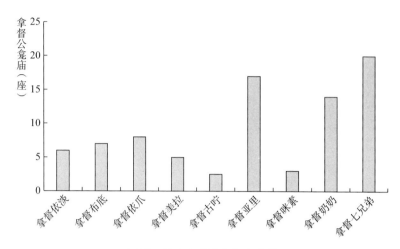

图 22　槟岛拿督公祭祀点数量

注：拿督七兄弟里的不拿出计入个别的拿督公祭祀点数量。

中了拿督哈达、哈末、哈芝大、哈芝主王等不知何方拿督在一个神龛内。①

　　值得一提的是，拿督亚旺和姆山都有约三英尺高的神像，拿督亚旺的庙原位于红灯角，小神龛立于 1944 年日据时期，1978 年建成华人宫庙式建筑，2007 年因建高速公路被迁建于林苍佑大道旁。拿督姆山被奉祀于升旗山脚成化堂的一个道观里，姆山的神像在主神观音神台下的龛内，是一个立身、包头巾、长胡须的脸上可见大小眼写实的塑像，信徒还为之配上眼镜。据槟城伏英馆显应坛叶三福道长说，姆山原本是升旗山脚的一只灵狐，在成化堂百年前建成时，被当时的主持点化成拿督公。②

五　槟岛其他类别的拿督公

（一）　山拿督/山神

　　传统上，马来人和华人相信有土地就有拿督公，包括在深山野岭，马来人把山上的神灵叫 Tok Rimba，译成山拿督或拿督舜峇（见图 23）。不过华人认为山拿督和山神是不同的神，所以大多数情况下，华人会把拿督公

---

① 设立这座拿督公龛的坛主已过世，无法获得各拿督公的名称解释。
② 《拿督姆山治病救命灵神名震山林》，《民生报》2018 年 6 月 6 日，第 A1 版。

和山神分开。例如在山区或山脚的神龛，拿督公归拿督公，山神归山神（见图 24）。对华人来说，拿督公是人化为神，应有名字可称，而山神是种自然精灵，虽可化为人形，却无名无姓。

图 23　拿督猋峇为山拿督（2015 年 12 月 26 日　陈耀威摄）

图 24　拿督公与山神（2008 年 12 月 26 日　陈耀威摄）

（二）华人拿督

拿督公不一定都是广义的马来人或印裔穆斯林。早在 1895 年太平（Taiping）已有义兴党领袖蔡亚松死后被奉为拿督公，[①] 吡叻巴里文打（Parit Buntar）则有 1886 年华人崇拜的唐人拿督蔡文龙。[②] 槟城也有华人拿督，目前所知共有五位，即拿督大、拿督亚伯、拿督刘财见、Tiang-Tiang 伯、胡须发与乌龙。

---

① 李永球：《移国——太平华裔历史人物集》，南洋民间文化出版社，2003。
② 陈爱梅：《浅析马来西亚唐、番拿督公的史料和传说》，《八桂侨刊》2018 年第 4 期，第 20 页。

对于拿督大（见图25），信徒基本上知道他是华人，根据家内供奉拿督大的骆先生30多年前起乩时，拿督大自称名叫 Tan Kok Tin（音译，陈国珍），原先是住在顶日落洞青龙宫（大帝爷庙，祀保生大帝、神农和清水祖师三神），是替信徒配药的配药师，死后愿意成为拿督公。① 陈国珍死后被人奉为拿督大。垄尾宝石花园（原地名叫"田芭"）信徒在拿督龛自桥边迁建后，将之冠上"老拿督大"，表示祂已是老神了。作为华人拿督，以前是接受献供肉粽肉包，不过如今已停止。②

拿督亚伯是社尾万山（菜市场）著名的华人拿督公，名叫阿水。根据万山内小贩讲述③，跛脚的单身汉阿水生前乐于助人，替人挑水干活，后来死于万山大水沟（港仔墘壕沟）拿督公龛旁，众人也就将之祭为拿督公，叫拿督亚伯。当地曾流传亚伯显灵救人的故事，小贩陈亚泉④给笔者讲述他的自身经历，说他小时候踢球掉入壕沟，差点就被大水冲走，幸冥冥之中被拿督以神力派人救起。对社尾万山的人来说，拿督亚伯很慈祥，小孩玩耍的时候，在神龛背的老树上爬上爬下也不会被惩罚。

随着2004年社尾万山搬迁，拿督亚伯的神龛也在五条路填地重建成铁皮神坛（见图26），信徒也会称祂是槟城最古老的拿督公，有100多年的历史。

土桥尾拿督亚里庙面向大路旁，现有一无名祭龛，据庙理事会会长林水顺说，这也是华人拿督，叫 Tiang-Tiang 伯（见图27）。他原来是土桥尾居民，被人用斧头重砍头部而死，之后被拿督亚里收在庙后方供人祭拜。林水顺称，祭拜拿督 Tiang-Tiang 伯用的不是一般的咖喱或黄姜饭，而是祂喜欢吃的番薯粥。⑤

槟城除了拿督七兄弟，竟还有拿督九兄弟的小坛庙（见图28）。而多出的2个兄弟是华人而不是马来人。根据庙里一位不愿透露名字的理事说，名叫胡须发与乌龙的两位华人本是当地的"大哥"，他们生前表示乐意加入拿

---

① 2018年2月14日、2019年9月28日于吡叻冷11号屋访问骆先生（71岁）。
② 2019年8月17日在宝石花园访问老拿督大理事赖先生。
③ 2012年5月10日在社尾万山访问黄亚峇（Ah Niao），他爸爸在社尾巴万山做生意，接触过阿水。
④ 2019年1月20日在头条路访问陈亚泉。
⑤ 2018年12月22日于土桥尾拿督亚里庙访问庙理事会会长林水顺。

督公兄弟团队，死后要一起被供奉为拿督公。20 世纪 70 年代两人都逝世后，当地的人就遵循他们的意愿而奉祀拿督九兄弟至今。

海墘姓周桥的华人拿督公，位于桥头大榕树下八角亭内，名叫刘财见（见图 29），其来历鲜为人知。据说，几十年前的一日朝天宫保生大帝圣诞时，神明扶乩指示小孩子不可再爬那榕树，因为外面路过的一个拿督公已选择栖宿在树下。[①] 信众依指示挂彩绣"拿督刘财见"祭祀之，多年来理事会以祂的名誉捐助公益活动。

图 25　拿督大（2019 年 3 月 2 日　陈耀威摄）

图 26　拿督亚伯（2018 年 12 月 22 日　陈耀威摄）

---

① 2019 年 8 月 1 日于姓周桥拿督公亭访问周清合。

图 27　拿督 Tiang-Tiang 伯（2018 年 12 月 22 日　陈耀威摄）

图 28　拿督九兄弟庙（2018 年 12 月 22 日　陈耀威摄）

图 29　拿督刘财见（2018 年 12 月 23 日　陈耀威摄）

六　拿督公崇拜的华化

自从华人承接拿督公的信仰之后，拿督公崇拜越来越被华人涵化，被吸收为华人神明，而且加入拿督公"神系"的华人也有所增加。从供奉的形式来说，原本科拉迈是和圣迹或坟地结合在一起不可移动，[①] 华人则可以"请"拿督公到私宅外、工地厂房等处，驻守保平安。

早年的拿督公地点鲜有建筑物，现多数会设龛、坛或小庙给拿督公，而且大多数的龛或坛、庙会刷上华人认为神庙应有的大红色（见图 30）。另外，也有华人认为拿督公属马来穆斯林，所以会设高脚屋的楼梯于龛前或雕塑伊斯兰教堂"葱顶"的符号于龛上。拿督公龛或小庙前华人会挂横幅，多数写上中文拿督公或拿督的中文译名。龛内安置类似华人民间信仰使用的有色令旗（见图 31），以代表不同的拿督公神位。五色旗应该是五营的概念，青、白、红、黑和黄分别代表东、西、南、北、中五方神将，因此现在也衍生出五方拿督，不同方位的拿督掌管不同的职责。

科拉迈原本无神像，除为拿督公立神位牌之外，近十几年来华人还流行为拿督公安金身。多数的拿督公神像都有一张汉人脸，尤其与大伯公脸

---

① Sumit K. Mandal, "Popular Sites of Prayer, Transoceanic Migration, and Cultural Diversity: Exploring the Significance of Keramat in Southeast Asia," *Modern Asian Studies*, 2012, p. 358.

庞相似，只是另戴宋谷帽或圆哈芝白帽，服装都穿"得洛默拉卡衣"（Baju Telok Belanga）和沙笼（Sarung）。如果手中有拿东西，多数会是一手金元宝，另一手马来曲剑（见图32）。

图30　挂中文横幅和安奉拿督金身的龛屋（2016年9月4日　陈耀威摄）

图31　挂中文横幅和插彩色令旗的龛屋（2018年2月24日　陈耀威摄）

在祭品方面，传统马来人只燃甘文烟和白蜡烛。华人则设香炉烧香，点白蜡烛或红蜡烛，吊油灯，重要的日子还烧金纸给拿督公。而公立的拿督公龛往往会摆设一对爻杯，以让信徒向拿督公问事求答。更进一步就是扶乩或跳童请神。

图 32　贴金花，安神像，刻中文对联的拿督公神龛（2019 年 10 月 4 日　陈耀威摄）

在大部分华人的认知中，拿督公属于"阴神"，即死后被人称为神，不受天庭管制。祂有一定的自由度可以施财，[①] 所以华人越来越把拿督公当财神来求财，以至于有"拿督财神"神位的出现。而拿督公龛的对联或横幅很能反映拿督公被华人赋予的神职和角色。

结论

槟岛的拿督公崇拜源远流长，早期主要由印裔穆斯林形成的科拉迈，曾是马来人、印度人、华人三大族群共同崇拜的对象，只是 20 世纪 70 年代之后随着保守伊斯兰教的施行，几个著名的祭祀点都相继被人遗忘。华人将拿督公作为民间信仰继续崇拜，在光绪年间（1875～1908 年）就有碑铭或香炉的记录。拿督公的踪迹包括槟岛全岛，从东边城市沿海到浮罗山背河港，所在多有其踪迹/神位，不过以人多的城镇为最，尤其是海墘和乔治市街道后巷。有名字的拿督公龛或小庙据不完全统计，达 100 多处，远超过同样被视为保家平安的大伯公庙坛。

拿督公是神系的名称，因此不止一位。在槟城经调查发现，至少有 27 位不同名字的拿督公，不过祂们很合群，往往一个龛宇会有二三兄弟组合，拿督公七兄弟是最常见的组合。虽然拿督公崇拜的华化不只限于马新任何

---

① 2019 年 10 月 9 日于槟城大街 30 号聚仙堂访问神坛理事郑江松。

一州一地，不过在民间信仰炽热的槟城，如本文提及的槟岛地区，从祭品、设龛建庙、安奉金身、挂拿督公中文横幅或对联之多，可以看出拿督公已被待如唐人神，融入华人民间信仰体系；另外也有华人陆续加入拿督公神系，也许未来有朝一日再也难分唐或番拿督公了。

The Worshiping of Natuk Kong in Penang Island, Malaysia

〔Malaysia〕 Tan Yeow Wooi

Abstract: Natuk Kong originated from the "Keramat, Dato Keramat" worship in the Malay world. The ancient Keramat in Penang can be traced back to the 18th and 19th centuries. Some of them are worshipped by the Malay, Indian and Chinese. From the inscription, the Chinese Natuk Kong worship appeared as early as the early years of Guangxu in the Qing Dynasty. The Chinese people in Penang have no less respect for Datuk Gong than Da Bo Kong/Tua Pek Kong. Natuk's shrines can be seen everywhere in residences, streets, mountains, forests and seasides. There is not only one Natuk Kong. There are at least 27 recognizable names in Penang, and 5 of them are Chinese Natuk Kong. Natuk Kong are very gregarious and several Natuk can be found in a single niches. The most common group is the Dato's Seven Brothers. This article mainly uses fieldwork to find out the "identity" and distribution of Natuk Kong on Penang Island, and discusses the degree and development of the "Sinicization" of Natuk Kong belief on Penang Island.

Keywords: Penang Island; Keramat; Natuk Kong; Seven Brothers; Chinese Natuk

评　论

洞察中华文化的价值

——评许烺光《美国梦的挑战：在美国的华人》

蒋铭敏*

摘　要　美国华人是美国社会的少数族群，他们在美国社会的适应和同化情况缺乏关注。许烺光在《美国梦的挑战：在美国的华人》一书中介绍了在美国的华人的使用语言、来源地、居住地以及家庭生活等基本情况，比较中国与美国在家庭、地域关系、宗教、交友、青少年问题、社会偏见等方面的差异，探讨在美华人融入美国社会和实现梦想过程中面临的问题和努力的方向，并检讨了美国粗犷的个人主义为社会带来的负面后果。通过两种不同文化的接触与碰撞，该书提供了一个了解过去在美华人的生存状况和奋斗历程的途径，揭示了中美两国不同文化与心理反映出的生活方式的差异以及面对差异华人应该采取的态度，能为当时在美国生活的华人融入当地社会提供借鉴、参考和指引，也指出中国传统文化能够协助美国社会解决部分问题。

关键词　在美国的华人　家庭　人际关系　美国梦

一　《美国梦的挑战：在美国的华人》的基本信息与作者简介

《美国梦的挑战：在美国的华人》[①] 是美籍华裔人类学家许烺光（Francis L. K. Hsu, 1909—1999）在 1971 年出版的一本专著，原书由英文写成，由加州沃兹沃斯出版社（Wadsworth Publishing Co. ）发行。该书是该出版社"美国少数族群"（minorities in American life）丛书系列之一，此外还有美国

---

*　蒋铭敏，华侨大学国际关系学院硕士研究生，研究方向为国际关系。

①　Francis L. K. Hsu, *The Challenge of the American Dream*: *The Chinese in the United States*, Belmont, California: Wadsworth Publishing Co. , 1971, p. 160.

的爱尔兰人、墨西哥人、日本人、古巴人、犹太人、意大利人、黑人等少数族群①的书籍，丛书的目的是介绍美国复杂的多元文化中常被忽略的族群。② 这本书出版后引起广泛的讨论，纽约州立大学教授丹尼尔斯（Roger Daniels）和西北大学教授博曼（Leonard D. Borman）两位学者写过评论。③ 1997 年台湾南天书局发行了本书的中文版，译者是台湾大学教授单德兴④，该书是"许烺光著作集"中的第 7 本。全书内容分为十一个章节和一篇附录，共 160 页。

许烺光为美籍华人，1909 年出生于中国东北，1933 年毕业于上海沪江大学社会系，后考取庚子赔款奖学金，赴英国伦敦经济学院人类学系攻读博士学位，师从马林诺夫斯基。1941 年取得博士学位后，受费孝通邀请在云南大学社会学系工作，并利用地利之便在云南喜洲进行调研，任职期间在国际权威刊物发表许多论文，获得《美国人类学家》（*American Anthropologist*）主编林顿教授（Ralph Linton）赏识，并受邀赴美进行访问。⑤ 1947 年获得美国西北大学终身教职（tenure track），从助理教授一路升到教授，1957 年开始担任人类学系主任，直到 1978 年从西北大学退休，退休后被聘为旧金山大学教授及文化研究中心主任，同时被夏威夷大学聘为东西方研究中心资深研究员。获得的学术荣誉包括第 62 届美国人类学会会长（1977—1978 年）、第 12 届中研院院士（1978 年）、美国西北大学荣誉教授等。

许烺光出版英文专著近 20 本，发表学术论文超过 130 篇（包括论文与评论）。《祖荫下：中国乡村的亲属、人格与社会流动》《驱逐捣蛋者：魔

---

① *The Society and Culture of the Mexican Americans*, *The American Poles*, *Black Urban American Since Reconstruction*, *The Japanese American*, *Jewish Culture in the United States in the 20ᵗʰ Century*, *Italian Culture and History in the United States*, etc.

② 〔美〕许烺光：《美国梦的挑战：在美国的华人》，单德兴译，南天书局，1997，第 xxix 页。

③ Roger Daniels, "Reviewed Work（s）: *The Challenge of the American Dream*: *The Chinese in the United States by Francis L. K. Hsu*," *International Migration Review*, Vol. 9, No. 1, 1975, pp. 72 – 73; Leonard D. Borman, "Reviewed Work（s）: *The Challenge of the American Dream*: *The Chinese in the United States by Francis L. K. Hsu*," *American Anthropologist*, New Series, Vol. 75, No. 4, August 1973, pp. 1007 – 1008.

④ 单德兴，台湾大学博士，中研院欧美研究所研究员，亚美文学及翻译领域专家。

⑤ 〔美〕许烺光：《边缘人：许烺光回忆录》，许烺光口述、徐隆德记录，南天书局，1997，第 147 页。

法、科学与文化》《中国人与美国人》《宗族、种姓与社团》《文化人类学新论》《家元：日本的真髓》《彻底的个人主义：心理人类学论文集》多次重印，被翻译为多种语言。①

许烺光的研究涉及中国、美国、印度、日本等几个国家，在研究方法上强调心理与文化对人类行为的影响，在美国创立心理人类学（Psychological Anthropology）这一人类学的学科分支，提出了心理社会均衡论、许氏优势亲属关系假说、次级集团假说等。② 中研院欧美研究所资深研究员王国璋评论他是一位学贯中西的世界级行为科学大师③，华侨大学游国龙教授认为他与弗洛伊德（Sigmund Freud）、马克斯·韦伯（Max Webber）等西方社会科学大师取得的成就相当，对人类行为研究所作出的贡献相当于自然科学领域的李政道、杨振宁等人。④

二 《美国梦的挑战：在美国的华人》的主要内容

本书可以分成四个部分，第一部分是第一章至第三章，主要介绍美国社会华人的基本情况；第二部分是第四章至第九章，比较中国与美国的家庭、地域关系、宗教、交友、青少年问题、社会偏见的差异，分析华人融入美国发生的变化；第三部分是第十章和第十一章，探讨美国华人在融入美国社会和实现梦想过程中面临的问题和努力的方向；第四部分是附录"未来的人类平等"，检视美国粗犷的个人主义重视个人享受而轻视社会对美国社会带来的负面后果。接下来简要介绍各章的内容。

---

① 游国龙：《许烺光的大规模文明社会比较理论研究》，社会科学文献出版社，2014，第4~5页。

② "心理社会均衡论"是许烺光提出的理解人的心理、行为与文化的理论模型。该理论指出人处于一个人与人、人与物、人与文化规范互动的"场"之中，是一个心理与社会的动态平衡体。尚会鹏：《心理文化学要义——大规模文明社会比较研究的理论与方法》，北京大学出版社，2013，第54页。"优势亲属关系假说"：许烺光认为在亲属关系中处于优势的亲属关系会对其他的人际关系产生重要的影响。同上书，第88~93页。"次级集团假设"：许烺光认为人在离开亲属集团后会结成次级集团，这种次级集团在日本是家元、在中国是宗族、在美国是社团、在印度是种姓。同上书，第122~127页。

③ 王国璋：《悼念先师许烺光院士：一位真正学贯中西的行为科学家》，《传记文学》第81卷第1期，2002，第81~86页。

④ 游国龙：《许烺光的大规模文明社会比较理论研究》，社会科学文献出版社，2014，第5页。

第一章"不同种类的华人"。作者根据来源地、行业等因素把在美国的华人分为四个群体。

（1）以华埠为中心的华人。这个华人群体的祖先大部分来自广东省的四个行政区（四邑），在19世纪后半叶被淘金热吸引，孤身来至美国，身份多为劳工，后来他们为了生计逐渐转入商界与服务业，有一部分人则回到中国。这个群体分布区域最早从美国西海岸的几个地区逐渐扩散到美国各地的唐人街，人数在四个群体中最多。

（2）夏威夷华人。这个华人群体的祖先于19世纪陆续来到夏威夷，最初多为劳工身份，来自广东省内紧邻四邑的中山市。早期前往夏威夷的华人虽然也没有携带家眷，但由于在当地和异族通婚，社会融合度比其他华人群体好，人数在四个群体中排第二。

（3）学者和专业人员。这个华人群体大约于20世纪中期开始移民美国，他们来自中国各地，到美国之前普遍接受过良好的教育。由于工作原因，这一群体反而与非华人社会群体的往来更为密切，人数是四个群体中最少的。

（4）赴美短期人员。这个群体大多于20世纪60～70年代陆续前往美国，同样来自中国各个地区。它最显著的特点是成员身份多样化、留美时间短，正常情况下会在5年内离境，但也有部分人可能留在美国。他们有的会携带家眷一起到美国，与前两个群体几乎单身赴美不一样，人数排第三。

第二章"中文"。作者在这一章介绍了不同群体的在美华人的语言使用情况。华人群体的移民时间、受教育程度和居住地存在较大差别，导致他们使用的语言有所不同，所以华人群体之间相互沟通存在困难。

（1）以华埠为中心的华人群体祖先来自中国广东，由于普遍没有接受过良好教育且集中居住于唐人街，彼此使用方言即粤语交流，基本不会讲普通话，通过日常交往能掌握简单英语。书写时使用的文字大部分与其事业有关，有一套自己的术语和常用语，随着社会地位的逐渐提升，书写时会更加偏向保守的中国文言文。

（2）夏威夷华人的祖先也来自广东，大部分人也未接受过教育，居住地远离美国本土，使用的方言为粤语，加之移民时普通话还未在中国普及，最初的夏威夷华人基本不会讲普通话。中文书写语言和掌握英语状况与以华埠为中心的华人一致。

（3）学者和专业人员这个群体来自中国各地，彼此交流通常使用普通话而非方言，大部分学者和专业人员居住于白人社区，所以英语水平较高。他们习惯以英文书写、发表论文，中文书写能力相对国内学者较低。

（4）赴美短期人员群体一样来自全国各地，接受过良好教育，基本不使用方言交流，普通话流利，英语水平良好。进入学者和专业人员群体的短期人士也往往使用英文而非中文进行书写。

第三章"家庭与亲属关系"。作者介绍了传统中国家庭的三个特色。

（1）孝顺父母比浪漫的爱情更重要。由于中国社会中强调"父子"二人关系，所以父母与儿子的关系是首要且恒久的，对于中国人而言，重要的是对于父母及家庭的责任与义务，而非男女之间充满不确定因素的爱情关系。

（2）子女必须奉养父母。奉养不单单表现为物质上的满足，更强调要服从父母的权威，突出的表现就是由父母来安排婚姻，好的婚姻能够为父母提供更好的奉养。

（3）过数代大家庭的生活。"大家庭"形式能够赋予中国人很大的安全感，尽管贫穷等因素导致中国社会存在"小家庭"形式，但只要经济情况好转，这种被迫强调"夫妻关系"的家庭形式就会转化成理想中强调"父子关系"的"大家庭"形式。

第四章"家庭行为与美国脉络"。作者分析了华人移居美国之后，华人家庭发生的变化。第一个特征是"小家庭"形式。移民到新世界和接受现代教育这两个因素的综合作用导致了传统"大家庭"形式的泯灭。第二个特征是婚姻不再由父母安排。美国社会大环境的影响和异族通婚的便利使父母不再对子女的婚姻安排起决定作用。第三个特征则是大幅降低祖先崇拜的情结。具体表现为在华人家庭中祖先牌位几乎完全消失，而在同姓宗亲会中祖先崇拜的作用由仪式性的转变为社交性的。另外，代际的紧张关系变得更加明显。由于美国文化环境中的断裂和排外与中国文化环境中的连续和包容截然不同，所以中美文化差异实际上加重了这一紧张关系。

第五章"地域关系的吸引力"。作者认为祖籍地对中国人的重要性远超美国，中国人更强调安土重迁、群体和传统权威、延续父子关系等观念。在地域关系方面，两个社会不同的价值观表现为中国人往往缺乏移民欲望，即使到了海外也往往以宗亲会和同乡会等亲属或地域关系的方式组织起来。

在这些组织中，中国人十分强调亲属团结、不喜好宣扬理念、也不愿扩大组织的整体，所以一些不符合中国观念的组织会逐渐消失，而新兴组织不是传统组织的延续就是对白人主流组织的模仿或回应，尽管未来以亲属和地域关系形成的组织仍会持续存在很长时间，但随着时代的进展，在美华人可能会慢慢加入非亲属和非地域性类型的组织。

第六章"宗教"。本章介绍了中国人与美国人对于宗教的不同态度与方式。美国人认为宗教差异必然导致纷争，而中国人的宗教态度则是包容的、非扩张式的，中国人欠缺西方人那种执着于传教、要求异教徒改变信仰的精神，更不存在宗教迫害现象。中国人的亲属关系网络能够满足他们对亲密关系的需要，而美国人则需要加入相同的宗教团体来满足他们对亲密关系的追求。这一不同也导致了美国人必须区分谁是站在自己这边的人而谁不是，所以美国的宗教迫害具有草根性并且深入生活中的方方面面。而中国人则更看重亲属关系网络，在美华人的祭祀仪式等宗教活动虽有所改动但大体保持中国的仪式，只是在美国环境的潜移默化下发生了某些改变。中国人的宗教态度决定了华人家庭成员不同的宗教隶属对于家庭联系的妨碍微乎其微，而且不会像白人那样表现出排斥"异教徒"的心态，但随着华人家庭和更宽广亲属关系网络所提供的人际关系的逐渐衰弱，教会隶属对华人而言有可能会变得比以往更加重要。

第七章"友谊与好客"。作者介绍了中美两国友谊的不同性质及表现，对中国人来说，家庭和亲属关系重于友谊，个人的首要义务是由置身于其中的人际关系网络决定的，由于他隶属于更大的人际关系网络，所以并不会感到孤单。这种网络关系已经为他提供了足够的安全感，因此他的心理包袱小于社会包袱。而美国的模式则要求个人少带或者不带任何社会包袱进入更宽广的世界，所以人是自立却孤单的，缺乏安全感，表现出心理包袱重于社会包袱。这两种不同的负担模式造就了两国不同的友谊模式。对于中国人来说，友谊倾向于加强而非取代亲属和地域关系，华人偏好以亲属关系的内容（人际关系的非结构方面）来与朋友交往，所以华人友谊的特色通常表现为不把权威放在心上，也并不介意朋友参与自己的私事，并且比美国白人的友谊更包容、持久。在美国文化中，由于性意识未被限制在特定领域内甚至无限制扩张，美国人通常认为同性之间不可能存在单纯的友谊，而这种同性间友谊的缺乏可以通过共行公事来弥补，于是美国男性表现出重事业轻友谊（也包括亲子、配偶等关系）的倾向，而中国人则相反。在美国的华人在这两种友谊方式之间进行了一连串分化的适应，比如有些人认为华人和非华人没有区别，而另外一部分人则主张维持两套关系。在一系列的分化中，华人倾向于选择事业与友谊分离的方式，重视事业的同时又从亲属和地域关系的网络中寻找人情味的满足。

第八章"青少年"。在这一章中，作者介绍了断裂性对美国青少年、连续性对中国青少年的影响。有几个因素可能会助长青少年犯罪，其中之一就是个人从童年向上发展时经验上的断裂，这种断裂在美国社会中表现为子女和成人世界的严格区分，成人要努力保护小孩不让他接触到自己的世界。而华人社会中成人和子女的关系却表现出相反的连续倾向，父母对子女采取不排斥的控制和监督，并希望他们能早早进入成人世界。正因为这种世代之间的连续性，所以华人青少年依附同伴的需求降低，即使需要寻求依附非亲属时，他们既可以寻求水平式的关系又可以寻求垂直式的关系，而美国人则尽量避免垂直式的关系，于是美国青少年比中国青少年更容易暴露在同伴暴虐的压力下而导致焦虑。从更宽广的社会本质上看，美国个人最想要的地位是以创造性的方式成功且迅速地达成经济、社会独立，所以美国青少年往往比中国青少年具有更大的社会压力，青少年动乱的情况会比华人社会更常出现。但随着世代的变迁，华人青少年的移民心理也发生了改变，由于中国国力的增强以及美国社会的混乱状况等多方面因素为在美国的华人青少年创造了与以往迥然不同的社会和文化脉络，他们虽变得更加适应美国方式，但中国亲属或地域关系的内容仍然在他们的心理社会取向上占有相当重要的地位。

第九章"偏见"。本章介绍了美国社会对中国的偏见及其根源。美国人对待自己和对待世界上其他人在人性、自由和文雅等方面的标准是双重的，高标准适用于自己和其他白人，低标准适用于世界上其他人，所以他们通常维持着对其他人的偏见来证明这样的双重标准是准确无误的。美国社会中关于中国的偏见之一就是共产党革命之后华人扩张主义的神话，事实上，中国人对待外国人的态度是不主动接触、不追求改变，甚至是"不欢迎"的，通常希望维持现状。历史上常被用来说明中国具有扩张主义倾向的西方人口中等同于西方殖民制度的纳贡制度，事实却是中国人虽在这个制度中是地位较高的一方，但失大于得。国家高层的偏见态度和行为模式是这个国家广大人民群众所思所想的投射，偏见的根源在于人际处境中而非个人身上。美国社会要求个人自立，所以个人在社会结构中没有恒常的地位，那些无法在竞争中获得满意位置的人必须要通过偏见行为转移自己的这份挫折、劣势和失败，个人的偏见也就顺势成为全国性歧视的基础。在美国的华人不可避免地要被美国白人大众视为和祖国行为有关联从而对他们产生偏见，作者认为在美国的华人必须行动起来致力于消除一切关于中国的错误认知。

第十章"美国化与美国梦"。本章介绍了在美华人融入美国社会与实现梦想的情况。"美国化"常被用来解释和原谅弱势族群的某些行为，本书的美国化定义涉及两个基本成分，一是美国社会中运作的成分，二是在履行个人责任或享受个人权益时符合美国人的态度和行为模式。这种态度和行为模式可以归纳为两类，第一类中的态度和行为模式使美国社会成为令各国羡慕的对象，而第二类则是那些侵蚀美国社会基础、威胁其生存的思维力量。在美华人和其他弱势族群通常用两种方式来面对"美国化"，一是模仿美国人的态度和行为模式甚至加以夸张，二是评估美国人的普遍态度和行为模式的优缺点并进行选择。作者认为许多优秀的中国态度和行为模式在美国的脉络中得到加强，但同样的，美国模式中的某些缺点也转移到了在美华人身上。由于华人在美国待得不够久，还未把眼光放在除提高生活水平外的所谓"美国梦"的更高层次，也因为华裔美国人人数少而容易被"多数暴政"威胁，所以并没有全力参与"美国梦"。一旦在美华人全身心地投入于实现"美国梦"，他们便会发现中国文化传承是其有利的资产，因为中国观念和行为模式能够弥补美国现实中的若干缺憾，有中国文化背景而身处美国的特点能使在美华人有机会沟通并以跨文化能力来达成这个重大责任。

第十一章"华人认同与美国梦"。作者分析华人应该如何处理认同问题以及参与"美国梦"的方式。首先最重要的一点就是要关切自己的祖国，还要促进中美相互了解与信任以避免冲突。就整个华人群体而言，一方面，要自我组织纠正关于中国或华人的错误观点和偏见，同时与其他弱势族群合作建立警力。另一方面，华人应该协助促进美国从小学到研究所各个阶段的中国研究和亚洲研究，并且培养在美华人以中国传承为荣的氛围。在个人层面，第一，华人要用自己不同于美国的文化传承协助美国社会减缓缺乏信任的严重程度。第二，行动起来帮助美国减缓种族或宗教偏见。第三，在美华人群体之间应杜绝相互排斥的做法，还应该摒弃回避特定理念、避免公开对抗的消极处理方式而多进行意见表达，致力于消除各种偏见以积极实现"美国梦"。作者指出，因为美国白人必须要依靠强调种族之间的不同点来肯定自己的优越感以防御他们对自卑感的恐惧，所以华人必须清楚认识到完全同化于美国社会是不可能的，但好在受到两种不同文化熏陶的在美华人往往拥有比大多数美国白人更宽阔的文化视野和经验，能够为他们实现梦想时指明努力的方向。

附录"未来的人类平等"。作者检视了美国人强调个人主义从而造成的各种社会问题。美国社会强调的粗犷个人主义有六个特点。第一，个人将自身享受看得比社会后果更重要。第二，政府和工商业充满腐化与不诚实。第三，粗犷的个人主义导致了与美国人强调的自立相反的"顺从"。第四，社会中偏见盛行。个人在充满竞争的社会中由于害怕不如别人而需要以偏见作为区分他与不如自己的人的武器。第五，个人变得孤立，孤立使美国社会亲密关系稀缺，也导致了怀疑他人和为了强化个人成功和安全而采取的防御行为的盛行。第六，社会中各种组织盛行。由于社会充满竞争，许多个人或公司等以组织的方式结合起来追求更大的成功，对组织数量的追求越来越导致这些组织背离建立初衷。作者认为，美国社会中有许多的年轻人开始尝试敞开心扉与人交往，但这也只是治标不治本，解决问题的关键在于要彻底改变彼此之间的交往模式。这种改变必须从社会构成的最小单位——家庭开始，为此美国人要重新评估其亲属体系，思考如何才能发展并维系彼此之间的情感，摆脱个人主义造成的人际关系的焦虑和敌对。

三 《美国梦的挑战：在美国的华人》的价值

许烺光是研究美国社会的专家。美国历史学家亨利·康马杰（Henry Steele Commager）曾评论他的《中国人与美国人》是继托克维尔（Alexis de Tocqueville）的《论美国的民主》之后研究美国社会最好的著作。[①] 《美国

---

① 尚会鹏、游国龙：《心理文化学——许烺光学说的研究与应用》，南天书局，2010，第 16～17 页。

梦的挑战：在美国的华人》可以说是《中国人与美国人》的续篇，探讨华人在美国生活的问题。那么，学术界对它的评论是怎么样的呢？纽约州立大学教授丹尼尔斯（Roger Daniels）认为许烺光对在美华人群体的四个分类并不完整，忽略了来自香港和台湾地区的数万名相对贫穷和未受教育的新移民，学术价值不高，不论他在美国学术界取得什么样的成就，该书都没有价值。① 而西北大学教授博曼（Leonard D. Borman）对该书则有很高的评价。他指出：许烺光描绘了在美国的华人适应美国社会的详细模式和指标，包括友谊和事业的双重关联模型；对父母以及长辈的尊重；对促进事业的组织和传教活动缺乏兴趣；避免与权威发生冲突等，认为华裔美国人可能比大多数其他美国人在文化上更有能力实现"美国梦"，不仅对年轻人极具启发，同时也对关注美国境内种族群体和世界各地土著人民的其他学者有激励作用。② 笔者认为，该书出版之时美国大约有 50 万华人，他们最早于清朝时期前往美国，最晚的则在 20 世纪 60 年代，这些华人散布在美国各地，要对其进行群体划分并非易事，而且正如许烺光所言，这四个华人团体的分类本来就并非绝对，且随着时代不断变化，新群体的出现是历史必然。③ 丹尼尔斯仅以许烺光的群体分类存在瑕疵就否定该书的学术价值过于片面，表现出了许烺光在书中谈到的美国人偏见，而博曼对于许烺光的评价较为客观。许烺光揭示了中美两国不同文化与心理反映出的生活方式的差异，比较两种迥然不同的生活方式之间的接触和冲突，必须掌握中美文化的精髓，研究难度很大。在许烺光之前，西方学者一般对中华文化的评价不高，马克斯·韦伯甚至认为中华文化阻碍了现代化。④ 但许烺光主张中华文化对华人而言是有利资产，认为它不仅可以帮助华人在美国取得成功，而且可以给美国社会提供借鉴。他的观点与西方社会的主流意见背道而驰，

① Roger Daniels, "Reviewed Work (s)：*The Challenge of the American Dream：The Chinese in the United States* by Francis L. K. Hsu," *International Migration Review*, Vol. 9, No. 1, 1975, pp. 72 – 73.

② Leonard D. Borman, "Reviewed Work (s)：*The Challenge of the American Dream：The Chinese in the United States* by Francis L. K. Hsu," *American Anthropologist*, New Series, Vol. 75, No. 4, August, 1973, pp. 1007 – 1008.

③ Francis L. K. Hsu, *The Challenge of the American Dream：The Chinese in the United States*, Belmont, California：Wadsworth Publishing Co. , 1971, p. 10.

④ 〔德〕马克斯·韦伯：《新教伦理与资本主义精神》，阎克文译，上海人民出版社，2018。

对西方学者提出了挑战。当时中国尚未改革开放，尚未在经济上取得成功，许烺光从文化比较中得出了这样的结论非常不易，后来中国的改革开放证明了中华文化的确与经济上的发展并不相违背。笔者认为这本书的价值如下。

第一，提供了一个了解过去在美华人的生存状况和奋斗历程的途径。本书是最早对美国华人进行全景性研究的著作。它成书于 20 世纪 70 年代，对华人移民美国的历程以及生活方式进行了较为全面的研究，奠定了美国华人移民史的基础，有助于在 21 世纪的我们了解华人当年在美国遭遇到的种种问题。

第二，揭示美国社会与美国人生活方式的问题。作者通过对比中美两国在家庭、地域关系、宗教、交友、青少年问题等方面的差异，使读者具体地感受到了两个社会大相径庭的生活方式，同时让人认识到美国人的思维方式和行为模式未必都是更加正确、进步的，完全复制甚至夸张地模仿美国人的做法并不可取。

第三，为当时在美国生活的华人融入当地社会提供了借鉴、参考和指引。通过前述对于中美两国生活方式差异的阐释和概括，作者敏锐地洞察到在美国社会中生活的华人遇到的困难，揭露了适应不良等问题的症结所在，以生活在美国的华人学者的身份为他们提供专业的见解，帮助他们更有针对性地解决问题从而更好地适应和融入美国社会。但应该指出的是，作者的态度并非积极鼓励华人来到美国社会生活，而是消极地遇到问题解决问题，在他们已经来到美国社会后而无所适从时为其提供建议。

第四，本书还指出中国传统文化能够协助美国社会解决问题。由于美国过于强调个人主义，人人深知交往出于利益驱使，导致整个社会充斥着不信任感，美国人也因此变成一座座孤岛，这一与人的群居特质背道而驰的社会趋势很有可能用孤独感将美国社会撕裂。而中国的人际交往模式中重感情轻利益的取向使亲密关系的牢靠程度以及能够提供给个人的安全感远远超出美国社会，所以中国文化中的生活与交往方式能够为美国人打破人际孤岛困境提供榜样力量，弱化美国社会人际关系中到处弥漫的不安全感。除此之外，在减少青少年犯罪问题、缓和宗教冲突以及维护家庭关系和谐稳定等方面，中国生活方式或许也能够为美国提供一些积极的参考。

Insight into the Value of Chinese Culture
—Reviewed Work: *The Challenge of the American Dream*: *The Chinese in the United States* by Francis L. K. Hsu

Jiang Mingmin

Abstract: The Chinese in the United States are a minority in American society, therefore, scant attention has been paid to the situation of adaptation and assimilation of them. In this book, Hsu introduced the basics of the Chinese in the United States, such as the language, origin, residence, and family life; and compared the differences between China and the United States in terms of family, regional relations, religion, making friends, adolescent problems, social prejudice, etc; he also discussed the problems faced by Chinese-American and how they can perform in the process of integrating into American society and fulfilling their dreams; moreover, he viewed the negative consequences of rugged individualism in American. Through the contact and collision of two different cultures, first of all, this book provides a way to understand the living conditions and struggles of Chinese American in the past. Second, it reveals the differences in lifestyles reflected in the different cultures and psychology of China and the United States, it also tell the Chinese in America how to react when it comes to the diversity. Third, it can provide a reference for the Chinese in America to integrate into the local society. Last but not least, this book also point out the Chinese tradition culture can assist American society to solve some problems.

Keywords: Chinese in America; Family; Interpersonal Relationship; American Dream

附　录

学术简讯

一 文献推介

1.《印度尼西亚雅加达中华侨团总会章程》（1955）

本文整理呈现 1955 年版的《印度尼西亚雅加达中华侨团总会章程》（以下简称《章程》，见图 1）。在此之前，谢红燕的硕士学位论文《雅加达中华侨团总会与中印尼关系》等研究曾引用此章程的不同版本，多是转引自《生活报》的转载。本文则依楚图南收藏的原件逐字输入，此《章程》为中文—印尼文合版（中文 6 页，印尼文 5 页，见图 2、图 3），其内容见证了二战后雅加达华人社团组织的概貌，可为相关研究添补更完整的文献基础。

（淡江大学历史系助理教授陈琮渊供稿）

图1 　《印度尼西亚雅加达中华侨团总会章程》封面

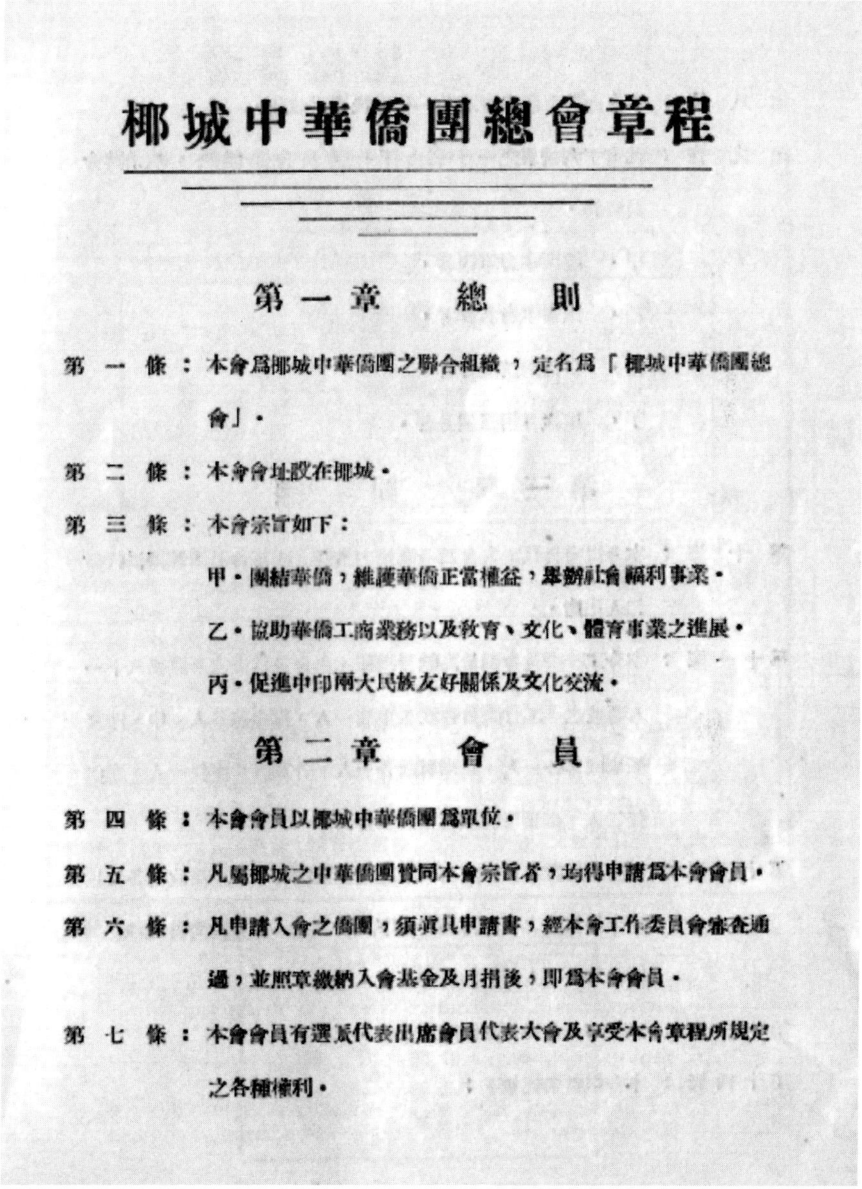

椰城中華僑團總會章程

第一章　總　則

第 一 條：本會爲椰城中華僑團之聯合組織，定名爲「椰城中華僑團總會」．

第 二 條：本會會址設在椰城．

第 三 條：本會宗旨如下：

甲·團結華僑，維護華僑正當權益，舉辦社會福利事業．

乙·協助華僑工商業務以及教育、文化、體育事業之進展．

丙·促進中印兩大民族友好關係及文化交流．

第二章　會　員

第 四 條：本會會員以椰城中華僑團爲單位．

第 五 條：凡屬椰城之中華僑團贊同本會宗旨者，均得申請爲本會會員．

第 六 條：凡申請入會之僑團，須填具申請書，經本會工作委員會審查通過，並照章繳納入會基金及月捐後，即爲本會會員．

第 七 條：本會會員有選派代表出席會員代表大會及享受本會章程所規定之各種權利．

图 2　《印度尼西亚雅加达中华侨团总会章程》中文版内页

ANGGARAN DASAR
CHUNG HUA CHIAO THUAN TSUNG HUI
(IKATAN PERKUMPULAN² TIONGHOA)
DJAKARTA
oooOooo

Pasal I   NAMA, KEDUDUKAN DAN TUDJUAN.

1. Ikatan ini ialah gabungan daripada perkumpulan² Tionghoa di Djakarta dan diberi nama CHUNG HUA CHIAO THUAN TSUNG HUI (C.H.C.T.T.H.).
2. C.H.C.T.T.H. berkedudukan di Djakarta.
3. Tudjuan C.H.C.T.T.H. ialah sebagai berikut:
   a) Memadjukan keragaman dalam masjarakat Tionghoa; memperhatikan hak² Hoakiao jang sah dan melakukan pekerdjahan kesedjahteraan masjarakat.
   b) Membantu usaha² Hoakiao dalam lapangan perindustrian dan perdagangan serta melantjarkan perkembangan pendidikan, kebudajaan dan keolahragaan.
   c) Mempererat perhubungan persahabatan antara kedua bangsa besar Tionghoa dan Indonesia, serta mengandjurkan pertukaran nilai² kebudajaan.

Pasal II   KEANGGAUTAAN.

4. Anggauta² C.H.C.T.T.H. terdiri dari perkumpulan² Tionghoa di Djakarta.
5. Perkumpulan² Tionghoa di Djakarta jang mupakat dengan tudjuan C.H.C.T.T.H. dapat mengadjukan surat permohonan untuk mendjadi anggauta Ikatan ini.
6. Perkumpulan² Tionghoa jang ingin mendjadi anggauta harus mengisi surat permohonan jang disediakan dan setelah diperiksa dan diterima perbaik oleh Dewan Pengurus dan kemudian membajar uang pangkal serta iuran, mereka lalu mendjadi anggauta C.H.C.T.T.H.
7. Anggauta² berhak mengirim wakil²nja untuk menghadliri Rapat Perwakilan Anggauta (R.P.A.) dan mempunjai hak² lain jang ditetapkan dalam Anggaran Dasar.
8. Anggauta² berkewadjiban mentaati Anggaran Dasar* dan segala keputusan² rapat².
9. Bilamana terdapat salah satu hal jang tersebut dibawah ini Dewan Pengurus (D.P.) dapat mengambil keputusan

图 3　《印度尼西亚雅加达中华侨团总会章程》印尼文版内页

《椰城中华侨团总会章程》

第一章 总则

第一条：本会为椰城中华侨团之联合组织，定名为"椰城中华侨团总会"。

第二条：本会会址设在椰城。

第三条：本会宗旨如下：

甲．团结华侨，维护华侨正当权益，举办社会福利事业。

乙．协助华侨工商业务以及教育、文化、体育事业之进展。

丙．促进中印两大民族友好关系及文化交流。

第二章 会员

第四条：本会会员以椰城中华侨团为单位。

第五条：凡属椰城之中华侨团赞同本会宗旨者，均得申请为本会会员。

第六条：凡申请入会之侨团，须填具申请书，经本会工作委员会审查通过，并照章缴纳入会基金及月捐后，即为本会会员。

第七条：本会会员有选派代表出席会员代表大会及享受本会章程所规定之各种权利。

第八条：本会会员有遵守会章及一切议决案之义务。

第九条：凡有下列情事之一，得由工作委员会会议议决，取消其会员资格。

甲．违反本会章程者。

乙．损害本会名誉者。

丙．自行函请退会者。

丁．拒缴月捐三个月者。

第三章 组织

第十条：本会以会员代表大会为最高权力机关，由每会员团体选派代表二人出席。

第十一条：本会工作委员会为最高执行机关，由会员代表大会选举八十一人组成之，工作委员会设正主席一人，副主席八人，中印文正副秘书各一人，正副财政各一人，各部设正主任一人，副主任二人，必要时得设其他委员会。

第十二条：常务委员会由正副主席、中印文正副秘书，正副财政及各部正副主任组成之，常务委员会下设办事处，由常务委员会聘正副总干事一人，事务员若干人。

第十三条：工作委员会得聘请顾问若干人。

第十四条：本会组织系统如下：

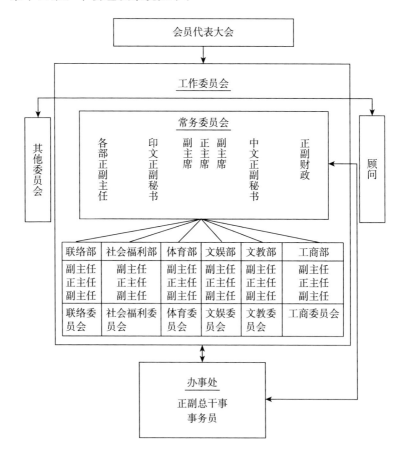

第四章　职权

第十五条：会员代表大会为最高权力机关，其职权如下：

甲．选举及罢免工作委员。

乙．决定工作委员会之工作方针及审查工作报告。

丙．审查本会之预算决算案。

丁．通过或修正本章程。

戊．解决工作委员会未能解决之重大事件。

第十六条：工作委员会依据本会章程制订本会工作计划及预算决算案。

第十七条：常务委员会负责处理本会日常会务，其职权如下：

甲．正主席对外代表本会，对内主持会务。

乙．副主席协助正主席处理会务，如正主席因事缺席时，得由副主席中互选一人代行其职权。

丙．中印文正副秘书负责办理及保管一切文件。

丁．财政负责处理关于本会一切款项收支事宜。如正财政因事不能执行职务时，由副财政代之。

第十八条：办事处办理本会日常事务。

第五章　选举

第十九条：工作委员会委员八十一人，由会员代表大会选举之，并以次多票数之廿五人为候补委员，选举时用记名投票法，每一代表有一代表权，被选人不限于会员团体之代表或会员。

第廿条：正副主席、中印文正副秘书、正副财政、各部正副主任由工作委员会互选之，各部委员由各部正副主任向工作委员会提名推荐，经通过后函聘之。

第六章　任期

第廿一条：工作委员会之任期为一年。

第七章　会议

第廿二条：会员代表大会每年举行一次，必要时得由工作委员会加开临时会员代表大会，如有三分之一会员团体来函请求时，工作委员会应于一个月内召开之。

第廿三条：会员代表大会，须有会员团体代表过半数出席方为合法，开会时由会员代表大会公推三人为大会主席团主持会议，并公推一人至三人为大会记录。

第廿四条：工作委员会每月召开一次，常务委员会每半月召开一次，必要时由主席召开临时会议，各部委员会每月开会一次，必要时由各部主任召开临时会议。

第廿五条：一切会议须有过半数之出席人数方为合法，一切议案须有出席者过半数之通过方为有效，但修改本章程或解散本会，则须出席大会代表三分之二之同意。

第八章　经费

第廿六条：本会经费由下列方法筹集之：

甲．入会基金：会员入会时至少缴纳基金五十盾。

乙．月　　捐：会员月捐至少廿盾，由会员自动认定之。

丙．特　别　捐：工作委员会认为必要时，得举行特别捐。

丁．赞　助　捐：本会得接受各社团，商店或个人之赞助捐。

第廿七条：本会之不动产，非经会员代表大会通过不得出售或转让或抵押。

第九章　附则

第廿八条：各部会得根据本会章程定办事细则，交常务委员会审查，经工作委员会通过施行。

第廿九条：本章程经会员代表大会通过后施行。

公元一九五五年五月廿九日第四届
会员侨团代表大会修正

2. 姜帆《缅甸华侨史》

图 4　《缅甸华侨史》（广东高等教育出版社，2019）封面

《缅甸华侨史》（下文简称姜著）全书以缅甸华侨为主体，正文的十章先后详细介绍了缅甸华侨的移民历程、贸易状况、社会构成、行业门类、爱国运动和在第二次世界大战结束后的命运，勾勒了华侨在缅甸发展的历史轮廓。其中，前三章强调了缅甸华侨在中缅关系和缅甸古代对外贸易中的突出地位和重要贡献，第四、七、八、十章先后肯定了缅甸华侨在辛亥革命、反法西斯战争和中缅建交方面的历史贡献。可以说，全书既强调了缅甸华侨对缅甸当地社会经济发展起到的作用，也突出了他们对祖国（中国）的贡献。

传统的国别华侨史的书写大多置于中外关系史的框架内。相关著作对华侨移居某国的历史大多追溯至两国最早的贸易和人员往来，然后按照朝代先后的顺序逐一论述，直至近代。这样的书写方式无疑能够勾勒出华侨移居海外的历史轮廓，形成清晰的历史脉络，对于学术研究和历史普及推广都有着很大的帮助。姜著同样继承了这一传统。全书第一章将中缅之间的交往追溯到汉代，前三章一直没有脱离古代中缅交往的范畴，第四章则立足于近代清政府的外交活动这一历史背景，第十章则进入新中国成立初期中缅建交这一时空范畴。可以说，全书不仅是一部缅甸华侨通史，也是一部中缅关系史。具体而言，全书第一章论述了中缅之间自汉代至明代的交往和民族迁徙，第二、三、四、五章合计超过 130 页的篇幅均论述清代缅甸华侨的历史，笔墨详尽，涉及军事、贸易、政治、外交等领域的重大历史事件，呈现了缅甸华侨社会的形成过程。学术界一般认为清代，尤其晚晴时期是中国海外移民急剧增长的时期。姜著用约占全书 40% 的篇幅论述这一时期的相关史实，构成了全书的一大亮点。

姜著的档案资料主要包括以下几类：（1）中文古籍；（2）近代报纸杂志；（3）中国第二历史档案馆馆藏的民国时期档案；（4）缅甸华人社团纪念特刊；（5）实地调查所得的缅甸华人社团内部未刊资料；（6）英文外交档案；（7）台北"国史馆"所藏的民国史料。可以说，姜著所使用的档案资料来源非常广泛。其中，最值得一提的是大量通过实地调查所得的缅甸华人社团内部未刊资料。2012 年，广东省委、省政府作出编修《广东华侨史》的重大决策，成立了《广东华侨史》编修工程领导小组。2013 年，《广东华侨史》编修工程缅甸调研团队曾专程赴缅甸曼德勒、仰光实地调研，获取了大量华人社团内部的未刊一手资料，对于研究缅甸华人社团有着极大的作用。姜著多次引用这部分资料，给人耳目一新的感觉。

此外，姜著在讲述古代部分时大量运用了中文古籍中有关缅甸的记载，在讲述近代部分时大量援引报刊、档案汇编和特刊，材料多而全，一手资料多于二手资料，显示了作者在华侨史研究领域扎实的基本功。总的来说，姜著在资料的搜集和利用上做到了"全"和"新"，既有继承，又有突破。相比较而言，范宏伟的《缅甸华侨华人史》（2016）由于关注点的不同，较多地运用外交档案，同时大量参阅特刊、报纸和他人著述，还加入了一些口述史资料。二者在资料的运用上有较为明显的差异。

综上所述，姜著在论述视角、历史脉络和档案资料方面有着鲜明的特点，是一部纯粹的史学著作。该书有着传统的国别华侨史视角，关注中华民族在海外的发展历程，体现出鲜明的民族情怀和人文关怀。该书对于缅甸华侨历史轮廓的勾勒和历史脉络的梳理是全书价值所在。与此同时，全书在对资料的利用方面下了很大的功夫,具备很高的学术价值。总的来看,姜著结构合理、条理清晰、内容丰富,既是一部真正意义上的学术著作,也是一部极具推广普及价值的历史读物。笔者自 2011 年起研习东南亚华侨史,经有数年,深感此书价值所在,在此撰文一篇,寥寥千余字,特地向东南亚史、华侨史和中外关系史领域的学界同仁及各界读者诚意推荐此书。

(世界图书出版广东有限公司张钊供稿)

二 机构简介

1. 新纪元大学学院东南亚学系

马来西亚新纪元大学学院东南亚学系(以下简称本校及本系)成立于 2019 年 2 月,隶属于文学与社会科学院,是本校升格为大学学院后成立的第一个学系。

东南亚在国际社会的重要性日益凸显,相关研究的勃兴,使东南亚研究进入一个新的发展时期。在中国南方院校纷纷成立东南亚、东盟研究相关院系的当下,马来西亚的东南亚硕博课程却仅有马来亚大学开设,本校为马来西亚第一所开办东南亚硕博课程的私立学校,积极招收来自东南亚及中国的研究生,为培养区域研究人才、推进马来西亚成为区域教育中心作出实质贡献。

新纪元大学学院东南亚学系成立初期,经费及人员有限,只能尽力发挥所长,充分使用现有资源。本系研究重点以东南亚华人研究为中心,特别专注在校内教师专业及成果较多的马新华人研究。同时,不论在资料和文献的取得上,或者是田野的接触上,本校也有在地优势。未来将鼓励学生以此为方向,相信只要持之以恒,假以时日,必有丰硕的成果,逐渐形成一个优秀的科研教学团队。

新纪元大学学院是由华社发起并共同建设的华人高等学府,华人研究受到本校高度重视,自建校以来就致力推动相关研究,出版学报、专书和文献史料汇编,积极主办和参与国内外研讨会,广泛交流,逐渐形成研究规模。支撑东南亚学系健全发展的主要成果有如下几项。

第一，对马新学术史的研究和文献整理。本人陆续出版了《马新史学80年——从"南洋研究"到"华人研究"（1930～2009）》（上海三联书店，2011）和《许云樵评传》（新加坡：八方文化出版社，2014）等著述。此外也编辑出版《张礼千文集》（加影：新纪元学院，2013），并同马来西亚创价学会耗时12年出版23巨册，七八百万言的《许云樵全集》，堪称马来西亚目前最庞大的全集出版。接着《叶华芬文集》也已经准备就绪，不久也将面世。

第二，地方研究的推动。村镇研究在马来西亚至今仍属一块较为空白的领域，有待努力的地方不少。为此在2012年，本人以彭亨内陆的新村直凉为试点，进村采集资料，以中国的方志学为基础，尝试写出一本具有马来西亚在地特色的方志。2013年，在村民的配合努力下，终于以"马来西亚方志系列丛书"的形式出版了《直凉华人志》（加影：新纪元学院，2013）。此书出版后，华社注意到地方研究的重要性，相关的文献和研究成果也陆续出版。为此，马来西亚历史研究中心再接再厉先后出版《走进巴生神庙——巴生港口班达马兰新村庙宇文化初探》（2014）、《柔佛新山华人社会的变迁与整合：1855－1942》（2015）和《雪兰莪吉胆岛五条港村之渔村产业与社会文化变迁》（2017）等书，是马来西亚国内村镇出版方面的第一套丛书。2016年，我们与华侨大学合作共同研究村镇，两校联合主持"闽籍华侨华人与马来西亚发展学术工作坊计划"，拣选了柔佛东甲、雪兰莪班达马兰新村和五条港、槟城日落洞、砂拉越老越等村镇为研究对象，先后在华侨大学、马来亚大学、砂拉越华人文化协会和新纪元学院召开了五次大小不等的研讨会和工作坊，这些成果将会在不久后刊行出版。未来，这也会成为本校硕博生重点培养的方向。

第三，华人民俗文化研究的努力。长久以来我们都以高层文化来理解马来西亚华人文化，实际上华人民俗才是马来西亚华人文化的核心，在这样的认知和理解上，本校积极推动华人民俗文化的研究，从2015年开始主办两年一次的"马来西亚华人民俗研究研讨会"，并将会议论文结集出版，冀望形成马来西亚民俗研究的传统。目前已经出版有《马来西亚华人民俗研究论文集》（加影：新纪元学院，2017）和《2019年马来西亚华人民俗研究论文集》（加影：新纪元学院，2019）。

第四，民间历史文献的搜集。马来西亚的史学乃至华人研究，除了少数几位民间文史工作者，一般都以传统文献切入，学者下乡采集文献资料的风气在近几年才慢慢形成风潮，故此民间历史文献的采集和研究工作仍属起步阶段，仍需多加努力。事实上，不少地方上的人士，也逐渐意识到地方文献整理和保存的重要性，并进行了简单的编辑和出版，但类似的出版存有不少局限和不足。民间历史文献的重要性在于可补传统文献在华人研究上的空白和不足，因此我校将培养研究生使用民间历史文献，尽早"预流"，为华人研究打开一条新路。假以时日，在大量民间历史文献的加持下，马来西亚的华人研究必能大放异彩，打开全新的局面。

本系本着"在地思考，放眼世界"的办学理念，提供多元的课程设置，也安排了来自不同背景与学科专业的师资，例如从本地、中国大陆及台湾、英国、德国所训练的历史学、地理学、社会学、教育学、文学等领域背景的师资，致力于培养兼具在地与环球视野的专业人才。马新位于东南亚的中心，是东西交通的枢纽，战略位置价值明显，相关的国际关系和现代政经课题也是本系未来可以发展的重点之一。我们目前极力发展此一研究方向，在不久的将来，相关学者的引进将是本系的重点之一。

东南亚学系目前开办东盟研究硕士与博士的研究生课程。东盟研究硕士课程主要聚焦于东盟及其成员国之间在经济、政治、安全、教育和社会文化方面的发展与整合相关课题；东盟研究博士课程研究范畴较广，除东盟相关课题外，也关注东南亚内部多样丰富的历史、族群和语言文化，以及人口趋势、教育发展、环境复杂性等相关课题。

东南亚的研究，百余年来经历了几个发展阶段，从印度殖民论到印度化，进而提出东南亚自主发展，有其主体性和完整性，同时也经历了欧洲中心论到亚洲中心论的历程。近来由于"一带一路"的效应，东南亚研究炙手可热，现今东南亚也是区域研究和国际关系研究的重点之一，不仅与时俱进，而且推陈出新。为了做好东南亚教学研究工作，在未来的几年里，我们将逐步把如下几项工作做好。第一，成立三个研究小组，即历史与民俗研究组、经济地理与社会研究组和当代中国研究组，分别由廖文辉、白伟权和廖朝骥担任组长，以便推动与东南亚相关的研究工作；第二，举办马来西亚的东南亚年会，以一年研讨会一年小型论坛的间隔形式来进行，以促进相关领域研究单位的合作和加强学者之间的交流和联系；第三，创办国际关系或东南亚研究的相关中英文学报；第四，定期举办学术讲座，以掌握最新的研究成果。

（马来西亚新纪元大学学院东南亚学系主任廖文辉副教授供稿）

2 淡江大学东南亚史研究室

淡江大学东南亚史研究成立于 2020 年，结合淡江大学东亚海洋史、区域社会史及国际关系研究力量，以及《淡江史学》的跨领域专业团队，专注于东南亚史研究，特别是致力于东南亚华侨华人史、侨务政策及族裔经济的研究。所谓有道不孤，本研究室现已得到政治大学东南亚研究中心、暨南国际大学东南亚研究中心、台湾亚洲交流基金会在内的学术机构的支持，希望朝向成为"小而美，专而精"的东南亚史、华侨华人史研究机构而努力。

本研究室隶属于历史学系，有鉴于成立之初人力物力有限，现阶段将以黄建淳教授长期收集的东南亚田野调查照片、笔记、文献及文物为主，搭配陈琮渊博士所采集的口述访谈及民间史料，开展具有特色的东南亚移民史及婆罗洲华侨华人研究。对于相关研究的开展，淡江大学东南亚史研究室有以下的理念及规划。

首先，注重东南亚在地史料、民间史料的收集与整理。在近代中国与东南亚的历史上，华侨华人跟中国的关系一直处于不间断且变动不居的情况。也因此，相关的研究主题及研究对象，很难用数量的方式来表达，用述说生命历程的方式来陈述更适合，也因此需要投入很多时间去得到受访者的信任，投入时间到当地去观察、去采集生命故事。东南亚史的研究者必须将口述及田野调查所得与档案文献等资料相参照。比如说官方档案，民间的文书、侨批、家谱、族谱、老照片、墓志铭、碑刻，甚至是庙宇楹联、义山墓碑等，所有有形无形的，有文字记载的或非文字存留的史料，都会为研究提供重要脉络。以东南亚华侨华人史研究为例，就得去研究对象的所在地了解深度脉络，去挖掘它最新的发展和最重要的问题。若有意从事东南亚各国的华侨华人研究，无论是开发新的议题，还是深化已有的研究，最好的搭配就是由侨乡资源、实地调研，加上档案研究或理论研究所形成的黄金三角，让三者互相支撑、互相验证，才可得到比较好的结论。

其次，开展东南亚边境及移动人群议题的研究。东南亚区域内外人员、资金、物产往来频密，交织出驳杂的文化地景及变动不居的生命情境。对生活于"之间",来往于"其间"的人们而言,所谓"边界""国界",既是由关卡及界标在地图上一切两分的政治疆界与虚拟的国境线,也意味着由体制差异及边缘性所衍生出的发展机会及生存威胁。然而,相较于多数移/聚居方向明确的海外华人移居研究,东南亚边境的华族跨境活动所得到的关注显然不足,相关研究也集中在中国及"大陆东南亚"国家(泰国、缅甸、老挝边境)之间,特别是金三角地区,对于华族在"岛屿东南亚"地区从事的跨境活动所知仍极为有限。淡江大学东南亚史研究室未来将结合侨政文献、口述历史及田野调查,开展相关议题的研究。

最后,推动东南亚华人企业史的研究。本研究室由回顾近代东南亚华人移民发展着手,从企业史(business history)途径研究东南亚华人经济。相信透过企业史途径,更能凸显目前华人经济研究的特色与不足,为东南亚研究在视野与方法上提供必要刺激。在欧美学界,融合商学及历史方法的企业史研究早已行之有年,影响卓著。相信以华人企业为基础的个案研究,更有助于东南亚与中国大陆、港澳台等华人社会的研究形成联结,为彼此提供互相参照。

淡江大学东南亚史研究室相信,考察东南亚历史脉络下,不同时代、地域华人群体的生命历程并加以比较,将有助于提出整合性架构,进行更深入的分析而获得允当结论。盼未来多与华侨华人及历史文献研究先进共同研讨交流,推动学术的多元发展。

(淡江大学历史系助理教授陈琮渊供稿)

《华侨华人文献学刊》征稿启事

《华侨华人文献学刊》（*The Journal of World Confederation of Institutes and Libraries for Chinese Overseas Studies*）是世界海外华人研究与文献收藏机构联合会会刊，由华侨大学华侨华人文献中心和俄亥俄大学邵友保博士海外华人文献研究中心联合主办，旨在提供全球华侨华人研究专家一个学术交流平台，发表有关华侨华人历史文献、社团组织、人际关系、身份认同、心理行为、宗教信仰、华文教育、企业经营、文化变迁、文化冲突、国际问题等原创性成果，从多学科的视角展示华侨华人的最新研究动态。

一、本集刊2015年创刊，为半年刊，一年两期，由社会科学文献出版社公开出版发行。

二、本集刊的稿件刊登必须经过学术质量审查、论文重复率检测、政治性审查三个程序，八次审查，请从投稿系统 https://www.iedol.cn 投稿。

三、本集刊实行双向匿名评审，来稿可提供2~5名建议审稿专家名单（包括联系方式以及学术简介）以及2名回避审稿专家名单（必须说明理由），不提供用稿通知。

四、本集刊不限字数，欢迎长文，供有实力的作者发挥，但书评不少于5000字。

五、来稿请先自查，必须包括：（1）中文题目；（2）中文摘要300字；（3）中文关键词3~5个；（4）作者中文姓名；（5）英文题目；（6）英文摘要；（7）英文关键词；（8）作者英文姓名；（9）作者简介（工作单位、学位、职称、研究方向）。

六、投稿作者请提供联系方式，包括：（1）中英文姓名；（2）电话；（3）地址；（4）邮编；（5）电子邮件；（6）微信号；（7）其他联系方式。以便联系以及稿件刊登后寄送图书。

七、来稿如有插图，请另外同时单独发送高解析度之图片文件，以提高刊物的印刷效果。

八、投稿作者请提供（1）个人学术简历，（2）来函稿件的研究经过，以便编辑部选择合适的专家进行审稿。

九、格式体例以及注释格式请按照"格式规范"处理，编辑部无法为作者提供排版服务。

十、编辑部为作者提供无偿的宣传服务，将在微信公众号、微博、微信群、网站等媒体推广刊登在本集刊上的优质稿件。

十一、本集刊为学术平台，所刊文章仅代表作者个人观点，文责由作者自负，并不代表《华侨华人文献学刊》编委会、编辑部或者主办机构的观点或立场。文章内容侵犯第三方任何可能权利所导致的纠纷，本集刊编委会、编辑部或其任何成员不承担与此相关的任何责任。

十二、凡涉及国内外版权问题，均遵照《中华人民共和国版权法》和有关国际法规执行。本集刊刊登的所有文章，未经授权，一律不得转载、摘发、翻译，一经发现，将追究法律责任。

十三、请勿一稿多投，如出现重复投稿，本集刊将采取严厉措施。本集刊概不退稿，请作者保留底稿。投稿后6个月内如没有收到录用或退稿通知，请自行处理。

十四、本集刊有权对拟用稿件做必要的修改与删节。

十五、本集刊取舍稿件重在学术水平，如收到所谓"内部管道"等刊登稿件消息绝对是诈骗，请勿相信。

十六、本集刊不收版面费。来稿一经刊用即奉当期刊物五册。

十七、本集刊为中国知网全文收入，中国知网《华侨华人文献学刊》主页：https://navi. cnki. net/KNavi/JournalDetail? pcode = CJFD&pykm = HQWX & Year = &Issue = 。另，也可在中国集刊网《华侨华人文献学刊》下载文章 https：//www. jikan. com. cn/HQHR。

《华侨华人文献学刊》编辑部联系方式

华侨大学厦门校区行政研发大楼

地　　址：中国福建省厦门市集美区集美大道 668 号，华侨大学行政研
　　　　　发大楼 1412 室

邮政编码：361021

电子邮箱：hqhrwxxk@ hqu. edu. cn

联系电话：010 – 6167152

官方网站：https://hqhrwxxk. hqu. edu. cn/ind ex. htm

《华侨华人文献学刊》文稿格式

一　来稿正文格式

1. 来稿请依题目、作者、摘要、关键词、正文之顺序撰写。摘要以 300
字为限，关键词 3 至 5 个。

2. 正文每段起首缩排二字，独立成段之引文，不加引号，左边缩排二
字，引文每段起首仍缩排二字；紧随独立引文之下段正文起首是否缩排，

视其与引文之关系而定。

3. 句子中标点使用中文全角符号。除破折号、删节号各占两格外，其余标点符号各占一格。

4. 注释采用插入脚注方式，注释符号用①、②、③……标示，注释号码单页起。

5. 正文中数字一般用阿拉伯数字，但具体情况应考虑前后文决定。

示例：二十多人　三十上下　上百人

朝代年份用汉字数字，其后在圆括号内用阿拉伯数字注释公元年份。

示例：康熙十五年（1676 年）

二　注释格式

（一）引用近现代文献

1. 引用专书：作者，书名，出版者，出版年份，页码。

若没有出版者、出版年份，则注明"出版者不详""出版日期不详"。示例：

郑振满：《明清福建家族组织与社会变迁》，湖南教育出版社，1992，第 156~159 页。

2. 引用论文集、文集文章：作者，篇名，论文集编者，论文集名，出版者，出版年份，页码。示例：

宫崎市定：《宋代宫制序说》，载佐伯富编《宋史职官志索引》，京都大学东洋史研究会，1963，第 16~22 页。

引用文献作者和文集编者相同时，后者可以省略。示例：

唐振常：《师承与变法》，《识史集》，上海古籍出版社，1997，第 65 页。

3. 引用期刊论文。

（1）以时间单位出版的刊物：作者，篇名，刊物名，年份，卷，期，页码。示例：

汪毅夫：《试论明清时期的闽台乡约》，《中国史研究》2002 年第 1 期，第 9~25 页。

（2）按卷期为单位出版的刊物：作者，篇名，刊物名，卷，期（年份），页码。示例：

张兆和：《中越边界跨境交往与广西京族跨国身分认同》，《历史人类学学刊》第 2 卷第 1 期（2004 年），第 130~131 页。

（3）引用期刊的刊名与其他期刊相同，应标注出版地点以示区别。示例：

费成康：《葡萄牙人如何进入澳门问题辨正》，《社会科学》（上海）1999 年第 9 期，第 17~35 页。

4. 引用刊载于报纸的文章：作者，篇名，报纸名，发表时间，第×版。示例：

郑树森：《四十年来的中国小说》，《联合报》1989 年 8 月 11 日，第 27 版。

5. 引用会议论文：作者，篇名，××会议论文，会议地点，年份。示例：

中岛乐章：《明前期徽州的民事诉讼个案研究》，国际徽学研讨会论文，安徽绩溪，1998。

6. 引用未刊学位论文：作者，篇名，×士学位论文，大学及具体院系，年份，页码。示例：

李丰楙：《魏晋南北朝文士与道教之间的关系》，博士学位论文，台湾政治大学中文系，1978，第 192 页。

7. 引用未刊手稿、函电、私人收藏等，标明作者、文献标题、文献性质、收藏地点和收藏者、收藏编号。示例：

陈序经：《文化论丛》，手稿，南开大学图书馆藏。

《陈云致王明信》（1937 年 5 月 16 日），缩微胶卷，莫斯科俄罗斯当代文献保管与研究中心藏，495/74/290。

《傅良佐致国务院电》（1917 年 9 月 15 日），中国第二历史档案馆藏，北洋档案 1011–5961。

8. 采用作者访谈整理的口述史料，标明“口述史料”、访谈对象姓名身份及其出生年份，访谈时间、地点。示例：

口述史料：达濠从德善堂坛生、紫豪阁录文李明典（1920 年生），2005 年 6 月 7 日，汕头镇邦街李明典寓所。

9. 采用作者收集整理的碑刻材料，标注“碑刻材料”：置立时间、置立者《碑刻名称》，目前位置，抄录时间。示例：

碑刻材料：甲戌年（1934 年）江亢虎《饶山天洞》，汕头市礐石风景区汕头慈爱善堂，2012 年 8 月 30 日陈嘉顺抄录。

10. 采用互联网文献，标注"互联网文献"：责任者，文章名，网站名称，网址。示例：

互联网文献：潮汕历史文化研究中心《潮汕历史文化研究中心征集青年委员会委员启事》，潮人网，http://www.chaorenwang.com/channel/whdt/show-dontai.asp? nos = 341。

（二）引用古代文献

1. 采用影印版古籍，请标明影印版本信息。示例：

王鸣盛：《十七史商榷》卷一二，乐天书局，1972 年影印广雅书局本，第 1 页。

2. 古代文集的标注方式。

（1）别集：先列书名，再列篇名。示例：

蓝鼎元：《鹿洲初集》卷一二《大埔县图说》，收入《近代中国史料丛刊》续辑第 403 册，文海出版社，1976 年影印光绪六年版，第 897 页。

（2）总集：先列文章作者（从文集的名称看需要再考虑是否列出），再列总集作者以及总集名。示例：

陈一松：《为恳天恩赐留保宪臣以急救民疏》，收入冯奉初《潮州耆旧集》卷一九，香港潮州会馆，1980 年影印光绪三十四年版，第 336 页。

3. 古籍中部类的标注方式。示例：

赵尔巽等撰《清史稿》卷三四五《列传·永保》，中华书局，1977，第 11166 页。

4. 正史中人物传之附传的标注方式。示例：

《魏书》卷六七《崔光传附崔鸿传》。

5. 引证编年体典籍，通常注出文字所属之年月日（甲子）。示例：

《资治通鉴》卷二〇〇，唐高宗永徽六年（655 年）十月乙卯。

6. 一些古籍的版本可以直接通过某丛书来反映，可省去具体出版情况。示例：

朱熹：《家礼》（《文渊阁钦定四库全书》版）卷一，第 1 页。

（三）引用英文文献

基本规范同于中文注释。

作（编）者姓名按通常顺序排列，即名在前，姓在后。作者为两人，两人姓名之间用 and 连接。

编者后加 ed.，两人以上的加 eds.。

期刊名称和书名使用斜体标注，论文和文章用引号""标注，主标题与副标题之间用冒号相隔。

页码方面，单页标注 p.，多页标注 pp.。

1. 专著的引用格式。

Kenneth N. Waltz, *Theory of International Politics*, McGraw-Hill Publishing Company, 1979, p. 81.

Hans J. Morgenthau, *Politics among Nations*：*The Struggle for Power and Peace*, Alfred A. Knopf Inc. , 1985, pp. 389 – 392.

2. 编著的引用格式。

David Baldwin (ed.), *Neorealism and Neoliberalism*：*The Contemporary Debate*, Columbia University Press, 1993, p. 106.

Klause Knorr and James N. Rosenau (eds.), *Contending Approaches to International Politics*, Princeton University Press, 1969, pp. 225 – 227.

3. 译著的引用格式。

Homer, *The Odyssey*, trans. Robert Fagles, Viking, 1996, p. 22.

4. 论文的引用格式。

Robert Levaold, "Soviet Learning in the 1980s," in George W. Breslauer and Philip E. Tetlock (eds.), *Learning in US and Soviet Foreign Policy*, Westview Press, 1991, p. 27.

Stephen Van Evera, "Primed for Peace：Europe after the Cold War," *International Security*, Vol. 15, No. 3, 1990/1991, p. 23.

Nayan Chanda, "Fear of Dragon," *Far Eastern Economics Review*, April 13, 1995, pp. 24 – 28.

5. 报纸的引用格式。

Rick Atkinson and Gary Lee, "Soviet Army Coming Apart at the Seams," *Washington Post*, November 18, 1990.

6. 政府出版物的引用格式。

Central Intelligence Agency, Directorate of Intelligence, *Handbook of Economic Statistics*, US Government Printing Office, 1988, p. 74.

7. 会议论文的引用格式。

Albina Tretyakava, "Fuel and Energy in the CIS," paper delivered to Ecology '90 conference, sponsored by the America Enterprise Institute for Public Policy Research, Airlie House, Virginia, April 19 – 22, 1990.

8. 学位论文的引用格式。

Steven Flank, *Reconstructing Rockets: The Politics of Developing Military Technologies in Brazil, Indian and Israel*, Ph. D. Dissertation, MIT, 1993.

9. 互联网文献的引用格式。

Astrid Forland, "Norway's Nuclear Odyssey," *The Nonproliferation Review*, Vol. 4, Winter 1997, http://cns. miis. edu/npr/forland. htm.

10. 转引文献的引用格式。

F. G. Bailey (ed.), *Gifts and Poisons: The Politics of Reputation*, Basil Blackwell, 1971, p. 4, quote from Paul Ian Midford, *Making the Best of a Bad Reputation: Japanese and Russian Grand Strategies in East Asia*, Dissertation, UMI, No. 9998195, 2001, p. 14.

三　注释说明

1. 中文书名、期刊名、报纸名、剧本名的符号为《》；论文名、诗名为《》；学位论文采用《》。

2. 撰著在作者姓名之后加冒号表示。如果是"编""主编""编著""整理""校注""校点"等其他责任形式，不加冒号。示例：

《京族简史》编写组编《京族简史》，广西民族出版社，1984，第84页。

3. 两个或三个责任方式相同的责任者，用顿号隔开；有三个以上时，只取第一责任者，其后加"等"字。示例：

徐寿凯、施培毅校点《吴汝纶尺牍》，黄山书社，1992。

许毅等：《清代外债史论》，中国财政经济出版社，1996。

4. 责任方式不同的责任者，用逗号分开，译著的翻译者，古籍的点校者、整理者可按此例。示例：

（清）欧阳兆熊、（清）金安清：《水窗春呓》，谢兴尧点校，中华书局，1984，第192页。

5. 书名原有的补充说明等文字，应放在书名号之内。示例：

任继愈主编《中国哲学发展史（先秦）》，人民出版社，1983。

6. 非公元纪年的出版时间应照录，其后加公元纪年，1949 年后用公元纪年。示例：

陈恭禄：《中国近代史》，商务印书馆，民国二十四年（1935 年）。

7. 引用图书版权页中表示版本的文字（如"修订本""增订本"等）应照录。示例：

蔡尚思、方行编《谭嗣同全集》（增订本），中华书局，1981。

8. 引证书信集、文件汇编及档案汇编中的文献，应标注原始文献形成的时间。示例：

蔡元培：《复孙毓修函》（1911 年 6 月 3 日），载高平叔、王世儒编注《蔡元培书信集》（上），浙江教育出版社，2000，第 99 页。

9. 同一本书只需在第一次出现时标明版本，以后若用同一版本则可省略版本信息。

图书在版编目（CIP）数据

华侨华人文献学刊. 第九辑 / 张禹东，庄国土，游
国龙主编. -- 北京：社会科学文献出版社，2022.3
ISBN 978 - 7 - 5201 - 9729 - 8

Ⅰ. ①华… Ⅱ. ①张… ②庄… ③游… Ⅲ. ①华侨 -
文集②华人 - 文集 Ⅳ. ①D634.3 - 53

中国版本图书馆 CIP 数据核字（2022）第 024814 号

华侨华人文献学刊（第九辑）

主　　编 / 张禹东　庄国土　游国龙

出 版 人 / 王利民
责任编辑 / 黄金平
责任印制 / 王京美

出　　版 / 社会科学文献出版社·政法传媒分社（010）59367156
　　　　　　地址：北京市北三环中路甲 29 号院华龙大厦　邮编：100029
　　　　　　网址：www.ssap.com.cn
发　　行 / 社会科学文献出版社（010）59367028
印　　装 / 三河市东方印刷有限公司

规　　格 / 开　本：787mm × 1092mm　1/16
　　　　　　印　张：17.5　字　数：280 千字
版　　次 / 2022 年 3 月第 1 版　2022 年 3 月第 1 次印刷
书　　号 / ISBN 978 - 7 - 5201 - 9729 - 8
定　　价 / 98.00 元

读者服务电话：4008918866

▲ 版权所有 翻印必究